诗经精华品鉴

世间最美的诗：《诗经》

颂

宋德宪 著

兰州大学出版社

图书在版编目(CIP)数据

诗经:精华本.颂/宋德宪著.—兰州:兰州大学出版社,2014.1(2016.5重印)
(世间最美的诗)
ISBN 978-7-311-04409-1

Ⅰ.①诗… Ⅱ.①宋… Ⅲ.①古体诗—诗集—中国—春秋时代 ②《诗经》—注释 ③《诗经》—译文 Ⅳ.①I222.2

中国版本图书馆CIP数据核字(2014)第017892号

责任编辑 张国梁 王淑燕
封面设计 李鹏远

书　　名 世间最美的诗:诗经(精华本)·颂
作　　者 宋德宪 著
出版发行 兰州大学出版社 (地址:兰州市天水南路222号 730000)
电　　话 0931-8912613(总编办公室) 0931-8617156(营销中心)
　　　　 0931-8914298(读者服务部)
网　　址 http://www.onbook.com.cn
电子信箱 press@lzu.edu.cn
印　　刷 甘肃澳翔印业有限公司
开　　本 710 mm×1020 mm 1/16
印　　张 13.5(插页1)
印　　数 3000~6000册
字　　数 205千
版　　次 2014年1月第1版
印　　次 2016年5月第2次印刷
书　　号 ISBN 978-7-311-04409-1
定　　价 32.00元

自序

导论。《诗经》穿越了西周初年到春秋中期长达五百余年的岁月风尘，或浅吟低唱、婉转动听，或钟鼓齐鸣、颂声煌煌。与今天诗歌在生活中的式微不同，那些读起来诘屈聱牙、晦涩难懂的诗句，都是从曾经鲜活的生活和生命中走来，是最朴实、最真挚的歌唱。我们不能把《诗经》当作来自远古的语言化石，它像地下沉睡了几千年的古莲子一样，只要有适宜的阳光、温度和雨水，今天的我们仍可以激活它，让它开花、结果。无论“今夕何夕”，若你游走在《诗经》的层峦叠嶂间，总会发现文字背后似乎裹藏着熟悉又亲切的灵魂。

《诗经》作为我国文学史上第一部诗歌总集，作为中国传统文化的重要代表，传世至今。然自从被捧上儒家经典的宝座之后，诗旨遭经师的附会，成为“经夫妇，成孝敬，厚人伦，美教化，易风俗”的金科玉律和辅成王道的“谏书”。今天的我们该怎样读《诗经》呢？要走回《诗经》的时代，就必须懂得《诗经》学是研究《诗经》的内容、性质、特点、源流和派别的一门学问。在封建社会里，《诗经》学以经学研究为主体，但也存在着关于文学特点的探讨。现代诗经学，则以《诗经》经学与《诗经》文学相结合的研究为核心，各类专题研究同时也是它的重要组成部分，将诗经学的过往研究整合，必然就能体味出《诗经》的真谛。

然而，由于年代久远，《诗经》中一些陌生的汉字、难解的文言都给现代读者带来了不小的阻力，让读者在欣赏《诗经》的优美之时，常常产生不必要的停顿，对《诗经》的理解产生困惑。因此，本书精心择选七十余篇名作，作为《诗经》的典范，并且将诗中的生僻字、古今异体字、多音字进行了注解。相信如此为之，必可为读者省去很多的查阅时间，有助于读者对相关诗作的理解，让读者顺畅、轻松、愉快地阅读《诗经》，更直接地感受《诗经》的语言美、意境美。同时，诗歌的后面都配以详实的注释、精彩的概要、准肯的译文、科学的品鉴，帮助读者直观而深入地理解诗文，准确地把握诗篇的精髓，体验诗人内心最真实的情感。

《诗经》共收集了三百一十一篇诗歌，其中六篇为笙诗，只有标题，没有内

容；现存自西周初年至春秋中叶五百多年的诗歌三百零五篇，既有标题，又有文辞。先秦称为《诗》，或取其整数称“诗三百”。西汉时被尊为儒家经典，始称《诗经》，并沿用至今。

题解。《风》又称《国风》，一共有十五组，“风”本是乐曲的统称。“风”这个名词的本义就是乐调，《大雅·嵩高》云：“吉甫作诵，其诗孔硕，其风肆好。”这是《诗经》中的内证；《左传·成公九年》云：“使与之琴，操南音……乐操土风，不忘旧也。”这是史证。“土风”显然是地方乐调。朱熹《诗集传序》解释：“国者诸侯所封之域，而风者民俗歌谣之诗也。”十五“国风”就是十五个国家和地区各用其地方乐调演唱的诗歌，共计一百六十篇。周王朝收集和应用这些地方乐歌，首先是为了推行政治和社会道德教化（即“上以风化下”）；其次是为了解民情，作为行政的参考，来改良政治（即“下以风刺上”）。因此，编辑这些风诗有明显的政教目的，其内容也符合这个目的。“风”诗的作者分布于社会各阶层，有贵族、士吏、里巷平民，但能确定为劳动人民创造的诗歌少之又少。

《雅》分《小雅》七十四篇，《大雅》三十一篇，共计一百零五篇，均是周王朝都城所在地的诗歌，多为朝廷官吏及公卿大夫的作品，相当一部分是宫廷诗。这类诗之所以成为《雅》，主要着眼于王朝都城所在地的诗歌称为“雅”，是从政治角度命名，那里是政治等级最高层所在之处，故称为“雅”。《毛诗序》解释：“雅者，正也；言王政之所由废兴也。”训雅为正，用的是它的引申义。雅，本指高，即政治等级的最高层，是发号施令的权力中心，故引申为正。“雅”诗的内容几乎都是关于政治方面的，有赞颂贤人德政的，有讽刺弊政的。

《周颂》《鲁颂》和《商颂》合成三颂，共计四十篇。其中《周颂》三十一篇，一般认为其中大部分是西周前期的作品，多作于周昭王、周穆王以前；《鲁颂》四篇，认为可能是鲁僖公时的作品；《商颂》五篇，自古以来一直相传是春秋时期宋国大夫正考父所作。不过，目前学界认为《颂》是贵族宗庙祭祀的乐歌和诗史，内容多是歌颂祖先功德的，在演奏时要配以舞蹈。《毛诗序》解释：“颂者，美盛德之形容，以其成功告于神明者也。”这是从功用上下定义，基本合乎当时的实际。那么，为何祭祀神灵的诗歌称为“颂”呢？通常都从颂扬、赞美的角度加以解释。《周礼·春官·大师》提到六诗时有《颂》，《郑笺》解释说：“颂之言诵也，容也，诵今之德，广义美之”。汉代经学大师郑玄谨守《毛序》之说，从颂扬美德方面去理解

《颂》。然而,综观“三颂”,并不完全是颂美之词。如《周颂》中的《闵予小子》《访落》《敬之》《小毖》似乎是周成王的悔过诗,这几首诗检讨过失,自我警戒,有的语言沉痛,忧郁叹息。显然,从赞美称颂方面下定义是不确切的,无法涵盖“三颂”所有的诗篇。经学家认为,祭祀用诗而成为颂,着眼于人神交往和沟通。

注释。全书框架宏大,注释细致,稽查史籍,贯穿注释的中心线索是三种《诗》学观——马克思主义历史唯物论观、经学《诗》学观与文学《诗》学观,运用这三种诗学观,来阐释《诗经》学,解释诗篇主题。本书以汉《毛传》《郑笺》,唐孔颖达《毛诗正义》(下简称《正义》)、宋朱熹《诗集传》(下简称《集传》)、康熙末年王鸿绪等奉敕编《钦定诗经传说汇纂》、乾隆二十年敕编《钦定诗义折中》(下简称《诗义折中》)等权威著作为纲;纲举目张,并参用近人高亨《诗经今注》(下简称《今注》),余冠英《诗经选》,夏传才《诗经讲座》,程俊英、蒋见元《诗经注析》(下简称《注析》)等历代重要代表性著作、论文、以及史籍文献、出土文物和最新研究成果;引用古今诸家说解、训诂、评析,对《诗经》全面、翔实、科学、准确地“注释”。拨开经学的雾翳,弹却《毛序》蒙上的灰尘,揩清后世各时代追加的油彩,露出《诗经》的客观存在和本来面貌。

在《诗经》注释方面,本书运用文字训诂学的方法解释《诗经》。训释《诗经》中的词语是用义训的方式。所谓义训,是以词语在语言中实际使用的意义直接解释词义,不从字形结构或字的音义关系上去分析推论,而是以通语、常语去解释《诗经》中不易知的文言、古语和方言俗语。这是我国后来一般解释《诗经》以及古书词语的字书、辞书所通用的方式。义训解释的具体方法很多,本书对《诗经》的训诂主要有以下方法:

第一,直训,即直接用一个单词解释一个单词。以《敬之》篇为例,《释名》云:“敬,警也。”敬通“警”,警戒义。之:语助词。天:天道。维:是,助词。显:显明。《尔雅·释诂》:“显,光也,又见也。”《集传》:“显,明也。”思:语助词。《集传》云:“思,语辞也。”

第二,递训,即为了说明词义,几个词辗转相训。例如:不易:马瑞辰《毛诗传笺通释》(下简称《通释》):“《大雅·文王》篇‘骏命不易’,《释文》述《毛》云:‘不易,言甚难也。’”无曰:无谓。无曰高高在上:无谓高极其高之上天,在上而不吾察。《郑笺》:“无谓天高高在上,远人而不畏也。”《集传》:“无谓其高而不吾察,当知

其聪明明畏。”又如“芣苢，马舄；马舄，车前”。芣苢是古语词，用俗语马舄来训释，用这个俗语词怕不完全为人们所了解，所以又用药草名“车前”再作训释，芣苢的训义就完全清楚了。递训就是对训释词再作训释，以求准确地表明被训释词词义。

第三，同训，即把一组同义词汇集起来用一个常用的词语来解释，被释词是古语词，释词是当代语词。这样除了达到训义的目的，又便于掌握和比较同义词。

第四，分训，即对多义字的训释，或分条分别说明它们的意义，或在同条中分别列几个义项，依次训释。

第五，互训，即意义相同的语词互相训释，也就是用甲释乙，又用乙释甲，如：“亮，右也。右，亮也。”

第六，义界，即用一句话或几句话对所释词语的意义做出概括的解说。例如：宋严粲《诗缉》云：“敬而又敬，勉之以诚之不已也。”马瑞辰《通释》阐释说：“敬之，本义即警也。……敬之，敬之，犹云‘戒之，戒之。’”但使用义界有四种情况：

一是被释古语词或方言语词找不到相当的今语或通语来对释，只能对其意义做概括解释。例如：命：天命，指承受天命。不易：天命不易常保。

二是被释词为专名词或基本语词，无法用别的单词对释，只能对其含义做具体说明。例如：赵帆声《诗经异读》阐述谓：“《郑笺》：‘群臣见王谋即政之时，故因时戒之曰：‘敬之哉，敬之哉！天乃光明，去恶与善，其命吉凶不变易。’按：‘敬之哉’之前，《笺》言‘戒之曰’，然则此敬字当读如‘警’，《说文》：‘警，戒也。’此诗‘敬之、敬之’，即戒之，戒之！警与敬古字通用。”

三是对被释的名物的形象或特性做具体的描述。例如：“狒狒，如人，被发，迅走，食人。”又如：“九州岛”，则将九州岛名称及位置逐一说明。

四是对某些词语的历代沿革做解释，或对成语语句做解释。例如：程俊英、蒋见元《注析》：“《毛传》：‘士，事也。’这里指政事。这句说上帝好像常升降于人间，察看人们所做的事情。”这样除了达到训义的目的，又便于掌握和比较同义词。

同时，以《尔雅》为范本，运用以共名释别名、以学名释俗名的训诂方法。如：

“蚍蜉，大螘（蚁）。小者螘。蠪，朾螘。螱，飞螘。”蚂蚁的“蚁”是蚂蚁类的共名，蚍蜉是大蚂蚁，蠪是大红蚂蚁，螱是带翅蚂蚁，这样因类求义，相当清楚。又如：“茨，蒺藜。荼，苦菜。”茨、荼是学名，蒺藜、苦菜是俗名，这样不仅是以俗名释学名，也起到俗名、学名互释的作用。

综上所述，训诂方法是多种多样的，在《诗经》中被释语词有单词、复词，也有四字的成语和古籍中难懂的语句。成语和语句大多出自《诗经》。只有在得到训诂支持的基础上，才能对《诗经》精选诸篇进行准确翻译。如《周颂·敬之》首节翻译如下：

敬戒之哉敬戒之哉！悠悠天道而甚显明。

其命无常不易保住，无谓高极其高上天，

在上天而不吾明察，更当知其聪明明畏，

常若陟降吾之所为，无日不监视而在兹。

其注释特点是：

第一，训诂渊源有自。如释《周南·葛覃》《召南·草虫》等篇，义见《礼记》；释《召南·行露》篇言“淄帛五两”，释《召南·野有死麕》篇，谓“凶荒杀礼”，都取自《周礼》。

第二，多存古书逸典。如《鄘风·定之方中》，《毛传》云：“建邦能命龟，田能施命，作器能铭，使能造命，升高能赋，师旅能誓，山川能说，丧纪能诔，祭祀能语，君子能此九者，可谓有德音，可以为大夫。”又如《魏风·伐檀》，《毛传》云：“兽三岁曰特。”《正义》谓：“毛氏当有所据，不知出何书？”

第三，作传独标赋、比、兴法。如《邶风·凯风》一章作比体，二章作兴法。如《鲁颂·泮水》前三章作“赋而兴”法。

第四，分章立注，以单个字词为独立的训诂单位。尽量兼顾简洁与周详。编辑示例：

①采用古音古义纠正讹误。如《小雅·巧言》“无拳无勇”，《毛传》：“拳，力也。”马瑞辰《通释》云：“拳者，卷之假借。《说文》：‘卷，气埶也。’引《国语》曰：‘有卷勇’……卷亦为勇。古人不嫌语复，犹之‘无罪无辜’，辜亦为罪耳。”力求达诂。

②用双声叠韵原理指明通假。例如《皇皇者华》“我马维驹”，《释文》：“驹，音俱，本亦作骄。”马瑞辰《通释》：“《说文》：‘马高六尺为骄。’引《诗》‘我马维骄’，是

《毛诗》古本作骄之证。骄与驹双声，古盖读骄如驹，以与濡、驱、诹合韵，与《汉广》诗以驹韵蒌、《株林》诗以驹韵株者，其本字皆当为骄正同，后人据音以改字，虽作驹耳。”

③用同类义例概括全书。例如《蒹葭》“宛在水中央”，马瑞辰《通释》：“《诗》多以中为语词，‘水中央’，犹言水之旁也，与下二章‘水中坻’同义。若如《正义》以‘中央’二字连读，则与下章坻、沚句不相类矣。”

④举三家遗说以订《毛诗》。如《鸿雁》“谓我宣骄”，王引之《经义述闻》：“宣骄与劬劳相对成文。劬亦劳也，宣亦骄也……宣为侈大之意，宣骄，犹言骄奢。非谓宣示其骄也。”订正《毛传》训宣为“示”之误。如《思齐》“则百斯男”，《通释》：“百男特颂祷之词，犹《假乐》诗‘子孙千亿’耳，《传》谓‘众妾则宜百子’，失之。”此明订《毛传》舛误之例。

⑤采取以诗论诗、以诗译诗、以史证诗、以诗明史之法，使其符合逻辑与诗旨。如《定之方中》，《毛序》谓：“《定之方中》：‘美卫文公也。卫为狄所灭，东徙渡河，野处漕邑，齐桓公攘戎狄而封之。文公徙居楚丘，始建城市而营宫室，得其时制，百姓说(悦)之，国家殷富焉。’”《郑笺》阐释说：“春秋闵公二年冬，狄人入卫，卫懿公及狄人战于荥泽而败。宋桓公迎卫之遗民度河，立戴公以庐于漕，戴公立一年而卒。鲁僖公二年，齐桓公城楚丘而封卫，于是文公立而建国焉。”《集传》云：“苏氏曰：‘种木者求用于十年之后，其不求近功。’凡此类也。”上述三说，阐明了此诗的背景与主题。

第五，应用己见，广采诸家注解阐释，精心挑选，择善而从，不主一家；并选取考据新评说、发掘创新，尽量将有价值的古今注释、解析附后，作为佐证和辨析，力争无误。引证经学家之训诂，兼采不同说解，使其更符合《诗经》逐篇原貌。对生僻字、古今异体字、多音字妥善注音。如《防有鹊巢》曰：

“防有鹊巢，邛有旨苕。”防：河堤，引申为防范，即防范谗人挑拨离间。《集传》：“人所筑以捍水者。”宋欧阳修《诗本义》：“谗言惑人非一言一日之故，必由累积而成，如防之有鹊巢，渐积累成之尔。”《毛传》：“防，邑也。”《释文》：“防，邑名也。”马瑞辰《通释》批驳毛说：“此章‘防’与‘邛’对言，犹下章‘中唐’与‘邛’对言。邛为丘名，则防宜读为隄防之防，不得以为邑名。鹊巢宜于林木，今言‘防有’，非其所应有也；不应有而以为有，所以为谗言也。”马氏所言极是。赵帆声《诗经异读》云："邛字既言'丘'，非地在济阴之邑，则防字不当谓邑名，凡《诗》对言之例，多以同类为之，故防当作隄字。《说文》：'防，隄也。'隄，或作堤。防，亦作坊，从土。堤防，本以防止洪水泛滥，引申以为防范。"一说防为枋之借字，木名。高亨《今注》："防，借为枋，《说文》：'枋，木也，可作车。'《庄子·逍遥游》：'我决起而飞，抢榆枋。'《释文》：'枋，李云，檀也。'奚侗说：'榆枋即榆枌。枌，白榆。'(《庄子补注》)。"袁梅《诗经译注》认为："是一种常绿乔木，羽状复叶，花色黄而美，去皮煎汁，可为红色染料。亦名苏木、苏枋。"

邛(qióng)：土丘。《毛传》："邛，邱也。"旨：甘美。《集传》："旨，美也。"苕：蔓生植物名，苕草，又名苕饶，翘饶。生在低湿之地。《集传》："苕，苕饶也。"三国时吴人陆玑《毛诗草木鸟兽虫鱼疏》云："苕，筶草也。幽州人谓之翘饶，茎如劳豆而细叶，似蒺藜而青；其茎叶绿色，可生食，如小豆藿也。"宋欧阳修《诗本义》云："如苕饶蔓引将及我也。"清马瑞辰《通释》："古苇、芀多假作'苕'，《豳风》《传》：'荼苇，苕也。'若以苕为芀之假借，尤非邛所应有。"又云："苕生于下湿，今诗言邛有者，亦以喻谗言不可信。"马氏解释兴义，符合诗旨。

第六，此书注释，征引繁富，资料详瞻，内容丰富，见解新颖，多有新意，并紧扣原诗之义，做到见解精辟、深中肯綮、自然流畅，并能科学准确地表达原诗内容，使人感受到古代诗人脉搏的跳动。如《陈风·防有鹊巢》首章云：

"防有鹊巢，邛有旨苕。谁侜予美，心焉忉忉。"

汉译为：

"宣公信谗，君子忧惧而作此诗也。曰：鹊巢则以渐构成于林木，旨苕则蔓延连及于山丘。今谗人构成其事而株连甚众犹是也，夫谁如此幻惑欺诳予美之人乎？谗人在于君侧，我心则忉忉然忧之。"此章比法。又如《定之方中》首章云：

"定之方中，作于楚宫。揆之以日，作于楚室。树之榛栗，椅桐梓漆，爰伐琴瑟。"

汉译为：

定星光照升当空，文公兴建楚丘宫。
东西测度凭日影，楚室筑造动土功。
先种榛树与栗树，椅桐梓漆皆栽种。

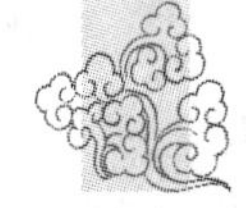

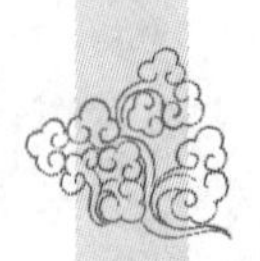

制作琴瑟伐木用，鼓瑟和鸣国繁荣。

第七，破除前人陈腐之说教，运用训诂学的方法，曲畅旁通，依文述义，订正讹文、误字与曲解。盖其详于训诂名物，又能总古今之说，择善用之，故能涵盖前儒，立义准确，符合诗义。既不迷信古人，更不抹杀古人，对于有些传统说法，确实言之有据，可以置信的，则仍予采用。且采取以史带论，以史证诗，史论结合的方法，吸收古今考据学家和经学家训诂、考证、辑佚工作的新成果。注释涉及百科，内容博大精深，具有学术史性质。编辑《陈风·防有鹊巢》末章为例：

“中唐有甓，邛有旨鹝。”唐：庙内的甬道。中唐即唐中，中庭的堂途（庙内的甬道）。《毛传》：“中，中庭也；唐，堂途也。”《尔雅》：“庙中路谓之唐。”明何楷《诗经世本古义》解释谓：“唐义训大庙之中路，比所居宫室之中路为大，故曰中唐。”一说唐：堤。《国语·周语》：“陂唐污卑。”韦昭注：“唐，堤也。”《吕氏春秋·尊师》：“治唐圃。”高诱注：“唐，堤，以壅水”（唐莫尧《诗经新注全译》，下简称《新注》）。甓（pì）：古代的砖。又名瓴甋、瓴甓。《毛传》：“甓，瓴，瓴甋也。”《尔雅》：“瓴甋谓之甓，盖地下所践者。”鹝（yì）：《韩诗》作虉。植物名。绶草。《尔雅》：“鹝，绶。”《集传》：“鹝，小草；杂色如绶。”郭璞：“小草有杂色似绶也。”一说今盘龙参。兰科。穗状花序盘旋而上。似绶。（陈子展《诗经直解》，下简称《直解》）

“谁侜予美，心焉惕惕”。惕惕：忧惧。《毛传》：“惕惕，犹忉忉也。”清陈奂曰：“惕惕，亦忧劳之意。”其辞曰：“中唐之甓非一甓，排众甓而成路；旨鹝之色非一色，杂众色以成文，今谗人多方罗织以文，致夫人之罪犹如此。夫谁如此欺惑予美之人，乃使我心惕惕然滋惧。”此章比法。

朱熹《集传》解读说：“此男女之有私，而忧或间之之辞。故曰：防则有鹊巢矣，邛则有旨苕矣。今此何人而侜张予之所美？使我忧之至于忉忉乎！”此备一说。

概要。每章译文之前，通用七言或八言体，简明解释《诗经》各篇的主旨思想、历史背景、诗义内容、诗旨内涵、作者身份、思想情感、颂美讽刺、赋诗之故等。使读者了解诗旨，借鉴诗意，品鉴艺术，一举而三得。力求诗旨准确，自然通达，趣味深长，委婉动人。编辑示例：

《豳风·鸱鸮》：

周公辟谣居东邑，成王未知周公志。

周公作诗而贻王，托鸟自比护鸟巢。

《小雅·六月》：

王命吉甫北伐狁，王国封域定匡正。

北伐有功凯旋归，诗人叙事以赞美。

译文。用历史唯物论的观点翻译《诗经》，从文学研究与经学研究角度出发，确定诗篇的主题，领会诗篇的意境、思想感情和艺术特色，从而进行译文的再创作。同时，注重主题思想的准确评价，注重译作形式的艺术风格，注重词语典故的传神翻译。尽力保持原诗的形式、风格和思想情感。

（一）译文句式并不限于七言句，长短句、歌谣体、格律诗，不拘一格，形式多样灵活。总的来说，七言格律诗居多。但不勉强增字凑韵，而尽量保存古诗风貌。翻译诗篇，准肯把握精髓与诗旨。如《魏风·陟岵》首章曰：

陟彼岵兮，瞻望父兮。

父曰嗟予子行役，夙夜无已。

慎旃哉，犹来无止。

汉译为：

登那无木岵山峰，瞻望故乡慈父亲。

深思父亲如闻声：唉！我儿行役久别亲！

早晚勤劳不歇停，昼夜奔波勤操心。

望你谨慎祝保重，慎重服役保全身！

犹可一日来探亲，切莫终身他乡停。

（二）译诗紧扣原文。由意译到侧重直译方式传达诗意，译文求其贴切原意，尽量保存原诗的风格韵味。字、句、篇力求紧扣原文，选用准确、对应的词语表达诗意，使其尽量保存古诗风貌。词汇和语法要有依据，主题明确。译文要读得上口，听得顺耳，解得准确，符合原意。如《豳风·东山》首章曰：

我徂东山，慆慆不归。

我来自东，零雨其濛。

我东曰归，我心西悲。

制彼裳衣，勿士行枚。

蜎蜎者蠋，烝在桑野。

敦彼独宿，亦在车下。

汉译为：

我往东山上战场，慆慆然久未还乡。

我来远征离东方，濛濛落雨路茫茫。

归途之远岁月久，风雨陵犯饥渴困。

今日归途苦难尝，我思家念空荡荡。

东归虽云喜洋洋，西望故乡兴悲伤。

新制归装着衣裳，不再衔枚参阵行。

蠋虫蜎蜎然蠕动，久栖野外桑叶上。

敦然独宿车下躺，归途惨况苦难忘！

（三）采取以诗译诗的方式，把自然、优美、凝练、含蓄的古代语言，译成现代汉语，将它的思想情感、它的神韵意境、它的节奏感和音乐美，都有机地融入作者译文时所使用的语言之中。而又调利口吻，近似现代白话新诗，多为七言体，自然流畅，格律整齐，朗朗上口，诗味浓郁。如《豳风·东山》次章曰：

我徂东山，慆慆不归。

我来自东，零雨其濛。

果蠃之实，亦施于宇。

伊威在室，蟏蛸在户。

町畽鹿场，熠熠宵行。

亦可畏也！伊可怀也！

汉译为：

我往东山保边疆，慆慆然久不归乡。

我久始归离东方，濛濛细雨沮途挡。

归家之念愈殷望，离家日久室庐荒。

果蠃之实蔓房檐，蛜蝛之虫室中荡。

蟏蛸之虫门结网，庐旁畦垅之地方，

竟成麋鹿之草场。夜间黔首寂之时，

唯有萤火之闪光。茅屋幽阴变废荒。

望而生畏人心慌，我睹惨景浮翩想。

（四）尽力将译文写得绘声绘色，生动传神。批判继承旧说，既不轻易否定，也不一味盲从，斟酌损益，颇得其宜。有些译作韵味悠长，能传达出原诗的精神风貌。编辑《小雅·常棣》首章为例：

常棣之华，鄂不韡韡？

凡今之人，莫如兄弟。

汉译为：

郁郁苍苍棠棣花开，有萼承藉鲜艳茂盛。

花萼依倚而遍地生，岂不韡韡鲜明交辉？

况人有兄弟同胞亲，不如花萼相依为命。

我观察而遍阅世人，谁能比上兄弟亲情？

编辑《小雅·常棣》次章为例：

死丧之威，兄弟孔怀。

原隰裒矣，兄弟求矣。

汉译为：

同胞兄弟胜于他人，平时不知血脉相亲。

一旦变故则知恩深，是故死丧可畏之事，

唯有兄弟甚相思情；不幸裒尸原隰之间，

唯有兄弟往而求寻，天性之亲自不容论！

译者能将历代学者有关词语的考证成果和有活力的原文词语，择要吸收到译文中来，实事求是，以史证诗，以诗证史，以诗译诗，做到继承与创新，水乳交融，上下文浑然一体。

宋德宽

2013年12月26日

导读

《诗经》作为文学长河的源头，对后世的影响不可低估。有鉴于此，作者不揣简陋，在每一诗篇之后，都有一篇艺术品鉴。或解诗旨，或论意境，或摘瑕疵等。虽然见仁见智，未敢必其正确，但希望能为读者徜徉诗境做一次导游。

本书利用史籍文献、出土文物、古今名家解说以及近人最新研究成果；以政治哲学论，经义无妨于此一时，彼一时；以现代史学与文献学论，则永远要追求一个最原始的终极答案，尽管无法达到，总要无限接近。本书就是通过对《诗经》全方位、多侧面、深层次、立体化的品鉴研究——综合认定。

《诗经》一共有三百零五篇，每一篇讲一个故事，每一个故事有一个道理，可以说相当多了，然而用其中的一句话就可以涵盖《诗经》中所有的义理而没有丝毫遗漏，这就是《鲁颂·駉》中所说的"思无邪"，它的意思是，人的思想念头，都是由天理中生来的，而不是由私欲所扭曲的，这一句话，就把《诗经》的思想、道理完全概括了。诗人的言语有赞美的，有讽刺的，对善良的人和事，就用美好的语言来赞美它，以感发人的善心；对丑恶的人和事，就用尖刻的言语来讽刺它，以惩罚人的恶念。要提起人们善良的念头，除去人们丑恶的思想，使人们的性情温和纯正。如果人心的每个念头都是纯正的，没有被私欲邪念扭曲，那他的所作所为，自然是充满了善行，而没有恶行，充满了被赞美的行为，而没有被讽刺的行为。诗人的赞美和讽刺，也不过是为了劝善惩恶而已，因此由"思无邪"三个字，足以概括《诗经》的精神了。想要修身的学人务必了解，应该将功夫下在"慎思"之上。

然而，《诗经》堪称人类文化遗产中的瑰宝，它展示的是两千多年前古代先民的生活画卷，其中记载的人物数不胜数，包括帝王将相、诸侯大夫、忠臣奸佞、官吏庶民、政治家、军事家、思想家、文学家、艺术家、贵族王妃、将军士兵、说客策士、游侠隐士、明君贤士、孝子逆孙、淑女叛夫、思妇弃妇、贤妻良母、农夫商贾、君子小人等等。它所反映的社会生活内容十分丰富，包括天文地理、政治经济、军事战争、政策法规、外交辞令、治国育民、邦国兴盛、民族关系、阶级矛盾、民族民俗、伦理道德、工农生产、车马狩猎、祭祀典礼、服役徭役、定都建国、宴飨欢聚、田野耕耘、采摘渔牧、婚丧嫁娶、初恋思慕、闺怨春情、幽期密会、洞房花烛、迎亲送葬、怀人悼亡、风土人情、典章制度、礼教礼仪、山川草地、边疆河水、草木虫鱼、飞禽走兽、莺啼马鸣、风萧雨晦、波光山影、火山地震、祈祷祝愿、占卦圆梦等等，无所不包，生动表现了古人的七情六欲及宇宙人生、伦理道德、历史文化、宗教哲学等各种观念。涵盖之广，跨度之大，史无前例。

产生于浓厚人文、理性色彩这一肥沃土壤中的中国古代文学名著——《诗经》，极为重视文学作品的思想性，强调文以载道的教化作用，所以在内容上偏重于政治和伦理道德主题。将文学视为政治的附庸和说教，一直被当作一种无可非议的价值倾向。所以，君臣的遇合、民生的苦乐、宦海的浮沉、战争的胜败、国家的兴旺、人生的聚散、纲常的序乱、伦理的向背等等，一直是《诗经》的主旋律。如《诗经》中直接或间接反映战争的诗篇有三十多首，大致可分三类：

第一，《大雅》中的《常武》《江汉》《皇矣》及《颂》诗中的一些诗篇。这类诗篇多是对统治阶级、上层将领征伐武功的赞美。《常武》以激昂的文字，夸耀王师的兵强马壮与士气高昂，赞美宣王平定徐国叛乱的战役，突出了军队阵容之整齐、气势之盛大，以及宣王指挥若定的大将风度。《江汉》更是不吝笔墨，以近乎矫情的夸耀，直陈战功的辉煌。这种"主旋律"式的诗篇，多是对君王、诸侯、将领攻伐武功的歌颂，着力表现国力的强盛、胜利的辉煌、王师的威武与武功的浩大，呈现出壮丽雄浑的艺术格调。

第二，即使是保家卫国的正义之战，人民也要付出戍役、流血和生命的昂贵代价。而那些统治者穷兵黩武、任意发动的战争，更造成了无谓的牺牲和灾难。《邶风·击鼓》、《豳风》的《东山》和《破斧》等，诗篇的字里行间，则散发着浓郁的离愁别绪与厌战悲苦。如《小雅·采薇》便是爱国之情与思乡自伤之情的矛盾体，它既热情描绘了抗击外辱、保卫国家统一与安全的周朝军队，又从更广泛的层面揭示了兵役徭役给社会、家庭、民族关系等方面带来的深重灾难。首章曰：

"采薇采薇，薇亦作止。曰归曰归，岁亦莫止。靡室靡家，猃狁之故。不遑启居，猃狁之故。"

开首写征夫久戍不归，不能过和平生活，都是猃狁侵害之故。首两句道：我

今离家出戍，正当春月采取薇菜之时，薇菜初生，破地而出。“采薇”即采集野生的薇菜，食不果腹的士兵只好采薇而食，以野菜充饥。在人的诸项生存活动中，温饱是最根本的，也是首先要保障的，如果靠采薇菜来维持生存，那么，生活的艰辛就不言而喻了。“薇亦作止”，表明是春天，薇菜刚刚绽出小叶，即出征之时。诗以采薇起兴，是戍人回忆往事的线索。诗人巧妙地通过“采薇”，以引所抒之情，表达其日益深重的乡愁。故用一唱三叹的复沓形式反复咏唱：“曰归曰归，岁亦莫止”。此时心口相语，何时归乡啊何时归家？然而计之当在岁暮。突出表明士兵们渴望归家，十分心切。那么，“我”今所以舍其室家，为猃狁之故；所以不遑启居，为猃狁之故，非上之人故而如此苦于我。面对猃狁的侵凌，戍地不稳，但士兵虽归心似箭，而作为军人有守卫国土之责。诗人把怀乡情结与戍边责任感交织在一起，士兵虽有归心、私情、怨恨，但把这种情感归结到猃狁的猖狂入侵上，即“猃狁之故”；对周王朝没有半分指责，这大概就是古人称道的所谓“虽兼私情，公义言而重在义”吧！

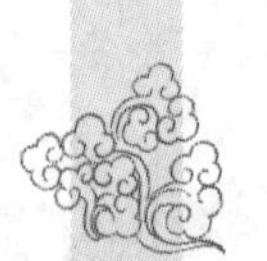

前三章的首四句，虽用重章之叠词的复沓形式，但复中有变，或一字之变，或一句之变，或几句之变，循序渐进，抒发思家盼归之情，随着时间的推移，这种心情越发急切难忍。故次章曰：

“采薇采薇，薇亦柔止。曰归曰归，心亦忧止。忧心烈烈，载饥载渴。我戍未定，靡使归聘。”

次章，写归期之远，忧心如焚；征途艰苦，无暇顾家，派人问家安否？诗言：我当采薇菜之时，而出往戍地，其薇菜初生而柔脆。预计其归期之远，未免心忧，且忧心忡忡至于烈烈然。尤长途之苦，饥渴固所不免；但我戍役之久，方未停息，抗击猃狁，疲于奔命，何暇归家顾及亲人室家，只使人归问家之安否？“薇亦柔止”一句，是指薇菜茎叶柔肥，表明是夏天，暗示久戍不归。诗人真切地表达出，由于出征的艰苦，使得思归之情越加浓烈，日复一日，年复一年地盼望归家，但时间都过了“阳月”，归乡似乎还只是个遥遥无期的盼望。这都是为了抗击猃狁的侵犯，正是因为他们入侵中原，才害得自己出戍而居无定所。诗人在此章中叙述了久戍在外的士卒，大概有五种事是最感伤的：一是归期之远，离家之悲，未免忧心如焚；二是受长途之艰，忍饥受渴之苦；三是戍役之久，无暇休息之劳；四是不得家中音讯之忧；五是无暇回家，使人回乡问平安。而五种忧愁，可谓“忧心烈烈”。

想起这些艰苦、忧伤,都是猃狁猖狂入侵所致。因而对猃狁的痛恨更加深沉,要消灭他们的勇气也就更增加了。所以才会有下文一月三战而三捷的辉煌战果。

三章在叠咏的同时,情景亦有递进。薇菜由成熟而坚刚,而柔而刚,经历了从春到秋的变化,一年阳月将过,仍然是君问归期未有期。故三章曰:

"采薇采薇,薇亦刚止。曰归曰归,岁亦阳止。王事靡盬,不遑启处。忧心孔疚,我行不来。"

这里写不破来犯之敌,毫无归心;心忧国事,致使忧病缠身。诗言:我当采薇菜之时,离家而出往边关,其薇菜已成熟而坚刚,计算其归期,当在阳月。但因王事靡盬之故,不暇启居,而且心忧国事,至于忧病缠身之甚。我今此行,同仇敌忾,不破来犯之敌,无还之心!

诗人认为只要猃狁之侵犯一日不平,归乡就没有定期。王朝的差事从来没有休止,"我"也无暇休憩,心里充满了忧思。戍役不仅艰苦,而且漫长。如"薇亦作止",这是春天,薇菜初生嫩芽;"薇亦柔止",这是夏天,薇菜茎叶柔脆;"薇亦刚止",这是秋天,薇菜茎叶已成熟而坚硬。"作""柔""刚"三字表示薇菜历经春、夏、秋三个不同的生长阶段,薇菜由嫩而坚,时间循序递进,它暗示着戍卒久戍不归。一年将尽,戍卒何时归乎?何时归到故乡呢?阅读悲壮而忧愁的诗句,仿佛看到面带忧伤的戍卒,一边采吃野菜,旷野征战,一边屈指计算着返乡的日期。"岁亦莫止""岁亦阳止",戍卒们屈指而计,其归期之远,从岁暮到夏历"阳月"(十月),时间流逝,物换星移,这漫漫岁月,不知何时归乎?故"心亦忧止""忧心烈烈""忧心孔疚",戍边士兵家中上有父母,下有妻儿,久戍不归,其忧伤与痛苦能不日益加深?但"王事靡盬"之故,无暇安身憩息;战争频频,人民灾难之深,岂能回家探亲?而心忧国事,致使身患重病,苦不堪言。然而想到猃狁入侵甚猖狂,同仇敌忾而无归心。反映了久戍不归的士卒,既有抵御外辱的爱国思想,又有眷念故乡、自伤离乱的悲怆情绪。

第三,尽管战争总是给人们带来深重的灾难,但是当敌人入侵、国家安全受到威胁时,人民也意识到只有奋起抗争,才能消除战争;只有付出必要的代价,才能赢得和平和安定,此时国家利益和个人利益是统一的,所以他们积极地投入战争,不惜用鲜血和生命换取战争的胜利。如《秦风》中的《小戎》《无衣》等,都表现了同仇敌忾、共御外侮的精神。以《秦风·无衣》为例:

岂曰无衣？与子同袍。
王于兴师，修我戈矛。
与子同仇！

岂曰无衣？与子同泽。
王于兴师，修我矛戟。
与子偕作！

岂曰无衣？与子同裳。
王于兴师，修我甲兵。
与子偕行！

汉译为：

谁说没有军衣裳？和你共领长袍裳。
君王派兵去打仗，修我手中戈矛枪。
和你同心仇报上，同仇敌忾保故乡！

谁说没有军衣穿？和你共领一汗衫，
君王兴师救国难，修我长矛火戟杆。
和你偕行赴前线，同仇敌忾不畏险！

谁说没有军衣裳？和你共穿铠甲裳，
君王调兵去打仗，修我兵甲与刀枪。
和你结伴上战场，同仇敌忾保边疆！

这首诗采用赋体手法，直抒胸臆；并以复沓的形式，表现秦军战士出征前的高昂气势：他们互相召唤、互相鼓励，舍生忘死，同仇敌忾，诠释了秦军士兵团结友爱、共御强敌的精神，也反映了秦朝的军威声势。

《小雅》中有些战争诗，从正面描写了天子、诸侯的武功，表现了强烈的自豪感，充满乐观精神，《大雅》中的《江汉》《常武》，《小雅》中的《出车》《六月》《采芑》等等，大都反映了宣王时期的武功。《江汉》是写宣王命召虎领兵讨伐淮夷，很快平定了淮夷,班师回朝。宣王册命召虎,赏赐他土地、圭瓒、秬鬯等,召虎乃作召公簋,铭记其事。《常武》写宣王命大将南仲征伐徐国,集中歌颂了王师的威力。如第七章写王师行进迅猛异常,势不可挡,用一连串的比喻,将王师的声威、气概形象具体地表现了出来。又如《小雅·六月》写尹吉甫奉宣王之命,北伐玁狁并取得胜利的事迹。另外,秦风中的《小戎》《无衣》等,也是表现同仇敌忾,共御外侮,斗志昂扬,情绪乐观的战争诗。《诗经》中这类完全从正面歌颂角度所写的战争诗,不注重直接具体描写战斗场面,而是集中表现军威声势,如《小雅·采芑》,写大臣方叔伐荆蛮之事,突出写方叔所率队伍车马之威,军容之盛,号令严明,赏罚有信。他雄才大略,指挥若定,曾北伐玁狁扬威,荆蛮因此闻风丧胆,皆来请服。《诗经》战争诗中强调道德感化和军事力量的震慑,不具体写战场的厮杀、格斗,是中国古代崇德尚义,注重文德教化,使敌人不战而服的政治理想的体现,表现出与世界其他民族古代战争诗不同的风格。

由于诗歌的性质不同,其描述的内容也相应有所不同。如《周南》和《召南》地域文化最大的特色是推行所谓"文王之化",即把西周礼乐文化通过乐歌的形式向南方推广(化自北而南),如《毛诗序》所云:"先王以是经夫妇、成孝敬、厚人伦、美教化、成风俗。"朱熹《集传》说:"惟《周南》《召南》亲被文王之化以成德,而人皆有以德其性情之正。"全部二"南"都服务于这样的教化目的,所以称"正始之道,王化之基"。编辑示例:

《兔罝》,此是一首赞武夫田猎而实美忠勇公侯之诗。朱熹谓:"化行俗美,贤才众多,虽罝兔之野人,而其才之可用犹如此。故诗人因其所事以起兴而美之,而文王德化之盛,因可见矣"(《集传》)。但崔述却有独到见解,他说:"余玩其词,似有惋惜之意,殊不类盛世之音。……太平之久,上下恬熙,始不复以进贤为事,是以世胄常蹑高位,而寒酸苦无进身之阶。文士或间一遇时,而武夫尤难以逢世。以故诗人惜之曰:'此林中之施兔罝者,其才智皆公侯之干城,公侯之复心也。'惋惜之情,显然言外"(《读风偶识》)。崔氏之说,颇有启迪。

《芣苢》,这是一首妇女采集车前子之歌。朱熹认为"文王之化,自近而远,先及于江汉之间,而有以变其淫乱之俗,故其出游之女,人望见之,而知其端庄静一,非复前日之可求矣,因以乔木起兴,江汉为比,而反复咏叹之也"(《集传》)。朱子以道学家的眼光斥为"淫乱",极为不妥。清儒方玉润评论说:"读者试平心

静气涵咏此诗，恍听田家妇女，三三五五，于平原旷野、风和日丽中，群歌互答，余音袅袅，若远若近，忽断忽续，不知其情之何以移，而神之何以旷？则此诗不必细绎而自得其妙焉。……今世南方妇女，登山采茶，结伴讴歌，犹有此遗风焉”（《诗经原始》）。方氏以文学观点评析此诗，颇有创见。

本书论证的重点与难点：

《诗经》的品鉴与分类。例如：祭祀诗、颂祷诗、历史诗、宴饮诗、田猎诗、军事诗、战争诗、远征诗、服役诗、士卒诗、兵役诗、农事诗、怨刺诗、爱情诗、婚恋诗、讽喻诗、民俗诗、忧国诗、忠孝诗、招贤诗、念夫诗、思妇诗、政治诗、祭祀诗等等。编辑示例如下：

《采蘩》，这是一首描写贵族夫人祭祀尽职之诗。《毛序》云：“采蘩，夫人不失职也。夫人可以奉祭祀，则不失职矣。”毛以为此诗是贵族夫人“奉祭祀”而尽职之事。《集传》云：“南国被文王之化，诸侯夫人能尽诚敬以奉祀，而其家人叙其事以美之也。”清方玉润谓：“公侯之事，事者，蚕事也。公侯之宫，宫者，蚕室也。案《礼祭义》：‘古者天子、诸侯必有公桑蚕室，近川而为之，筑宫仞有三尺，棘墙而外闭之。’……盖蚕方兴之始，仆妇众多，蚕妇尤甚，僮僮然朝夕往来，以供蚕事。不辨其人，但见首饰之招摇往还而已。蚕事既卒，……又皆各言归，其仆妇众多，蚕妇亦盛，祁祁然舒容缓步而归，亦不辨其人，但见首饰之簇拥如云而已。此蚕事始终景象。”上述三说，颇得诗旨。

《邶》《墉》《卫》三风，都是春秋时期的作品，内容丰富，题材多样。其作者除个别上层贵族外，主要是中下层贵族和城市自由民，从各个方面反映了当时的“礼崩乐坏”、战乱、社会生活与民情习俗，但其中一部分被道学家斥为“淫诗”。如《击鼓》，是一首久戍士兵思妇之怨歌。首章叙南行之事；二章言久戍之由；三章陈死丧之忧；四章忆室家之约；五章感违约之痛。清姚际恒阐发说：“此乃卫穆公背清丘之盟救陈，为宋所伐，平陈、宋之难，数兴军旅，其下怨之而作此诗也。其时卫有孙桓子良夫，良夫之子文子林父。良夫为大夫，忠于国，林父嗣为卿，穆公亡后为定公所恶，出奔。所云‘孙子仲’者，不知即其父若子否也？”（《诗经通论》，下简称《通论》）

农事诗。由于周民族的始祖以农立国，很重农事，农作物产量的大幅度提高，展现了周代农业的繁荣景象。因而与农业生产有关的农事诗在《诗经》中表现很突出,《风》《雅》《颂》各部分中均有。明确写农事的诗有《周颂》中的《臣工》《载芟》《良耜》《噫嘻》《丰年》等,多赞颂农业成就,夸耀田土广大、农夫众多、收获丰盛,表达祈求丰年的愿望。

《小雅》中的《甫田》《楚茨》等,极力夸张谷物收获之丰盈,赞美农夫的勤敏和君上爱农以事神,与《颂》中的农事诗基本思想相似。《国风》中的农事诗以《周南·芣苢》和《豳风·七月》为代表。《芣苢》是一首优美的劳动小诗,它以重章叠句的形式,反复吟唱,语言朴实,感情真挚,意境清新,情调欢畅,读之"恍听田家妇女,三三五五,于平原旷野,风和日丽中群歌互答,余音袅袅,若远若近,忽断忽续"(方玉润《诗经原始》)。"七月亨葵及菽,八月剥枣,十月获稻……九月筑场辅,十月纳禾稼。黍稷重穋,禾麻菽麦。"这段诗中几乎囊括了后世的主要农作物,突出了农作物种类之多。故《七月》是全面反映农奴终年劳动情景的诗篇,首章至末章由春耕写到寒冬凿冰,反复咏叹,诉说男女奴隶一年到头除繁重的农业生产,还要为奴隶主贵族制衣、打猎、酿酒、修房、凿冰、服役,结果却劳而无获,无衣无食,充分揭示了奴隶们内心的悲苦和哀伤,真实而生动地展现了一幅古代奴隶社会的生活画图。

兵役诗。《诗经·小雅》中一部分诗歌与《国风》类似,其中最突出的,是关于战争和劳役的作品。《小雅》中的《杕杜》《何草不黄》,《豳风》中的《破斧》《东山》,《卫风》中的《伯兮》等,都是这方面的名作。与叙述武功的史诗不同,这些诗歌大都从普通士兵的角度来表现他们的遭遇和想法,着重歌唱对于战争的厌倦和对于家乡的思念,读来倍感亲切。

其中《豳风·东山》写出征多年的士兵在回家路上的复杂感情,在每章的开头,他都唱道:"我徂东山,慆慆不归。我来自东,零雨其濛。"他去东山已经很久了,现在走在回家路上,天上飘着细雨,衬托出他的忧伤感情。他一会儿想起了恢复平民生活的可喜,一会儿又想起了老家可能已经荒芜,迎接自己的也许是一派破败景象:"果赢之实,亦施于宇。伊威在室,蟏蛸在户。町畽鹿场,熠燿宵行。"但是,即使是这样,他也觉得还是故乡好:"亦可畏也,伊可怀也!"一会儿又想起了正在等待自己归来的妻子:"鹳鸣于垤,妇叹于室。……自我不见,于今三年。"然后又想起妻子刚嫁给自己时那么漂亮,三年不见,不知现在如何了:"其新孔嘉,其旧如之何?"全诗通篇都是这位士兵在归家途中的心理描写,写得生

动真实,反映了人民对和平生活的怀念和向往。这首诗对于后来的诗歌也有一定影响。

《诗经》出路

《诗经》是中国第一部诗歌总集,是反映上古社会生活的百科全书,后来又成为重要的国学经典。《诗经》还是中国古往今来最基本的教材之一,自孔子编辑成书之后,便成为各类教育的课本,使用的时段覆盖从春秋到清代的漫长岁月,沿用至今。

据说,由于孔子参与了《诗经》的整理工作,并在他的私学中用它作为教材,又对某些诗篇进行了解释和发挥;在汉代“罢黜百家,独尊儒术”的大背景下,《诗经》和其他儒家经典一起,受到统治阶级的特别重视,成为“五经”之一,更成为儒家最重要的经典之一。随着《诗》成为《诗经》,这部文学作品遂成为全民思想教育的教材、知识分子的晋升之阶,跻身国家意识形态的主流地位。《诗经》的这种地位决定了对于它的研究,必然成为封建社会的显学。但在很长时间中,《诗经》的传授和研究,只能在释经考据中钻牛角尖,这种研究把《诗经》作为治国安民的政治教材。从为《诗经》作《序》的毛亨开始,经过郑玄作《笺》,孔颖达作《疏》,朱熹作《集传》,最终形成了以政教伦理为读《诗》的出发点与归宿点的说诗体系。他们将诗中所体现的思想情感归结到政治伦理上,将《诗》中所发生的故事和事件,都用来印证历史上曾出现过的重要事件,《诗经》在这条阐释道路上成为“诗经”“史诗”“诗政”。千百年来,无数学者固执地在《诗经》那些优美的文字中揣摩着圣人的道德和先王的训诫,希望能寻找到修身治国的“圣王之道”,当生活的意趣和性灵的自由,都被先哲们安排上种种道貌岸然的哲理和准则,生活中的轻松和自得便消失殆尽,爱与哀愁也变成生硬的历史事件的投影。所以,两千余年的《诗经》研究,使许多学者皓首一生。综合研究和深入探讨《诗经》的论著,超出了以往任何时代。但同时《诗经》研究也出现了偏失。

故有学者认为,第一个偏失,否定了《诗经》之为“经”,也彻底否定了两千余年古代学者研究的《诗经》成果——“旧经学”,但自己却掉进了“新经学”的泥淖。就两千余年的中国历史而言,几乎没有一个文化人不读《诗经》的。面对《诗经》有两种不同的价值取向，一种是通过学习内化为自己的一部分，一种是研究其中的内涵意义。后者的行为产生了大批可供后人继续研究的思想性、学术性著作，是属于经学的。而前者，或见注于行为表现，或形之于诗文与艺术创作，是属于文学的。但即使对诗文及艺术创作的影响，大半也是因为它作为“经”的绝高地位所致。即如鲁迅所说：假若现在有人写出“关关雎鸠”那样的诗去投稿，定会被编辑扔进纸篓的。《诗经》研究必须面对这样的现实，也就是说，无论用哪一种方式阅读、接受《诗经》，都无法摆脱《诗经》作为“经”的巨大影响。它作为一种文化精神，已融化于传统中国人的学术思想、文学艺术创作、行为表现之中。每个时代的人对《诗经》的理解、阐释、接受，都体现着每一个时代文化主流精神与主流意识形态的变化。难道这种从《诗经》中为现行社会思潮或政治行为寻找理论根据的研究方法，不正是“经学”的新形态吗？

第二个偏失是，既然把《诗经》认作是纯文学作品，于是便用20世纪的文学观念来研究《诗经》。而20世纪从西方引进的某种“统一”的文学观念，将文学的价值认定在了“反映生活”上，于是《诗经》研究者便配合社会的政治与文化思潮，来研究《诗经》中的婚恋生活、军事战争、民族矛盾、服役徭役等等，甚至从《诗经》中寻找“奴隶社会”或“农民起义”的影子。把一部《诗经》认作是周代社会生活的镜子，不但否定了《诗经》作为中国文化的起源和传统文化的载体，也忽略了其作为文学展示人类心灵世界的意义。

《诗经》不仅从本质的创作冲动上讲是“诗”，而且从其对民族心理的提示、对民族文化的展示、对人性的发掘及其表达的高度概括和艺术上来讲，它无愧于“经”。它是一部“诗”集，但绝不是普通的抒情诗集，它是我中华民族最原始的情怀和道德情感的表现。这就使得它又高于一切其他诗集而成为“经”，所以，我们完全可以在全新的意义上重新给予《诗经》经典的地位。而《诗经》的当代意义与其历史意义一样，最主要的还在于它的“经”的地位。尽管《诗经》的本质是文学的，它固然是天生丽质，但它要不是乘坐“经”的“圣驾”，浩浩荡荡地穿行于历史的城镇乡村之中，怎能博得万千之众的“围观”与“喝彩”呢？怎能产生巨大的历史影响？《诗经》的基本素质虽是“文学”的，而它的文化血统、它的身份地位则是“经”的。“诗”是它自身所具有的，“经”则是社会、历史赋予它的殊荣。如果曾经是“皇帝”，即使被打倒，在经济和政治权利上被剥夺得一干二净，在世人心目

中他仍然不是普通人，他的影响要远远大于普通人。《诗经》就是如此。

《诗经》被称为“经”，不但指它是一部儒家思想哲学的重要典籍，也不单单表明这是一本关于诗歌的经典之作，它还是一部记载当时农业、生产、历法、政治、军事、战争、徭役、人物、矛盾、民俗、婚丧、爱情等社会生活的经典之作；

它更是表达喜悦、快乐、悲伤、怨恨、痛苦、思念、绝望等人类情感的经典之作。我们社会生活中的所有角落，都能在《诗经》中找到经典的映射；我们心灵中的每一次悸动，都能在《诗经》中找到经典的诠释。《诗经》是一部关于我们的过去、现在、未来生活的经典，这才是《诗经》的最好定位。因而对于《诗经》的研究与学习，应该同时从“诗”与“经”两个方面进行。我们今天学习、研究《诗经》，绝不能忽略其作为“经”对于中国文化与文学的影响，以及其所创造的文化对于当代人类的意义。作为“经”，我们要看到社会与历史赋予它的深厚与博大，以及它在筑造民族礼乐文化精神中的辉煌功绩；作为“诗”，则要看到它的鲜活与灵动，感受先民心灵深处的声音。

自汉魏以迄清末，《诗经》的研究基本上循着一条经学轨迹在进行。南宋治《诗》大师朱熹，攻讦《毛序》，废《序》不用，提出“就诗论诗”的原则。尽管他并没有真正做到这一点，但开创风气，意义是至为巨大的。当然，经学作为传统文化中很丰富的一部分，值得认真研究总结，但这不是作者写这部书的主要动机。《诗经》古今歧义颇多，如胡适先生所谓“《诗》三百篇有一半不可懂”，放在今天一样成立。虽然学术日进，出土资料愈多，但新问题、新课题也会随之愈多。本书梳理古义、辨证诸家歧说，或采近年新的研究成果，或抒己见，以成独家之说，或有破有立，或破而无立，冀望能把《诗经》研究推到逻辑与证据的极限处。

今天，我们的治《诗》眼光应该更加客观，可以更彻底地就诗论诗。《毛序》中正确的自当吸收，但牵强附会的必须否定，注重《诗》的文学功能，今天是必须特别加以揭示和阐明的。我们的愿望，是想恢复《诗经》的客观存在和本来面目。

我们衷心希望，此书编印，《诗经》这一光辉灿烂的文化遗产，将是一扇现代人开往古典的窗，是一声历史投给现代的呼唤；是一种关切与拥抱中国的开始，它也将是一盏盏《诗经》文化的灯火，在漫漫书海中，照出一条人生的、知识的、远航的路……笔者长期研读古典文学，窥探到《诗经》艺术魅力对后世文学的影响，而萌生研撰《世间最美的诗——诗经》(精华本)一书之志。所以，全力以赴，呕心沥血，以促成书，积十年之功，撰写而成。

由于本人知识与学历不足，虽几近努力，书稿付梓在即，其中的疏漏谬误仍在所难免，故力有未逮，诚惶诚恐，衷心期盼广大读者多予匡正，还望《诗》学专家不吝赐教。

目录

周颂

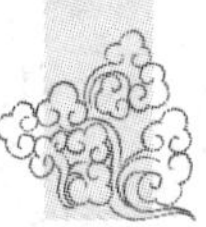

鲁 颂

周颂

清　庙

于穆清庙，肃雍显相。
济济多士，秉文之德。
对越在天，骏奔走在庙。
不显不承，无射于人斯。

【概要】

盖此周公既成洛邑，朝见诸侯因率领之。
以祭祀文王之乐歌，宗庙祭祀文王灵曰：

【译文】

呜呼肃穆而美好哉！今祀文王清静之庙。
其显相则皆是公侯，其济济然实惟多士。
显相则肃敬而和顺，多士则秉持文之德。
惟皆是肃雍而秉德，心对文王在天之灵，
身疾文王庙中之事，对越文王在天之神，
文王岂不明显于天，奔走在先祖之宗庙，
先祖岂不见承于人，信乎哉先祖之明德！
今世无有厌斁于人，先祖之德永世秉承。

【注释】

＊于：叹词，赞叹声。　穆：状清庙之貌。肃穆而美好。《毛传》训"穆"为"美"。《集传》训"穆"为"深远。"《案》："《尔雅》训穆为美，当从毛义。"《说文》："穆，禾也。"即肃穆，皋废而穆行。　清庙：清静之宗庙。清，肃然而清静。《郑笺》："祭有

清明之德者之宫也。"指清静之德。 肃:肃敬。《集传》:"肃,敬。"《说文》:"肃,持事振敬也。" 雍:和顺。 显:明,即光明,指显赫光明之德。 相:指助祭者,谓助祭之公卿诸侯。 严粲:"称助祭之人曰显相者,谓其有显着之德,美称之也。"《案》:"吕氏祖谦《士虞礼》:'祝辞曰孝子某孝,显相,夙兴夜处然则自主人之外,余皆显相也。"一说显相:即显祖。

* 济济:众多貌。济济之众士,皆执行文王之德。《孔疏》谓:"被文王之化,执而行之不使失坠也。" 一说济济庄严恭敬貌。一说济济整齐貌。 多士:指祭祀时主持事务的官吏。《集传》:"多士,与祭执事之人。"一说指祭祀太庙的四方诸侯。 秉:执行,持有。 文:指周文王。戴震《毛郑诗考证》:"凡经传以'文'赞美其人者不一,皆经纬明备威仪敬慎之称。"文之德即文德之人,亦通。

* 对:对答。 越:于。《郑笺》:"对,配;越,于。""对"字通"配"(pèi)。"对越"之"越"字,亦可当读如"杨"(yáng),犹对扬,颂扬。《尔雅·释言》:"越,扬也。"扬即举扬,宣扬,即宣扬文王在天之灵(王念孙、陈奂之说)。 在天:指先祖在天之灵。《案》:"对越在天,言其感通神明,如见文王而对答之。"《孔疏》:"如其生存之时,是也。" 骏:大而疾速貌。《尔雅·释诂》:"骏,速也。"《孔疏》:"大者,多而疾来之意。"《毛传》训"骏"为"长"。 走:言勤事。《孔疏》:"庙中奔走以疾为敬。"

* 不:通"丕",发语词。发声(王引之《述闻》)。 显:光明之德。 承:尊奉继承。显以对越在天言,承以骏奔走在庙言。《毛传》:"显于天,见承于人。"《孔疏》:"文王精神已在于天,是显于天也;奔走助祭,是承事文王,故见承于人也。" 无射(yì)于人斯:不厌弃于人,即受人崇敬。无射,不厌弃。何楷:"泛指天下人言,奉祭之显相多士,亦在其中。"斯,助词。

【品鉴】

《集传》云:"书称王在新邑,烝祭岁,文王骍牛一,武王骍牛一。实周公摄政之七年,而此其升歌之辞也。书大传曰:'周公升歌清庙,苟在庙中尝见文王者,愀然如复见文王焉。'乐记曰:'清庙之瑟朱弦而疏越,壹倡而三叹,有遗音者矣。'郑氏曰:'朱弦,练朱弦,练则声浊,越,瑟底孔也;疏之使声迟也,倡发歌句也。三叹,三人从叹之耳,漢因秦乐,干豆上奏登歌,独上歌不以筦弦乱人声,欲在位者遍闻之,犹古清庙之歌也。"

刘勰云:“四始之至《颂》居其极《风》《雅》《序》人事兼变正,《颂》主告神义必纯美,斯乃宗庙之正歌,非燕(宴)飨常乐也。”《清庙》是《周颂》的第一篇,即所谓“颂之始”。诗有“四始”“四诗”均为《诗经》学的专用语。与《诗经》的分类有关。

第一,所谓“四始”有三种说法:《鲁诗》之说、《毛诗》之说、《齐诗》之说。《鲁诗》“四始”的理论依据是:

《史记·孔子世家》说:“古者诗三千余篇,及至孔子,去其重,取可施于礼义,上采契、后稷,中述殷、周之盛,至幽、厉之缺,始于衽席,故曰:‘《关雎》之乱,以为《风》始;《鹿鸣》为《小雅》始;《文王》为《大雅》始;《清庙》为《颂》始。’三百五篇孔子皆弦歌之,以求合《韶》《武》《雅》《颂》之音。礼乐自此可得而述,以备王道,成六艺。”所言即为《鲁诗》“四始”。司马迁是信奉《鲁诗》的,可知这是《鲁诗》之说。这种解读阐明了《诗经》中“国风”、二“雅”、“颂”四个部分的开始。从先秦到汉初,《诗》是竹简记载、口耳相传,一本书的竹简少则几千,多则几万枚,一串串堆起来,翻阅很不容易,口耳相传也要有个段落始终,提出四部分歌诗的“始”,犹如起个“索引”作用。清魏源《诗古微》考释:古时合乐都是三篇连奏,“四始”不都指每一部分的头一篇,而是前三篇,“汉时古乐未湮,故习《诗》者多通乐,此盖以诗配律,三篇一始,亦乐章之古法。特又律配历,分属七二支则四之,以为四始。……”这是说“四始”有乐章上的提示作用。以上是对“四始”实用性的解释。

《诗大序》云:“颂者,美盛德之形容,以其成功告于神明者也。”何谓神明?为什么要将盛德、成功告于神明?郑玄《周颂谱》云:

“《周颂》者,周室成功致太平德洽之诗……颂之言容。天子之德,光被四表,格于上下,无不覆焘,无不持载,此之谓容。于是和乐兴焉,颂声乃作。《礼运》曰:‘政也者,君子所以藏身也。’是故夫政必本于天,淆以降命。命降于社之谓淆也,降于祖庙之谓仁义,降于山川之谓兴作,降于五祀之谓制度。又曰:‘故祭帝于郊,所以定天位;祀社于国,所以列地利;祖庙,所以本仁;山川,所以傧鬼神;五祀所以本事。’又曰:‘礼行于郊,而百神受职焉。礼行于社,而百货可极焉。礼行于祖庙,而孝慈服焉。礼行于五祀,而正法则焉。’故自郊、社、祖庙、山川、五祀、义之修,礼之藏也。功大如此,可不美报乎?故人君必洁其牛羊,馨其黍稷,齐明而荐之,歌之舞之,所以弦神明,昭至德也。”

神明是政所本的天命,具体体现在“郊”“社”“祖庙”“山川”“五祀”。所以祭

祀天地神明祖先，既是昭示天命神圣，政由天受，又是昭明美德，广被四表，化天下于至德。《毛诗》将周代祭祀仪式乐歌的宗旨都归于此。

据《毛诗序》《维天之命》《维清》《我将》皆为祭祀文王之乐。可与《清庙》相连，构成一个整体而成为《颂》的核心。

《毛诗》称"四始"所指诗是"诗之至也"(《序》)。《毛诗序》进一步阐明谓之"四始"的《风》《小雅》《大雅》《颂》的分类标准，《郑笺》解释说："始者，王道兴衰之所由"。唐孔颖达阐释说："此四者人君行之则为兴，废之则为衰……人君兴衰之始，故谓之四始也(《孔疏》)。孔颖达引郑玄答张逸云："《风》也，《小雅》也，《大雅》也，《颂》也。此四者，人君行之则为兴，废之则为衰。"这是《毛诗》对"四始"发挥议论的政治性的解释。可见所谓"四始"，就是从四个方面来阐释圣道王化的思想。"《诗》之至者"，《孔疏》又说："《诗》理至极，尽于此也。"持这种意见的人继续说明，"国风"是王政推行教化和地方反映民情，以讽谏王政缺失的；"雅"诗是写天下大事，关系王道兴衰所由的；"颂"是歌颂祖先神灵的祭祀诗。

《毛诗序》说："《关雎》，后妃之德也，风之始也……上以风化下，下以讽刺上，主文而谲谏，言之者无罪，闻之者足以戒，故曰风。……雅者，正也，言王政之所由废兴也。政有大小，故有小雅焉，有大雅焉。颂者，美盛德之形容，以其成功告于神明也。是谓四始，《诗》之至也。"既说《关雎》为风之始，又说《风》等为"四始"，颇为不类，所以，郑玄干脆抛开《关雎》为风之始的说法，径直认为《风》等为"四始"，孔颖达引郑玄答张逸云："'四始'者，郑答张逸云：'《风》也，《小雅》也，《大雅》也，《颂》也，人君行之则兴，废之则为衰。'又《笺》云：'始者，王道兴衰之所由。'然则此四者是人君兴废之始，故谓之四始也。"虽然由郑玄的说法来看，《毛诗序》是把《国风》《小雅》《大雅》《颂》四者看作实行王道的开始，有提高《诗经》地位的考虑在里面，但《国风》等四者为《诗经》编排的类别，统称之为"始"还是颇为牵强。显然，《毛诗序》是袭用《鲁诗》的说法，试图加以改造，不惜偷换概念，但并未成功，所以袭用的痕迹仍很明显。

"四始"之说三家亦有。《齐诗》之说"以诗配律"，"以律配历"，"《大明》在亥，为水始……《四牡》在寅，为木始，……《嘉鱼》在巳，为火始……《鸿雁》在申，为金始……此《诗》之四始也。"(魏源《诗古微·四始义例》)其说多不可解，可存而不议。它把五行中的四行与《诗经》中的四篇诗相配，没有实际意义，表现出《齐诗》与阴阳五行和谶纬神学结合，由此他们还有所谓阴阳际会的“五际”（卯酉午戌亥）“六情”（喜始哀乐好恶）之变，更无实际意义，很少有人理会。

然而，赵茂林《两汉三家〈诗〉研究》认为：至于《韩诗》有没有“四始”之说，尚不能断定。《韩诗外传》卷五：子夏问曰：“《关雎》何以为《国风》始也？”（《韩诗外传笺疏》）既然以《关雎》为《国风》“始”，应该有“四始”之说，但除此之外却无证。魏源认为《韩诗》有“四始”，《古诗微·四始义例》：

服虔解《左氏》用《韩诗》者也。季札观乐为之歌《小雅》《大雅》。《诗谱疏》引其解曰：“自《鹿鸣》至《菁菁者我》，道文武修小政，定大乱，致太平，乐且有仪，是为正《小雅》。”夫正《大雅》，《凫鹥》以下，尚有《笃公刘》《行苇》《泂酌》《卷阿》，皆召康公戒成王之诗，而《韩诗》论正《大雅》尚不数之，岂非专以周公述文王者为正《雅》乎？……是知《韩诗》以《周南》十一篇为《风》之始，《小雅·鹿鸣》十六篇、《大雅·文王》十四篇，为二《雅》之正始，《周颂》当亦以周公述文王武诸乐章为《颂》之正始（《诗古微》）。但魏源此说难以征信。《韩诗外传》已经说《关雎》为《风》之“始”，而魏源则说《韩诗》《风》之“始”为《周南》十一篇，显然不合。当然，《外传》所说也可理解为《关雎》为《诗》之“始”。但不论怎么理解，《外传》数单篇，并不连数《周南》十一篇。再就服虔所用何《诗》来看，文献没有记载。但从其称《诗》来看，多与《毛诗》不合，如认为《小雅·都人士》第一章为逸诗等，应该主要用三家。但所用为三家中的哪一家，清儒的判断却颇有分歧。魏源认为用《韩诗》，而陈乔枞认为用《鲁诗》。实际都没有令人信服的证据。魏源断定服虔用《韩诗》，依据是“以《都人士》无首章知之”，陈乔枞无说，想必也是相同的理由。但三家皆无《都人士》首章，何以知其所用必为《韩》或必为《鲁》呢？何况，三家是不谈“正变”的，从陈乔枞的所辑佚的三家遗说，谈“正变’者，仅仅服虔此条。服虔此条可能不是本自三家《诗》，而是受了《毛诗》的影响。《后汉书·儒林传》说服虔作《春秋左氏传》，“又以《左传》驳何休之所驳汉事六十条”，应该说其偏于古文学的。而《毛诗》在东汉虽仍不立于学官，但影响逐渐扩大，到东汉后期大有取三家而代之的势头。而其中“正变”说更是符合汉儒以经学干预政治的追求，郑玄就依照《毛诗》“正变”说而作《诗谱》。所以，服虔虽用三家，但其谈“正变”却未必为三家题中之义。

正因为三家无“正变’之说，所以三家既可以认定《关雎》《鹿鸣》为“始”。其

实自古以来虽然都讲“四始”，而他们的说法又是众说纷纭，让人莫衷一是的。他们重视“四始”，实际代表了他们对整部《诗经》思想体系的根本看法。按照《毛诗》的观点，整部《诗经》，都是反映表现王道教化的，所以，汉郑玄解释说：“‘始’者，王道兴衰之所由。”因此，每类诗的第一首，固然具有特殊的意义蕴涵其中了。

第二，所谓“四诗”之说，就诗体来说，“四诗”也有两种解释。一种解释是自司马迁《史记》所记的上述“四始”而来，以“风”“小雅”“大雅”“颂”为“四诗”。另一说法则认为二“南”是独立的一体，应从“国风”中分列出来，“四诗”是“南”“风”“雅”“颂”。

然而，篇名《清庙》，当是取首句“清庙”二字。何为“清庙”？历有分歧，解释不一。《郑笺》解释说：“祭有清明之德者之宫”；贾逵《左传》注：“肃然清静，谓之清庙。”窃以为《郑笺》释“清”为“清明”是正确的。但有学者质疑，认为“清明”非指“德”，亦非指“有清明之德者”，而是指“清明”的宗庙。“清”有“洁”义。《说文》：“清，朖也。澄水之貌。”段《注》：“朖者，明也。澄而后明，故云‘澄水之貌’。引申之凡洁曰清，凡人洁之亦曰清。”明，有洁义，古时祭祀重清洁，故以“清”形容宗庙，但并非如此，因为，“清明”正当指文王之德，

而“庙”之言“貌”也，死者精神不可得而见，但以生时之居立宫室，象貌为之耳。

《清庙》是周王在宗庙祭祀典礼上的乐歌。然而，祭祀何许人也？历来解说不一。《毛序》《鲁诗》《郑笺》与《集传》均认为祭祀周文王，但有学者认为不是专祭文王之歌。《毛序》解释说：“《清庙》：‘祀文王也；周公既成洛邑，朝诸侯，率以祀文王焉。’”体味《毛序》，综观此诗，从诗旨可以看出，这是周人祭祖的颂辞。那么，是否祭祀文王，诗中并未明确表现，至于作者是否周公，还是周武王、周成王甚至周昭王时所作，还是作于周成王五年或七年等等，史无佐证，诗无明言。但《鲁诗》开门见山地说是“周公咏文王之德而作《清庙》，建为颂首”(《王先谦《诗三家义集疏》。汉郑玄沿袭毛、鲁之说，他进一步阐释说：“清庙者，祭有清明之德者之宫，谓祭文王也。天德清明，文王象焉，故祭之而歌此诗也。‘庙’之言‘貌’也，死者精神不可得而见，但以生时之居立宫室，象貌为之耳。成洛邑，居摄五年时。”郑玄的阐释明确指出，“清庙”专指文王之庙，此诗是为祭文王而写的，天德

清明,文王之象,故祭之而歌此诗。并说明周公成洛邑,位居摄政五年之作。《郑笺》又云:“告大平者,居摄五年之末也。”则此诗明白为周公所作。虽看不出有什么佐证,但唐孔颖达又进一步补充说:“《礼记》每云升歌《清庙》,然则祭宗庙之盛,歌文王之德,莫重于《清庙》,故为《周颂》之始”(《孔疏》)。孔氏之说,使人豁然开朗。朱熹《集传》从之,并释“清”为“清静”,与郑玄之说小异;清方玉润《诗经原始》亦主此旨。今学者程俊英解释说:“这是周王祭祀文王于宗庙的乐歌。诗人歌颂周的统治者继承文王之德,歌颂文王德行光明,为周代臣民所永远遵循”(《注析》)。陈氏之说,颇符诗旨。

然而,姚际恒《通论》还主张并祭文王、武王,与《毛传》《集传》有别。而《尚书·洛诰》亦云:“禋于文王、武王。”认为是合祭文王、武王时用的歌舞辞。是周人“追祖文王和宗武王”的表现。可是郑玄认为“清庙者,祭有清庙之德者之宫,谓祭文王也。天德清明,文王象焉,”文王只是天德清明的象征而已。故高亨以为“是周王祭祀宗庙祖先所唱的乐歌”(《今注》)。不过,朱熹《集传》强调说:“此周公既成洛邑,而朝诸侯因率之,以祀文王之乐歌。”朱子之说,甚有道理。

但殊不知,却另有他解。以“清庙”广指诸庙,“清”为“清静”之意,其说始自汉韦玄成,他的观点是“《清庙》之诗,言交神之礼无不清静”(《汉书·韦贤传》)。“清”以庙中交神之礼言,后之贾逵、晋杜预皆本韦为说,然亦略异之,“清”以庙貌言。杜预《春秋经传集解》谓:“情庙,肃然清静之称也。”贾逵《左传》注:“肃然清静,谓之情庙。”陈子展《直解》引清徐养原《顽石庐经说·清庙说》曰:“古制天子七庙,文王庙其一也。如专以清庙为文王庙,则余复何称焉?特别有嘉名,而书传偶未之及邪?此则广指诸庙,非独文王,故以清静解之。”陈氏“广指诸庙”之说,恐为不妥。

然而,这首“颂始”,究竟叙述的是什么内容?需要特别指出的是,虽是祭祀文王,但诗中强调的还是人的“明德”。参与祭祀的主要人物是“显相”,即公侯,“多士”即担任各种祭祀职务的官吏,怀念先祖的重点在于文王之圣德。末句尤其落脚在对于“人”的爱护和关怀上。从西周开始,中国古代思想史才真正地进入了理性不断强化和加深的阶段。

全诗仅仅八句,其突出特点是既不分章,又无韵。《清庙》诗没有韵,这是周初颂诗的一般现象。朱子解释说:“周《颂》多不叶韵,疑自有和声相叶《清庙》之

瑟，朱弦而疏越，一唱而三叹，即和声也。”唱时一人唱一句，另三人把这同一句再唱一遍，就等于用叠句来押韵了，所以，这是每句只重叠一次的唱法，这也叫一唱三叹。没有韵的诗是周代最早的诗。清姚际恒阐释说：“案《颂》为奏乐所歌，尤当有韵。今多误韵者，旧谓一句为一章，一人歌此句，三人和之，所谓‘一唱三叹’，则成四韵”(《通论》)。这里强调了一唱三叹而成四韵。顾炎武云：“凡周颂之诗多若韵，若不韵者意古人之歌，必自有音节，今不可考矣。”

诗人采用赋体艺术手法，直抒胸臆。此周公既成洛邑，而朝诸侯；因率之，以祭祀文王之乐歌曰：“于穆清庙”，那么，句首“于”字是什么词性呢？“于”字当读乌(wū)音，谓之叹词，即指赞叹声。“于”字象古文“乌”省，原是象形字，此假借为叹词。“于”亦即呜呼，此处含有赞美感叹之意。

穆者，状清庙之貌，形容肃穆而美好之意。故《毛传》训“穆”为“美”，朱熹《集传》却一反常态，训“穆”为“深远。”穆《尔雅》亦训穆为美，当从毛义。但《广韵》又说“穆”为“清”，言美言清。穆是㣎字的假借字。《说文》解释说：“㣎，细文也。”段玉裁《注》解说：“引申为凡精美之称。《大雅传》曰：‘穆，美也。’……古本作㣎，今皆从禾作穆，假借字也。”故“㣎”字废而“穆”字行。

至于“清庙”是什么意思？传统解谓“清静之宗庙”。清者，肃然而清静。其言外之意，是指祭有清明之德者之宫。“宫”谓文王之宗庙；“庙”之言“貌”，死者精神不可得而见，但以生时之居立宫室，象貌为之。此暗指文王清明之德。贾逵桓二年《左传》注解说：“肃然清静，谓之清庙。”公木教授阐释说：“清，旧训清静。刘运兴《诗义知新》谓：清、閟、明三字音近相通，皆有‘必’字根音转而来。清当读閟，秘宫即太庙也。诗言‘清庙’者乃周天子之太庙也。清庙、秘宫、明堂，其实皆谓祀祖神秘之所”(《诗经全解》)。其说颇有道理。

开端一句只赞叹宗庙的庄严清静：于乎肃穆庄严哉！今祭文王之清庙，祭有清明之德者之宫，谓祭文王。天德清明，文王象焉，故祭之而歌此诗。这句从正面点题，颂扬先祖和文王之德的至善至美。张以成《毛诗微言》云：“《清庙》一启，万国之冠冕毕集，盖新率诸侯以祭，灵爽固是肃然。”

第二句“肃雍显相”，“肃”者，肃敬也。持事振敬。“雍”谓和顺之意。“显”即光明，暗指显赫光明之德。“相”指助祭者。朱熹谓助祭之公卿诸侯。称助祭之人曰显相者，谓其有显著之德而美称之。《案》云：“吕氏祖谦《士虞礼》：‘祝辞曰孝子某孝,显相,夙兴夜处然则自主人之外,余皆显相也。"但另有他解,有学者认为"显相",即显祖。刘运兴《诗义知新》谓"显相",当谓太庙之像主,"相"应读祖。上古祖读精母鱼部,相读心母阳部,精心旁纽,鱼阳对转,二字音近相通。显祖,古人于祖先之美称。此说亦通。这句说:其显相则皆是公侯,则肃敬而和顺。即交代"显相"的身份谓"公侯",又表明其肃静而和顺,实际是赞美之辞。

《孔疏》解释说:"下文别言多士,多士非诸侯,则显相是诸侯可知。"

"济济多士,秉文之德"。济济之众士,皆执行文王之德。唐孔颖达认为"被文王之化,执而行之不使失坠也"(《孔疏》)。有学者以为"济济",或谓庄严恭敬貌,或说整齐貌。多士谓祭祀执事之人,指祭祀时主持事务的官吏。《案》云:"显相言肃雍,多士言秉德互文耳。其实显相未尝不宜肃雍秉德,多士未尝不宜肃雍也。"其说明白如话。然刘运兴《诗义知新》认为"多士",当指四方诸侯。因周代天子之称谓诸侯亦曰"士"。秉者,谓执行、持有之意。"文"指周文王。朱熹认为是指"文王"。戴震说:"凡经传以'文'赞美其人者不一,皆经纬明备威仪敬慎之称"(《毛郑诗考证》)。对此,公木、赵雨二教授却有新解,认为"据苏东天《诗经辨义》:诗中之'秉之文德'句,意非指文王,'文德'与武功意义相对,'文治武功',应释为'用礼教治天下';周初倡'以德配天','尊礼尚施',此诗'秉文之德',意即坚持贯彻以德治天下的路线。周礼制,每年春秋乡祀礼,天子率三公九卿诸侯大夫至宗庙祭祀祖先,赐燕封赏,以发扬祖德,加强宗亲之忠孝团结,共治天下,故诗中有'济济多士,秉文之德'之句,我们赞同苏东天的说法,《清庙》是《颂》的第一首,风格庄严古朴。"(《诗经全解》)

然而,仔细研究诸家之说,细细体味诗的本义,可以这样解释:"清庙"实非专指文王之庙,但文王是祭祀宗庙祖先的主要对象,"秉文之德"之"文",当指文王可证。"文"也有主张"文德"之说,但从词语构造看,"文之德"省为"文德",语法上讲不通。"文"为文王,字通义顺,并与"不显不承,无射于斯",颂文王之词相照应。此为祭祀祖先诗,上两句非赞美"多士",祭祀人怎能去赞颂助祭的子孙与参与祭祀的诸臣呢?然《诗经》中其他地方写别于"武事"之"文德"的,皆"文""德"二字连用,如《大雅·江汉》:"矢(施)其文德,洽此四国。"与此诗不同。除此之外,《清庙》后面《维天之命》《维清》二诗均为祀颂文王之诗,以《周颂》之始《清庙》为总祭宗庙祖先之诗,也就自圆其说无疑。牛运震《诗志》说:"不必铺扬文

德，从助祭之人看出。‘秉德’‘无时’，自然深厚。对神之词深不得浅不得，妙在质而能深。沈奥动荡，有一唱三叹之音。”

第三、四句说：其济济然实惟多士。显相则肃敬而和顺，多士则秉持文王之德，惟皆是肃雍而秉德。表明此清静之庙，其助祭之公侯，皆肃敬且和顺，而其执事之人，又无不执行文王之德的。万时华解释说：“‘清庙’句轻，‘显相’说‘肃雍’，‘多士’说‘秉德’，此行文错举妙于炉锤处”(《诗经偶笺》)。

“对越在天，骏奔走在庙。”“对”者，对答也。“对越”之“越”字训“于”，但亦可当读如“杨”，犹对扬，颂扬。《释文》：“扬，称道也。”扬即宣扬，宣扬文王在天之神灵。“对越在天”，言其感通神明，如其生存之时，如见文王而对答之。

《郑笺》训“骏”为“大”，何为大？大者，多而疾来之意。《礼记大传》：“亦云骏奔走，《注》：‘骏，疾也。’”严粲解释谓：“敏于趋事。”《毛传》训“骏”为“长”。尚有学者认为“骏”为“逡巡”。上古逡读清母文部，骏读精母文部，清精旁纽，文部叠韵，二字音近相通。逡者，逡巡也。逡巡，却行恭顺貌。

庙中奔“走”，言勤事，以疾为敬。然刘运兴《诗义知新》却认为，奔走谓趋跄也。于古碎步疾行，以示敬意之礼曰“趋”，诗曰“骏(逡)奔走在庙”，谓四方诸侯朝天子于太庙，其祭拜天子显祖也逡巡趋跄，极恭谨敬慎而礼容中节也。其说似有道理。

“不显不承，无射于斯”。最后两句才真正颂扬了文王的品德，赞美了文王。那么，“不”字到底如何解释才对呢？“不”通“丕”，发语词，即发声(王引之《述闻》)。程俊英阐述说：“《毛公鼎》《师訇簋》铭文中均有‘丕显文武’句，其中‘丕’字都作‘不’。陈奂《传疏》：‘《孟子·滕文公篇》引《书》曰：“丕显哉文王谟；丕承哉武王烈”。《释词》云：‘显哉承哉，赞美之词，丕，发声。’是也。一说‘不’意为大，亦通。”(《注析》)

“显”即光明之德。“承”指尊奉继承。“显”以“对越在天”而言，“承”以“骏奔走在庙”而言。显于天，见承于人。文王精神已在于天，是显于天；奔走助祭，是承事文王，故见承于人。

“无射于人斯”者，是谓不厌弃于人，即受人崇敬。《毛诗音》解释说：“射，即斁。”“无射”音义均同“无斁”，即无厌。射、斁均为“厌”之假借字。《毛传》云：“显于天矣，见承于人矣，不见厌于人矣。”何楷又阐发说：“泛指天下人言，奉祭之显相多士,亦在其中。"

那么,后四句说:其心对文王在天之神灵,其身疾文王庙中之事;对越文王在天之神灵,文王岂不明显于天乎?奔走在先祖之宗庙,先祖岂不见承于人乎?信乎哉!先祖之明德,今世无有厌斁于人,先祖之德永世秉承。朱熹阐释说:"此周公既成洛邑而朝诸侯,因率之以祀文王之乐歌。言语穆哉!此清静之庙,其助祭之公侯,皆敬且和,而其执事之人,又无不执行文王之德。既对越其在天之神,而又骏奔走其在庙之主。如此则是文王之德,岂不显乎?岂不承乎?信乎其无有厌斁于人也"(《集传》)。其说颇符诗旨。

诗人独具匠心,专门采用侧面描述和侧面衬托的手法,把重点放在助祭者与祭者身上,其态度是"肃雍",即肃穆和顺;其行动是"骏奔在庙",其身疾文王庙中之事;行为是"秉文之德",即秉持文王之明德,将其继承而发扬光大。而又虔诚地"对越在天",通过他们,更加生动、具体地赞颂了文王的品德,表现其继承文王之德。以极其崇敬的心情,庄严的举止,来赞颂先祖和文王的至善至美。内容丰富又含蓄,字里行间充满着真切的感情,使文章虚实结合,层次分明,有条有理,肃穆庄重。

《毛诗序》说:"颂者,美盛德之形容,以其成功告于神明者也。"这篇《清明》作为"颂之始",除了是赞美周文王功德的颂歌之外,也就几乎成了西周王朝举行隆重祭祀,以及其他重大活动通用的舞曲。《孔疏》云:"《礼记》每云升歌《清庙》,然则祭宗庙之盛,歌文王之德,莫重于《清庙》。"《尚书大传》云:"周公升歌《清庙》。"《礼记·祭统》:"夫人尝禘,升歌《清庙》……此天子之乐也。"《礼记·明堂位》:"季夏六月,以禘礼祀周公于太庙,升歌《清庙》。"可见它的意义已不只是歌颂和祭祀文王了。所谓颂,就是容貌的颂,是一种配合跳舞的祭祀乐歌。跳舞注重舞的姿容,而祭神时一定要跳舞,以博得神灵的欢心,所以,一些又歌又舞的祭神乐歌就称之为"颂"。

至于歌《清庙》时所用的乐器,朱熹阐述说:"书称王在新邑,烝祭岁,文王骍牛一,武王骍牛一。实周公摄政之七年,而此其升歌之辞也。书大传曰:'周公升歌清庙,苟在庙中尝见文王者,愀然如复见文王焉。'乐记曰:'清庙之瑟朱弦而疏越,壹倡而三叹,有遗音者矣。'郑氏曰:'朱弦,练朱弦,练则声浊,越,瑟底孔也;疏之使声迟也,倡发歌句也。三叹,三人从叹之耳,漠因秦乐,干豆上奏登歌,

独上歌不以箎弦乱人声，欲在位者遍闻之，犹古清庙之歌也"(《集传》)。从朱子解读中，我们可知唱《清庙》乐歌时，所用乐器是"瑟"，而"朱弦而疏越，壹倡而三叹，有遗音者矣。"从《礼记》中考察，知道用的是瑟。由一人领头唱，三人跟着再唱一遍，这也叫作"一唱三叹"。至于歌《清庙》时所跳的舞，是一种表演击刺的象舞，象舞是武王作的。文王时有击刺之法，武王作乐，并模仿文王的击刺之法而成的武，就是象舞，像文王的武功的意思。

《诗经》向来是短短几句，却广深蕴厚，唐宋诗词也不能与之相提并论。

维天之命

维天之命，于穆不已。
于乎不显！文王之德之纯。
假以溢我，我其收之。
骏惠我文王，曾孙笃之。

【概要】

盖周公以时太平，礼告文王之庙神。
赞文王之德之盛，受命之行作此诗：

【译文】

文王与天命之合，受天之命行天道。
于乎穆然肃敬哉！天命之运行不已。
盖天之所以为天，文王之德岂不显！
文王之所以为文，文王之德之纯正，
则纯一无杂不已，纯则无闲断先后。
文德之纯于天道，文王有如是之德，

佑启后人而太平。今日灵爽在天神，
将何以体恤我乎？仰承文王之德行，
举凡制作之明备，天受文王而奈何？
我今所行天命道，大顺文王之正道，
行不违于天之命。文王制一代礼行，
庶几后王子孙旺，世世笃厚而勿忘。

【注释】

* 维：语助词。《韩》作惟。借为惟，思念。　天之命：天的命，即天命，天道。天命无常，顺天者昌，逆天者亡。《郑笺》释为“天之道”。“动而不已，行而不止”。指自然界的一种必然现象。　于（wū 乌）：叹词。　穆：肃穆，肃敬。《尔雅·释训》：“穆穆，敬也。”一说美（《释诂》）。　不已：言无穷。《毛传》：“孟仲子曰：“大哉天命之无极，而美周之礼也。”

* 于乎：呜呼。赞叹词。一说呜，慨叹声。　不显：显赫。犹大光明，大显赫。不，同“丕”，大。　文王：周文王，周朝王业的奠基人。　德之纯：德行纯正。天道不已，文王纯于天道亦不已，纯则不二不杂，不已则无间断先后。马瑞辰《通释》：“不杂曰纯，纯本美丝之称。”《毛传》训“纯”为“大”。纯，不杂。一说昭著。

* 假以溢我：何以周济我。假，通“何”。《集传》：“何之为假，声之转也。溢之为恤，字之讹也。”《案》：“《左传》引此诗曰：‘何以恤我’，《朱传》从之。”《毛传》“假”训“嘉”，善，美政。溢，溢之为恤，字之讹也。朱熹《集传》据《左传·襄公二十七年》引作“何以恤我”。《齐诗》“溢”作“谧”。《尔雅·释诂》：“谧，静也。”假以谧我言因嘉善而使我安静。一说“溢”通“毖”，告诫。　我：指参加祭祀之人。　其：句中语助词。　收：接受。《案》：“所受于文王，指法度言。”《郑笺》：“以制法度，是也。”《毛传》训“聚”。按犹言接收。《孔疏》：“周公自是作法出于己意，但以归功文王，故言收文王之德而为之耳。”一说收通纠，仿效。

* 骏惠：遵循，顺从。骏，大。一说骏，诚恳。一说骏，借为俊，英俊有才能。惠，顺。一说惠，仁慈。此指受惠。《集传》云：“以大顺文王之道，后王又当笃厚之而不忘也。”马瑞辰《通释》：“惠，顺也；骏，当为驯之假借，驯亦顺也。骏、惠二字平列，皆为顺。”　曾孙：重孙，四世以下皆称曾孙。《郑笺》：“曾，犹重也。自孙之

子而下,事先祖皆称曾孙。是言曾孙欲使后王皆厚行之,非惟命也。"袁梅《诗经译注》:"统言孙之子以下的后世子孙。" 笃:笃厚之笃字,忠厚奉行。犹忠诚、忠实地去做。去圣浸远,典型易坠,非用意笃厚而不忘之也。《释文》:"竺,又作笃。"《尔雅·释文》:"竺,厚也。"一说笃当读为续,继承。一说笃指享祭。笃之,享祭文王。

【品鉴】

《诗经》是礼乐文化的重要载体,是实施教化的重要工具,主要用于典礼、祭礼、讽谏和娱乐,同时也是贵族教育通行的教本。

《毛序》认为"《维天之命》:'太平告文王也。'"鉴于诗的主题,因为诗中有"文王之德之纯""骏惠我文王"等句为佐证,古今并无歧义。然对诗的产生年代,则汉儒、清儒之说却有分歧。

汉儒郑玄解释说:"告太平者,居摄五年之末也。文王受命,不卒而崩。今天下太平,故承其意而告之,明六年制礼作乐"(《郑笺》)。郑氏认为,此诗为周公作于摄政五年之末。但清儒陈奂一反此说,他考证说:"《书·雒诰》大传云:'周公摄政,六年制礼作乐,七年致政'。《维天之命》,制礼也;《维清》,作乐也;《烈文》,致政也。三是类列,正与大传节次合。然则《维天之命》当作于六年之末矣。《雒诰》周公曰:'王肇称殷礼,祀于新邑,咸秩无文。'郑注云:'周公制礼,既成,不使成王即用周礼,仍令用殷礼者,欲待明年即政,告神受职,然后班行周礼,班讫始得用周礼,故告神且用殷礼也。'郑谓周礼行于七年,致政之后,是也。而笺以告太平为礼未成时,在居摄五年之末,则未是。诗曰:'我其收之。'又云:'曾孙笃之。'自在制礼后语矣。"(《诗毛氏传疏》)。他认为诗的创作年代,当作于周公居摄六年之末,即公元前1110年。(有学者认为作于成王六年之末,即公元前1058年)今人陈子展《直解》以为陈奂之说,较《郑笺》之说"为有据也"。总之,这是周公摄政、辅佐成王致太平,用来祭祀文王的乐歌。

祭祀是中华民族的一种文化,是远古时代诸民族共同的仪式行为,借由祭祀活动,向上天、万物或祖先表达衷心的纪念和内心欲求,期许生活富裕美好,祈求民安国强。各民族在相同的需求上,进行不同的祭祀活动,整个祭祀过程中的祝祷之词、歌舞娱乐、琴瑟音乐等等往往表现各民族对美好生活的追求与憧憬。因此,祭祀活动不仅仅是单纯地上香叩首、拜天求神,而在仪式底层之下也隐藏着不同的文化体现。综观《周颂》,所祭之祖有后稷、文、武、成、康等,参与祭祀活动之人,除了国君、诸侯、大夫之外,尚有"多士"、助祭之人,外族也担任助祭工作。祭祀的颂词,以描述先祖的功德为主。

《维天之命》作为祭祀的主要对象——文王,是在周民族历史上做出过伟大贡献的英雄先祖。这是因为,祖先一旦成为祭祀对象,他就必然成为全民族所共同尊奉、仿效的典范,成为维系宗法政治关系、教化关系、伦理关系的纽带,并且世世代代延续而下。周人祭祀先祖至文王,大多在宗庙(太庙)中进行。《清庙》曰:

呜呼肃穆而美好哉!今祀文王清静之庙。
其显相则皆是公侯,其济济然实惟多士。
显相则肃敬而和顺,多士则秉持文之德。
惟皆是肃雍而秉德,心对文王在天之灵,
身疾文王庙中之事,对越文王在天之神,
文王岂不明显于天,奔走在先祖之宗庙,
先祖岂不见承于人,信乎哉先祖之明德!
今世无有厌斁于人,先祖之德永世秉承。

看来作为祭祀场所的宗庙,与作为祭祀对象祖先的品德也发生了一定的联系。之所以选择在宗庙祭祀先祖,是因为它是先祖遗容的所在地,可以产生一种睹物思人的祭祀氛围。《文王》《维天之命》主要是周王和诸侯用于祭祀或其他重大典礼的乐歌,其内容多宣扬天受之命,赞颂先祖——文王之功德,均为宗庙祭歌,充满了祝祷之辞。

《清庙》是序曲,诗言此周公既成洛邑而朝诸侯,因率之以祭文王之乐歌,即为周王在宗庙祭祀文王典礼上的乐歌。《维天之命》是续曲,祭文王之诗。诗言天道无穷,而文王之德,纯一不杂,与天无闲,以赞文王之德之盛,故为《周颂》祭祀文王的"三部曲"之一。《维清》是三部曲之终,诗言所当清明而缉熙者,文王之典,故自始祭祀至今有成,实惟周邦之祯祥;歌颂文王之武功,奠定灭商建国的基础,亦是周王在宗庙祭祀文王之乐歌。三诗内容互补,三篇诗歌为一套曲。

作为祭祀之礼文王之德的颂歌,诗开端二句之所以先言天命之不已,正是因为文王秉承天命,创立了周邦伟大之业绩;周王朝的开国天子是文王,作为先

祖被所有的周人所崇敬，因此，《雅》《颂》中有不少诗是歌颂文王的，在《周颂》中除了这“三部曲”之外，其他祭祀乐歌中也有对文王的歌颂，《大雅》中有《文王之什》组诗，其他篇章凡涉及文王，均为赞颂之辞，这说明，歌颂文王是《诗经》中的一个突出的主题。这首《维天之命》就是在宗庙祭祀时赞美文王的乐章。而文王之所以独受天命之关怀，在于文王之德——天命总是倾向于有德之人；而所谓文王之圣德，其中心和关键在于对人民疾苦的关怀和生命的爱护。这和《尚书》反复言及的“敬天保民”的思想是完全一致的。

《维天之命》采用直陈其事，即直接叙述事物、辅陈情节，抒发感情的赋体艺术手法，歌颂文王之德。诗凡八句，前四句歌天道运行，文王因德而受天命之道；后四句歌文王德行福延子孙，庶几后王子孙继承文王之德政，世世笃厚之而勿忘。祭祀者忠臣奉行文王旨意。有条有理，层次分明。

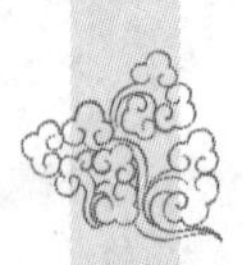

周公以时太平以制礼，告于文王之庙，而作此诗。开首二句曰：“维天之命，于穆不已”。这两句是什么意思呢？首先看它的字面意思：句首“维”字，《韩诗》作惟，借为惟，谓思念之意，但似乎不能自圆其说。应该释为“句首语助词”较妥。但《诗经》中的“维”字，也很费解。这个“维”字，在《诗经》里面约有二百多个。古今解释有歧义，甚至从前的人都把它解错了。据古今学者研究，我觉得这个“维”字，有好几种用法。胡适认为最普通的一种应作“呵，呀”的感叹词解。《老子·道德经》也说“唯之与阿，相去几何？”可见“唯”“维”本来与“阿”相近。如《召南·鹊巢》说：“维鹊有巢，维鸠居之。维鹊有巢，维鸠方之。”按胡适之说，若拿“呵”字来解释这一个“维”字，那就是“呵，鹊鸟有窝巢！呵，鸠鸟却去居住了！”此外的例，如“维此文王”即是“呵，这文王！”“维此王季”即是“呵，这王季！”

那么，“天之命”如何解释呢？天的命，即天命，朱熹认为指“天道”。天命无常，顺天者昌，逆天者亡。唐孔颖达解释说：“言天道转运，无极止时也”。开首就写“天命”，用意是要咏叹文王是受命于天的“天子”，这是天的意思。既然是所谓的“天子”，当然行的是“天道”，言天道无穷。按《诗经》中“天命”系指“天”能致命于人，决定人类的命运。《郑笺》亦释为“天之道”。“动而不已，行而不止”，指自然界的一种必然现象。第二句的句首“于”字，释为叹词。而诗中之“穆”者，即肃穆、肃敬之意。且《释诂》释为“美”，那么，这就要看与其相连的“不已”作何解释？朱熹解释谓“不已，言无穷也”（《集传》）。《毛传》云：“孟仲子曰：“大哉天命之无极，而美周之礼也。”若按“美”训“穆”字,那么,“于穆不已”一句翻译谓:“啊!美得无穷无尽”。如此恐有质疑。所以说,这两句意谓:文王与天命之合,受天之命而行天道。于乎穆然肃敬哉!天命之运行不已。这样翻译才能通达流畅。

继而第三、四句转向对文王美德的赞颂:“于乎不显!文王之德之纯”。按句意,“于乎”一词的词性应是“赞叹词”,即“呜呼”。但也有学者认为是“慨叹声”。鉴于“不”字,一般释谓“同丕,大”。“不显”者,即“大显赫”,而朱熹的经典解释为“显赫”。

关于“纯”字,朱熹训为“不杂”,即纯一不杂。如是,“德纯”即德行纯正。《程子》阐释说:“天道不已,文王纯于天道亦不已,纯则不二不杂不已则无间断先后。”马瑞辰补充说:“不杂曰纯,纯本美丝之称”(《通释》)。《毛传》训“纯”为“大”。但程俊英先生一反此说:“纯,《说文》:‘纯,美丝也。’这是本义。朱熹《集传》:‘纯,不杂也。’这是假借义,形容文王德行的纯洁”(《注析》)。夏传才教授解析谓:“德纯,德行完美,‘纯德’一词为周代常用词。如金文《厚子壶》铭‘承受纯德’即此句句意。《离骚》:‘昔三后之纯粹兮’,王逸注:‘至美曰纯’”(《诗经讲座》)。尚有学者释为“昭著”。综观此诗,今从朱熹之说为宜。依此,这三、四句用现代汉语翻译谓:盖天之所以为天,文王之德岂不显赫?文王之所以为文,文王之德岂不纯正?则纯一无杂不已,纯则无闲断先后。这里大力而宣扬了文王明德之纯。陆化熙说:“通诗只重在赞文王之德上,以‘纯’字作骨,‘骏惠’字、‘笃’字,俱根‘纯’字来”(《诗通》)。这个评论,看到了本诗的关键。

综观此诗,内容大致可分二层,第一层为前四句,阐述文王受天之命而行天道,并赞美其品德纯正。第二层为后四句,阐述文王德业泽润后代,子孙当遵循其遗教,所行天命之道,大顺文王之正道,行不违于天之命,发扬光大。黄佐解释说:“上节言文王之德配天道于无穷,赞其德之盛也。下节言文王之德被子孙于无穷,冀其道之传也。”其说颇有道理。

“假以溢我”一句,解释不一。主要解释有三:

其一:传统的经典解释谓:“何”以周济我。使“假”与“何”通。疑问词。“何”之为假,声之转。《左传·襄公二十七年》引作“何以恤我”“假”字借为“胡”,意谓“何也”?

其二:“假”是“嘉”的假借字。《毛传》“假”训“嘉。”《韩诗》《齐诗》“假”作“诚”。

是本字。《说文》云:“诶,嘉善也……《诗》曰:‘诶以谧我’”《诗》借“假”为“诶”。即“嘉善”,认为是指统治人民的美政善道。

其三:通“嘉”,即嘉惠。刘运兴《诗义新知》谓:假当读嘉。嘉,嘉惠也,如《小雅·伐木》之言“迨(贻)我暇(嘉)矣”。

关于“溢”字,训释不一,主要训义有五:

其一:“溢”之为“恤”,字之“讹”。朱熹《集传》据《左传·襄公二十七年》引作“何以恤我”。“恤”即周济之意。

其二:《齐诗》“溢”作“谧”。《尔雅·释诂》:“谧,静也。”假以谧我言因嘉善而使我安静。马瑞辰《通释》:“假以溢我,正谓善以安我。”赵帆声《诗经异读》解释说:“朱熹曰:‘何’之为‘假’,声之转也,‘恤’之为‘溢’,字之讹也。其实,此何字古音为匣母歌韵,音正近于諴,当亦諴之假借字。恤字正通于谧,非字之讹,亦字之借。”尽译文从朱熹之说。

其三:《毛传》训“溢”为“慎”。程俊英、蒋见元《注析》云:“溢,《说文》:‘溢,器满也。’这是本义。引申为戒慎。陈奂《传疏》:‘溢,慎’,《释诂》文。舍人注云:‘溢,行之慎也。’假以溢我,言以嘉美之道戒慎于我也。”

其四:“溢”释为“水溢”。方玉润则认为:“假,使也,溢,即欧阳氏所谓‘及也,如水溢而旁及也’。”意思是谓:文王之德泽如水盈溢而流一样会自然的被后世作用。此说甚有道理。

其五:“溢”通“毖”,告诫。公木、赵雨《诗经全解》云:“刘运兴《诗义知新》谓:溢当读毖。毖者,告诫也”。

“我其收之”一句,句中“收“字,解释亦有歧义。朱熹《集传》训“收”为“受”,即接受。所受于文王,指法度而言。《郑笺》也认为“以制法度,是也。”《孔疏》阐释说“周公自是作法出于已意,但以归功文王,故言收文王之德而为之耳。”今译文以《集传》之说为主。然《毛传》训“收”为“聚”。按犹言接收。公木教授一反此说,他在《诗经全解》中解释说:“刘运兴《诗义知新》谓:收当读纠。诗曰:‘假(嘉)以溢(毖)我,我其收(纠)之’,谓嘉惠而告诫我,我恭承而则效之也。”其认为“收”通“纠”,即仿效之意。

这两句说:文王之德之纯于天道,文王有如是之德,佑启我后人,则今日灵爽在天,将何以恤我乎?我其仰承文王而行之,举凡制作之明备,夫固有所受于文王之德泽,何也?宋朱熹阐释说:“言文王之神,将何以恤我乎?有则我当受之,以大顺文王之道,后王又当笃厚之而不忘也”(《集传》)。其说阐明了诗意。诗赞颂文王之德光明纯正,彪炳后世,表明祭者对文王在天之灵的殷切告慰,表示后世子孙承受文王之德泽,顺从文王之意,忠诚继承发扬文王之德,必获文王之体恤。不仅体现了对文王的无比推崇敬仰之情,同时也表现了周人对自己的国家充满自信和自豪之情。

最后两句,言当遵行文王之德行。“骏惠我文王,曾孙笃之”。句首“骏”字,传统解释为“大”。“惠”训为“顺”。这两句意谓:以大顺文王之道,后王又当笃厚之而不忘。但马瑞辰《通释》阐释说:“惠,顺也;骏,当为驯之假借,驯亦顺也。骏、惠二字平列,皆为顺。”认为“骏惠”谓“遵循,顺从”之意。黄典诚《通译新诠》训“骏”谓“允”,即诚恳。尚有人认为借为“俊”,英俊有才能。可备二说。

“笃”为笃厚之笃字,既忠厚奉行。《集传》:“笃,厚也。”去圣浸远,典型易坠,非用意笃厚而不忘之。《释文》:“竺,又作笃。”《尔雅·释文》:“竺,厚也。”段玉裁《注》:“《尔雅》《毛传》皆曰:‘笃,厚也。’今经典绝少作竺者,惟《释诂》尚存其旧,假借之字行而真字废矣。”有学者说“笃”当读为“续”,继承之意。

最后两句说:天受命于文王而何也?我今所行天命之道,唯大顺我文王之正道,行不违于天之命。夫本文王而制一代之礼,庶几后王子孙,世世笃厚之而勿忘。朱熹阐释说:“言文王之神,将何以恤我乎?有则我当受之以大顺文王之道,后王又当笃厚之而不忘也”(《集传》)。

此诗只八句,而结构却有起、承、转、合,结构严谨。程俊英《注析》阐发说:“此诗只八句,而结构却有起、承、转、合之妙:一、二两句(想那天道在运行,啊!多肃穆永不停)是‘起’,方玉润评为‘泛起’。三、四两句(啊!多显赫多光明,文王品德真纯正)是‘承’,方玉润评为‘紧接’。五、六两句(美政善道来戒慎,我们一定要继承)是‘转’,方评为‘来势顺折而下,省缺无数笔墨。’末两句(遵循文王踏过路,子孙忠实去执行)是‘合’,即结语,方评为‘回斡文王句,单煞。’由此可见,远古巫史者不仅长于歌舞,且闲习制作祝词。”如此解读,使人颇有启迪。

周文王为商末周邦奠基之领袖,姓姬名昌,商纣时为西方诸侯之长,称西伯。他吸取商纣暴政残民的教训,推行德政,裕民政策(《康诰》:“惟文王之敬忌,乃裕民。”),国家逐渐发展强大起来。战败西戎混夷,又灭附近几个敌国,拓展境

地西到密(今甘肃灵台县),东北到黎(今山西黎城),东到邘(今河南沁阳),对纣都朝歌(河南淇县)取进逼形势,又扩充势力到长江、汉水、汝水三个流域,命人去引导那里的人民,使他们渐渐成为周邦最基本的一部分力量。由于文王用心经营国家,在文王晚年已取得了当时三分之二的天下国土,奠定了灭商的基本条件。文王死后的第四年,武王一举攻克朝歌,建立了周王朝。文王一手铸造了灭殷的事业,奠定了周朝统治的基础,故周人认为这均是因为文王受命于天,顺应天的旨意的结果。

大雅·文王

文王在上,于昭于天。
周虽旧邦,其命维新。
有周不显,帝命不时。
文王陟降,在帝左右。

大雅·大明

天监在下,有命既集。
文王初载,天作之合,
在洽之阳,在渭之涘。
文王嘉止,大邦有子。
大邦有子,俔天之妹。
文定厥祥,亲迎于渭。
造舟为梁,不显其光。
有命自天,命此文王,
于周于京。缵女维莘,
长子维行,笃生武王。
保右命尔,燮伐大商。

《维天之命》与上述二篇都是赞颂文王德配于天,受命天子,行天之道,裕民之政,振兴周邦,皆是受天之命。虽然文王并没有亲手完成灭纣大业,即汉郑玄所谓“文王受命,不卒而崩”,但他的子孙继承文王之德之纯的意志,继承兴周大业。天受命于文王而何也？我今所行天命之道，唯大顺我文王之正道，行不违于天之命。夫本文王而制一代之礼，庶几后王子孙，世世笃厚之而勿忘。文王之伟大之事业，为后世继承而发扬光大。

夏传才教授说：西周有十二位王，为什么集中地歌颂文王（其次是武王、成王及宣王），其他的王，有的不提，甚至有的还给予批评和谴责？可见歌颂或批评，有一定的现实基础。文王为本民族的生存和发展曾与殷商暴虐的统治者进行长期的政治和军事斗争，在经济上他注重农业生产力和生产关系的发展和改进，把肥沃的关中平原建设为稳固的根据地，在军事上的五次战略性征伐的胜利以及向南方的开拓，已经“三分天下有其二”；在政治上，他高举“反暴政”的旗帜，施行那个时代的“德政”，以比较开明的政策，对腐朽的奴隶制度进行了若干改革（如按他既定的政策，解放了接收的原殷商地区的全部工业奴隶），吸引了大批自由民和逃亡奴隶。他还与被压迫的各个小民族联合，结成了反殷统一战线，因而在政治上具有绝对优势。在他死后不久武王伐殷，正是在文王奠定的基础上，完全依照他的战略部署和具体政策，进军牧野与殷商决战，17 万殷商奴隶兵战场倒戈，一战成功。所以，文王是战略和建国的设计师，周族和当时被压迫人民和民族的领袖，西周国家的实际的缔造者。这就是歌颂文王的现实基础。

当一个新时代开始，一个新国家诞生，一个新生的政权代替腐朽的旧政权，就会产生一些歌颂，歌颂自己的新国家，歌颂自己的民族领袖和为民族建立杰出功勋的英雄人物，欢呼、迎接曾经梦想的新时代的来临。正像 20 世纪 50 年代，这样的颂歌曾经成为中国诗歌的共同主题。这是历史发展的必然产物，它们反映了那个时代人民共同的心声，反映了那个时代的时代精神。

维　清

维清缉熙，文王之典。
肇禋，迄用有成，
维周之祯。

【概要】

缉熙文王之祭典，奏象舞昭德象功。

盖周族祭祀文王，演奏象舞之乐歌：

【译文】

文王奠基周邦业，清明在躬之功德，

后人继而昭明之，文王德寓于法故。

文王之法谓征伐，除暴安民定天下。

当日六年五征伐，出征之始告神法，

爰举类祭祀上帝，知文王受命之礼。

有此武功兴国业，迄今用能成功业。

周有天下祯祥吉，其兆已见文王时。

今日奏象舞之武，颂其功而不宜乎！

【注释】

*维：助词。一说想念。　清：清明。指文王清明(清纯)之德。一说指典章清楚明白。　缉：继续。一说缉为悠久。　熙：昭明。严粲《诗缉》："熙则广大而无外。"　一说缉熙为光明貌。这里形容周王朝天下，澄清光明。一说缉熙为奋发前进。　典：法。指除暴安民、典章制度。《案》："缉熙、文王之典，谓奏象舞以昭德象功也。"一说典当读为德。一说典为祭典。

*肇(zhào)：开始。一说开辟。　禋：祭祀。《郑笺》："《周礼》以禋祀祀昊天上帝。"《孔疏》："《皇矣》说伐崇之事，云是类是祃，类即祭天也。"一说禋当作西土，乃西土二字误合为垔，后人又加示旁。周国在西方，所以称西土。肇西土，言文王开辟了周国的土地。　迄：至。《郑笺》："至今而有成功。"一说终。　用：于、以，助词。一说因此。　成：成功。指伐崇大功告成。陈奂《传疏》："肇，始；迄，至。文义相对。焉文王始行禋祀，至武王伐纣，用能有此成功。"这里说"武王伐纣"似有不妥。

*维：是。　周：指周王室。　祯：吉祥。《孔疏》："祥，征兆之先见者也。"《郑

笺》:“征伐之法,乃周家得天下之吉祥。戴震说:“言此天下澄清光昭于无穷者,文王之法典实开始禋祀昊天盛礼,以迄于今而有成。是周有天下之祥如此也。”三家《诗》作“祺”。

【品鉴】

《毛序》认为《维清》:“奏《象舞》也。”《郑笺》进一步阐释说:“《象舞》,象用兵时刺伐之舞,武王制焉。”蔡邕独断云:“《维清》一章五句,奏《象武》之所歌也。”武、舞古通。董仲舒《春秋繁露》云:“武王受命作《象乐》,继文于奉天。”汉儒之说,认为此是武王所制乐歌。而《案》引《左传》解释说:“《左传》:‘吴季札来聘,见舞《象》,箾《南》籥者,《杜注》:‘文王乐,即此《序》所谓《象》也。’”据此,有的学者推论这首诗是用来配合《象舞》演奏的。歌舞时用人打扮成文王的样子,表演他的动作形状。

那么,到底什么是《象舞》呢?清陈奂《诗毛氏传疏》考据说:“《象》,文王乐,象文王之武功曰《象》,象武王之武功曰《武》,《象》有舞,故云《象武》。……胡承珙《后笺》曰:‘郑谓武王所制者,武王之作《象舞》,其时似但有舞耳。考古人制乐,声容固宜兼备,然亦有徒歌徒舞者,《三百篇》皆可歌,不必皆有舞,则武王制《象舞》时,殆未必有诗。成王、周公乃作《维清》以为《象舞》之节,歌以奏之。’案胡氏说诗周公作,是矣。襄二十九年《左传》,吴公子札观周乐,见舞《象》箾《南》籥者……此《象》谓舞,不谓诗也。《礼记·文王世子、明堂位、祭统、仲尼燕居》,皆言下管《象》……此《象》谓诗,不谓舞也。制《象舞》在武王时,周公乃作《维清》,以节下管之乐,故《维清》亦名《象》。”据此又说:文王时有击刺征伐之法。后来武王作乐,取象文王的用兵之法而为舞,这个乐舞就称之为《象舞》。后来周公、武王在祭祀文王时,在文王宗庙演奏《象武》,演奏的乐歌就是这首《维清》诗。

程俊英教授进一步评析说:“王先谦《集疏》:‘《鲁说》曰:“《维清》,奏《象武》之所歌也。”’可见此诗是周统治者用它祭祀文王的。按文王在位七年,先将商纣的属国密、崇等消灭掉,为武王灭商奠定基础。成王时,作这首歌舞诗祭祀文王,赞颂他征伐的功绩。周舞有文舞武舞二种,这首歌舞诗属于当时的武舞。在表演时,演员打扮成文王的样子,进行象征作战动作的歌舞演出。按舞和武古通用,《象武》,《礼记》《仲尼燕居》亦作《象武》。《礼记》上有的单称《象》。陈奂说:‘《象》,

文王乐。象文王之武功曰《象》,象武王之武功曰《武》。《象》有舞,故名《象舞》”(《注析》)。

因为文王是周邦奠基开国之君,他忠实继承祖先之德业(后稷、王季),扩充发展了周邦的势力,为后来武王灭商建国奠定了胜利的基础,故后人祭祀文王,在宗庙演奏《象舞(武)》,这象征文王之法、出征之伐的武功,即炫耀周的武力。但方玉润一反此说:“凡乐有声有容,是武功固可舞,文德亦未尝不可武。《序》云《象舞》,非云《象武》,安知其言即为武功乎?……诸儒读《诗》,泥‘舞’为‘武’,故致疑议滋生,极为可笑”(《诗经原始》)。

历史上有不少人都对此解释不一,有的学者认为“舞”为“武”,写了很多文章,并争论不休。其实可以“象舞”(文功),也可以“象武”(武功),歌舞是不可分割的,笔者认为既不可离开舞容来欣赏此诗,但也不必过于拘泥这些小节。

《维清》是一首周公“制礼作乐”时在宗庙祭祀文王的乐歌,故是祭祀文王之诗。祭祀文王,关键所强调的是文王之法,出征之伐,除暴安民,表明诗人要继承文王之道,这就是周以后所看重的孝道。这是《诗经》中最简短的篇章之一,所以,朱熹阐释说:“此亦祭文王之诗。言所当清明而缉熙者,文王之典也。故自始祀至今有成,实维周祯祥也。然此诗疑有阙文焉”(《集传》)。朱子不但点明诗旨,而且怀疑还有人所不知的缺文。故徐常吉也认为:“此诗本有缺文,不可融贯。”明何楷以为此诗与《清庙》《维天之命》当为一篇,如乐府诗之一篇分为数解。然陈延杰却一反此说,他在《诗序解》一书中指出:“其辞简而意则永,亦非有阙文焉。”这种说辞也许有道理。

清代初期的李光地阐发说:“《清庙》方祭之诗,《维天之命》祭而受福之诗,《维清》祭毕送神之诗。”其说颇有道理。《清庙》写助祭的肃敬,文王之德政被朝廷大臣、诸侯多士铭记心间,都虔诚地追念文王之圣德。《维天之命》更进一步赞颂“文王之德之纯”,至于《维清》一诗,“先言文王之典戡乱,后言文王之典致治”。赞颂文王之法度典章的澄清光明,并始行祭天之隆重之礼,致使武王伐纣之胜,立国成功之大业,不愧为周之祯祥。故称为祭祀文王之德的“三部曲”。

诗凡一章五句,是《诗经》中最短的一篇,算是以少胜多,诗旨所指深远。诗人采用赋体艺术手法,直言其事,直抒胸臆。首句云:“维清缉熙”,句中“清”字,解释不一,其义甚多。传统的经典解释为“清明”。严粲《诗缉》云:“清则纯一而不杂。"指文王维此清明(清纯)在躬之德;其深义引申为天下清明,无败乱秽浊之政。故窃以为这里的"清",当指文王奠基周邦之业,典章之明,故文王有清明在躬之功德。充分说明了文王本着清明之德,明确典章,出师征伐,势力不断发展壮大,深得民众的拥护爱戴。并且这配天之德,后人继承而发扬光大。清方玉润阐述说:"非清无以立熙之本,非熙亦无以成清之功"。说诗精湛,深有启迪。

然而,《大雅·大明》云:"会朝清明"之"清明",即"晴明",《毛传》释为"不崇朝而天下清明",指政治上清明。然"清明"一词在此语义双关,言牧野大战,至早晨而天下平定清明。指除去纣之秽浊。《释名》云:"清,青也。去浊远秽,色如清也。"为清之本义。此处为引申用。于省吾《新证》认为:"林义光《诗经通解》:'会,读如会伐平林之会。会朝清明,言适会早晨清明之时也。'"

"缉"者,谓"继续"。"熙"者,谓"昭明"。严粲《诗缉》解释说:"熙则广大而无外。"《案》云:"缉熙、文王之典,谓奏《象舞》以昭德象功也。"这句说:后人能继续而昭明之;指继承文王之德政,将王朝天下之政澄清而光明,发扬光大。

第二句"文王之典",即文王之"法","典"释谓"法",言文王之法,征伐之法,在于除暴安民。表明除暴安民,澄明典章制度。汉郑玄阐释说:征伐之法,文王受命,七年五伐。何楷引《尚书传》说:二年伐邗(邘),三年伐密须,四年伐犬夷,五年伐耆,六年伐崇者,今悉以其功次第象之为舞。据《尚书大传》等记载,文王七年五伐,先后攻克或消灭了邘、密须、畎夷、耆、崇,剪除了殷商的党枝,为武王灭纣奠定了坚实的基础。武王推行文王德政之法而得天下,推本溯源,自然对"文王之典"无限尊崇。辅广阐发说:"典谓法度,典章所谓祀典,盖亦在其中,故下文便说'肇禋用之祀典,自文王始之至周公,而成之文王之典,实维周之祯祥者可知矣。不以符瑞为祥,而以典法为祯,盖有是典法,然后有是盛效,此其为祯祥也大矣。"论说精辟,解读深刻。

最后三句说:"肇禋,迄用有成,维周之祯。""肇禋"之"肇"字,训为"开始",朱熹《集传》释"肇"为"始"。禋者,指祭祀。"肇禋"即始创出师前祭天之典。汉郑玄解释说:"《周礼》以禋祀,祀昊天上帝"(《郑笺》)。唐孔颖达又阐释说:"《皇矣》说伐崇之事,云是类是祃,类即祭天也"(《孔疏》)。《大雅·皇矣》叙述文王伐崇,有"是类是祃"之句,"类"指出师前的祭天之礼;"祃"是在出征之地祭天之礼;与此诗中的"肇禋"均为祭祀之礼仪;表明文王兴师征伐,事先祭祀,以祈祷吉祥,

非言文王兴祭祀。《大雅·生民》："后稷肇祀"。已明言祭祀为后稷所兴。《集疏》引《繁露·郊祀》云："文王受天命而王天下，先郊，乃敢行事而兴师伐崇"，此事可证这是出师前的祭祀之礼。清胡承珙认为："古者征伐无道，因事告神，不必定是祭。诗意谓文王始行禋祀，由此武功，以至于今。用清达定，聿观厥成。则文王之典试，是为周家之吉祥矣"(《后笺》)，这种解释亦通。但有学者质疑，提出不同解释。今人高亨教授就认为"禋"者，"当作西土，乃西土二字误合为垔，后人又加示旁。周国在西方，所以称西土。肇西土，言文王开辟了周国的土地。"他从"禋"字的结构上进行分析解释，亦有道理，但须考证。

"迄用有成"一句，郑玄认为"文王造此征伐之法，至今用之而有成功"(《郑笺》)，明指伐崇大功告成。又以"用"字带出用文王之法，暗应"文王之典"。吴闿生《会通》解释说："有成，谓天下也。"二人之说虽有小异，但未脱离诗旨的基本意义。而清陈奂阐释说："肇，始；迄，至。文义相对焉。文王始行禋祀，至武王伐纣，用能有此成功"(《传疏》)。认为这里指"武王伐纣"，似有不妥。诗的最后说：当日六年五伐，其出征之始，爰举类祭以禋祀上帝，是知文王受命，有此武功，故至今日用能成此王业。我周家有得天下之桢祥，其兆已见于文王之时，则今日奏《象舞》以颂其功，不亦宜乎？朱熹阐释说："此亦祭文王之诗。言所当清明而缉熙者，文王之典也。故自始祀至今有成，实维周祯祥也"(《集传》)。戴震进一步阐释说："言此天下澄清，光昭于无穷者，文王之法典实开始禋祀昊天盛礼，以迄于今而有成，是周有天下之祥如此也。辞弥少而意旨极深远"(《毛郑诗考证》)。戴氏之说，道明诗旨。"维周之祯"则与首句"维清缉熙"首尾遥相呼应，用语助词"维"字引出赞叹感慨之辞，突出强调文王之典，征伐之法，乃周家得天下之吉祥。《史记·周本纪》记载，文王"笃仁、敬老、慈少。礼下贤士，日中不暇食以待士"，这种德政，不但功昭日月；而且文王的"伐大戎""伐密须"等武功永垂青史。

诗人如此着笔，未必是刻意为之，而在结构上自有回环吞吐的天然妙趣。戴震评析说："辞弥少而意旨极深远"(《诗经补注》)。显然对此诗小而巧的结构，却有着较大的语义容量深有体味。该诗诗句质朴，直言其事，绝无修饰，言简意深，内涵深远，是《诗经》中颇为精妙的短章。

烈　文

烈文辟公，锡兹祉福。
惠我无疆，子孙保之。
无封靡于尔邦，维王其崇之。
念兹戎功，继序其皇之。
无竞维人，四方其训之。
不显维德，百辟其刑之。
于乎！前王不忘。

【概要】

成王即政诸侯助祭，此祭于文王之宗庙。
献助祭诸侯之乐歌，诗人赋诗其辞祝曰：

【译文】

盖宗庙今来助祭者，光昭其文德之诸侯。
君臣各竭诚敬之心，神用赐予福祉之恩。
恩惠我以无疆之休，使我子孙永保之有。
尔今日之抚有疆土，无自封殖无好侈靡，
唯我王家其尊尚之；而尔祖父身佐前王，
一定天下而国业胜。尔念此祖父之大功，
无敢失坠奋勇前进；使尔子孙相继序承，
益大其功而天下平。尔归顺治国之兴盛，
惟当戒饬黾励自修。莫强于人先王之德，
尽人之道勤于事政，四方其训效法之行。

莫显于人先王之仁，脩己之德显赫德明。
诸侯大夫效法楷模，于乎圣德岂不显赫！
前王所以无斁于人，人念之不忘用此道。
君子贤其贤亲其亲，小人乐其乐利其利，
尔今祭于前王之庙，但法前王没世不忘。

【注释】

*烈文：即有功烈有文德。马瑞辰《通释》："烈文二字平烈，烈言其功；文言其德。"一说光荣。烈，光昭。按旧说，释"烈"为"武功"，此为祭祀祖先之诗，诸侯来助祭，大言诸侯（辟公）有武功。本义为"火烈"。引申为功绩。文，文王之德。一说有文采。 辟公：指助祭诸侯。 锡：赐予。 兹：此，这样。 祉（zhǐ）福：福祉的倒文，福。

*惠：赐予。 我：成王自称，包括助祭诸侯。 无疆：无穷尽。 子孙保之：子孙世袭，传之无穷。《集传》："此祭于宗庙，而献助祭诸侯之乐。烈言诸侯之助祭，使我获福，则是诸侯锡此祉福。而惠我以无疆，使我子孙保之也。"

*无：通"毋"，莫要。 封靡：解说不一，主要有五：其一，犯罪。其二，封，借为泛，滥。靡，借为縻，烂也，指生活腐化。其三，跋扈。其四，程俊英、蒋见元《注析》："封靡，犯大罪。《毛传》：'封，大也。靡，累也。'陈奂《传疏》：'封与丰同，故《传》训大。'累即缧绁的意思，引申为犯罪。"其五，朱熹《集传》："封靡之义未详；或曰：封专利以自封殖也，靡，汰侈也。"综观全诗，今从朱说。 维：语助词。王：指周王。 其：句中助词。 崇：尊尚，尊奉，尊崇。一说重立。一说指厚赐（重赐）。 之：代词。指助祭者（包括诸侯、大夫）。一说指"祉福"。

*念兹戎功：尔当念此祖父之大功。指诸侯、卿大夫要念及祖父之大功。戎，大。《孔疏》："戒诸侯使念父祖之大功也。"王先谦《诗三家义集疏》："诗言先人有大功者当念此。" 继序：继承。指诸侯、大夫子孙继承其先祖的爵位之功。皇：《毛传》训"皇"为"美"，《集传》释"皇"为"大"。今从朱说。一说光大。

*无：莫。 竞：强。一说竞为跋扈。 人：贤人。一说指仁德。刘运兴《诗义知新》谓："人"当读"仁"。 四方：指天下诸侯。 其：句中助词。 训：通"驯"，顺从。

* 不显维德：言文王之德显赫，诸侯、公卿大夫效法前王之德。《郑笺》："不勤明其德乎？勤明之也；故卿大夫法其所为也。"《郑笺》以"法"训"刑"，窃以为"刑"字，乃典型之"型"之假借，典范或楷模之意。不显，显赫。犹大显。不，通"丕"，大。 百辟：即上文的辟公，指助祭众诸侯、卿大夫。 刑：通"型"，效法。楷模。《尔雅·释诂》："刑，法也。"

* 前王：文王（先王）。先王不忘治国之道。《孔疏》："文王、武王，勤行此道，古人称诵之不忘也。"

【品鉴】

如果要寻找行文简洁，构思巧妙，含义深刻的作品，阅读《周颂》中《烈文》这样的精辟短篇大致不会失望。但《烈文》这首诗，从严整的结构上看属于《诗经》当中简单的一类，这是成王掌权祭祀先祖时诫勉助祭诸侯的诗。前八句是诫饬劝勉助祭诸侯之辞，后五句是诫勉成王之言。故方玉润阐释说："君臣交相勉励，神味尤觉无穷。"钟惺又解释说："末语无限含蓄。"他们均指出了此诗的深刻奥妙和含蓄余味。

但是，这首诗到底如何翻译和分解却很难确定。有人主张此诗分为两部分，认为前八句：写成王或周公敕诫诸侯之辞，后五句：既写为臣诫君或周公劝勉成王之语；又敕诫诸侯，有含有成王自诫之意。这种说法有质疑，反对的人认为：一诗不可作两人语。一诗也不可勉两人（方玉润《诗经原始》）。认为这种分法不妥，这种分法不符合诗的本意，所以破坏了诗旨的统一性。故提出姑且先分三部分：

前四句为导辞，第一句为呼唤语。下面三句意思是先王（指周的列祖烈宗，一说指文王，皆通）赐给我们无边无际的福禄，我们子孙万代都享有它。"子孙保之"是以成功告神的习惯用语，在颂诗和铭文中经常会用到，它的意思是慰祖考。"保"亦作"宝"。这是勉励众诸侯的话，也包括致辞者"我"在内。于是翻译说：

武功文德兼备的诸君，
祖先赐你们福祉瑞祥。
同时也赐我恩惠无量，
愿我们子孙长保此福。

中间八句是诫勉诸侯之辞。八句可分四组，可称四戒：一要守法，在自己的领地里不要胡作非为，以致犯下弥天大罪；二要继承和发扬乃祖乃父的功绩，不要让先人蒙羞；三、四组是说不要乱用武力，要做一个贤明的人，做一个道德高尚的人，这样四方诸侯就会效法你。"四方"，"百辟"都是指众诸侯。"训之""刑（型）之"都是"以你为榜样"的意思。"训"作法则解，这里用作动词，有"效法"的意思，用法与"刑（型）"相同。把后四句解释为诫君和勉王，大概是与把"训"解作"顺"有关。把"训"释为"顺"，必须把"四方其训之"释成"四方顺从你"，"你（之）"在这里指周王。主要部分在中间的八句。前两句是诫；后六句偏重于勉，但勉励的后面含有警诫的意思，勉也就是戒。于是翻译说：

不要跋扈于你的邦国，
要一心尊奉周邦君王。
顾念先祖巨大功业，
继承祖业广大弘扬。
邦国强莫如得人强，
四方得贤便可归顺。
先祖伟大道德显赫，
诸君皆应效法先王，
先王之典实不可忘！

最后一句是结束语，用来呼吁人们不要忘记先王的遗德。在结构上与开头的"子孙保之"相呼应，有结束全篇的作用；在内容方面说，它是唤起众诸侯怀念先王的感情，使他们能接受戒勉；在形式上，它是服务于祭祀先王的仪式的。

这首诗是成王对待诸侯的政治纲领。同时我们可以认为它是一首政治诗。可以说它反映了成王的部分的政治主张，也反映了成王与诸侯的复杂关系。全诗语言精练准确，但"质木无文"。

这种分析解释，不仅出现许多新问题，而且并未探出本诗的真正内涵和全貌。如从逻辑上看，这种解析都很难解释《烈文》，因为"无竞维人，四方其训之"的意思是：最强莫过于得贤人，四方诸侯之国尽归顺从。"竞"释为"强"，"人"训为"贤人"，这样解释才符合诗旨。

然而，有学者则给出了另一种分解法：《烈文》一章十三句，可按安抚和约束之意分为二层：一、前四句，后九句。前四句是赞扬诸侯的赫赫功绩来表达安抚的目的。这种赞扬可以说臻于极致：不仅赐予周王福祉，而且使王室世世代代受益无穷。祭祀的诸侯都是周王室的功臣，被邀来助祭本身就是一种殊荣，而祭祀时周王肯定其功绩，感谢其为建立、巩固周政权所做的努力，使诸侯在祭坛前如英雄受勋，荣耀非常，对周王室的感激之情便油然而生。因此，依照这样的理解翻译说：

文德武功兼备的诸侯，
以赐福享受助祭殊荣。
我蒙受你们无边恩惠，
子孙万代将受用无穷。

参阅另一种翻译：

武功文德兼备的诸君，
上天赐你们幸福吉祥，
同时也给我恩惠无量。
愿我们子孙常保此福。

但是，周王为君临四海的天子，对诸侯仅有安抚，只让诸侯怀感激之情是不够的，他还必须对诸侯加以约束，使诸侯生敬畏之心。……而“前王不忘”，似乎只是训诫诸侯不要忘记先王之德，却有隐含不要忘记先王曾伐灭了不可一世的商纣，成王也在周公的辅佐下平定了管叔、蔡叔、武庚的叛乱，即不要忘记周王室具有扫荡摧毁一切敌对势力的雄威。因此，按照这样的解释翻译说：

你们治国不要造罪孽，
便会受到我王尊崇。
继承发扬无愧列祖列宗。
与人无争与世无争，
四方悦服竞相遵从。
先王之德光耀天下，
诸侯效法蔚然成风。
牢记先王楷模万世传颂。

参阅另一种翻译：

不要在你国犯下大错,
要一心尊崇周邦君王。
要常思念这巨功大业,
继承这大业光大弘扬。
国家强盛莫强于得人,
得人四方便可以归降。
先祖的伟大在于美德,
诸君应把它作为榜样。
啊,先王之典实不可忘!

后九句的指令、训诫,具有一个非常重要的作用,即正名。《左传·昭公七年》:“天子经略,诸侯正封,古之制也。封略之内,何非君土?食土之毛,谁非君臣?故《诗》曰:‘普天之下,莫非王土;率土之滨,莫非王臣。’”这里所正的君臣名分,与《烈文》所表达的完全一致,后者虽然没有点出“君臣”二字,含义却更加深刻:诸侯的功绩再大,也不过是尽臣子的本分而已,并且仍要一如既往这么做下去;周王的号令诸侯,乃是行君临天下的威权,并将绵延至子孙万代。前四句的赞扬,使后四句的训诫变得乐于接受;后九句的正君臣名分,表明诸侯已建的功业只不过是孝忠周王室的一个开端。略备一说。

这种说法也很难自圆其说,无论从文字训诂上看,还是从贯通全诗文意来看,都很难确定其准确性。退一步说,即便确证诸侯是“文德武功兼备”,但与第二句的翻译看不出有什么关系。翻译说:“以赐福享受助祭殊荣”,这里未说明是谁在“赐福”,而“享受”的又是什么人,语意很难断定。

第三句又翻译说:“我蒙受你们无边恩惠”,这里的“我”与“你们”到底指谁?指向不明;第四句翻译说:“子孙万代将受用无穷”,这句里的“子孙万代”究竟是指君王的子孙,还是诸侯的子孙,很难确定。故出现质疑,显然文意不通,于理不合。

这首《烈文》,《毛序》解释谓:“《烈文》:‘成王即政,诸侯助祭也。’”理由是:即政,当是周公还政于成王,成王正式掌权之日,在宗庙祭祀先王(主要是文、武二王)时,邀请诸侯纷纷前来助祭。汉郑玄进一笔阐释谓:“新王即政,必以朝享之礼祭于祖考,告嗣位也”(《郑笺》)。郑氏之说,表明此是新王即位后的祭祖考歌，却未指明何王？但从“新”字上推断，可能就指成王。因为，郑玄对《毛序》一般都这样做解释，而且说明举行祭祀的隆重之礼谓：“朝享之礼”，用这样的礼仪来“祭于祖考”，至少阐明其对先祖的十分崇敬和尽人之道的重要性。唐孔颖达解释说：“《烈文》，成王初即雒邑，诸侯助祭之乐”（《毛诗正义》引服虔《左传注》）。依此，这是周成王亲政告祖，以朝享之礼祭祀先祖之时，戒饬劝勉助祭诸侯的乐歌，则无歧义。但是，如何能从《烈文》中合乎逻辑地推导出这些意思，使古人都能信服呢？

武王灭纣之后，周邦所采取的一个巩固政权的重要措施便是分封诸侯，“武王既胜殷，邦诸侯，班宗彝，作分器”（《尚书·洪范》后附亡书序）。孔颖达《毛诗正义》解释说：“武王既已胜殷，制邦国以封有功者为诸侯；既封为国君，乃班赋宗庙彝器以赐之。”

武王灭商后，二年去世。按照周制，父死嫡长子继位。但是武王长子成王姬诵年幼，只好由叔父姬旦——世称周公摄政。然而，周公的兄弟管叔、蔡叔、霍叔等人不服，挟殷之后代武庚和东方夷族作乱。周公出师东征，一举平定了叛乱，大封诸侯；七年，营建雒邑（今河南洛阳）作为东都。然后七年还政于成王。于宗庙祭祀文武二王，诸侯公卿皆来祭祖，成王宣告正式继位，掌管国事。故此诗系成王与助祭公卿诸侯相诫劝勉之辞。也许就因为此诗对诸侯具有安抚与约束的双重作用。

此时成王虽年龄渐长，但毕竟缺少政治经验，对于他驾驭诸侯的能力，周公不免怀有隐忧，故有学者认为《烈文》是周公所作，但这是臆测。程俊英教授认为：诗约作于成王七年，即公元前1057年。有人说诗是周公所作，这是臆测，不足信。那么，这首诗到底是谁作的？按周置有史官，《周礼·天官冢宰》：“史有二人”，注：“掌书者。”《小雅·宾之初筵》：“或佐之史”。可见周王朝史官的职责，是掌记事的，即使是贵族的宴会他也去参加，况且“国之大事，在祀与戎”，像成王举行祭祀祖先、诸侯助祭的大典，史官难道不去参加？故我们疑此诗或为史官所作，以就正于同道。但这依然是猜测，细细体味诗意，诗以周天子的口气和身份诫饬劝勉诸侯大夫，以文、武二王为典范，尽人之道，求贤修德，不忘祖父之功德，将其发扬光大。陈子展阐发说：“《烈文》：‘成王亲政告祖，诸侯助祭，祭毕敕戒诸侯之词’”（《直解》）。故此诗应是成王所作。但高亨教授认为“这是周王在举

行封建诸侯的仪式时所唱的乐歌”(《今注》)。略备一说。

全诗一章十三句，采用“直陈其事”的赋体手法，直抒胸臆。此祭于宗庙，而献助祭诸侯之乐歌。首二句云：“烈文辟公，锡兹祉福。”那么，字面意思到底如何解释？

《说文》释“烈”为“火猛”，本义为“火烈”，《毛传》认为“烈”为“光”，故此引申为光昭。按旧说，释“烈”为“功”，文意亦通。有人训“烈”为“光荣”，这找不出什么依据。《左传·僖公二十三年》云：“吾不如衰之文也。”“烈文”二字平列，烈言其光；文言其德。即文德，指道德修养等。但杜预《注》认为“有文辞也。”即指有文采。略备一说。

《载见》之诗曰：“‘烈文辟公’，绥以多福。《烈文》之诗曰：‘烈文辟公，锡兹祉福’，皆诸侯来助祭者也”。一般认为“辟公”，指邀来的助祭诸侯。《案》解释说：“辟公，犹言君公。”《尔雅·释诂》又云：“辟，君也。”天子诸侯皆有君号，故通称为“辟”。天子曰辟王，《诗》曰：“载见辟王。”诸侯则曰“辟公”。

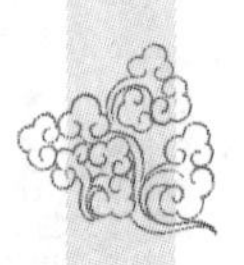

其辞曰：今来助祭者，乃能光昭其文德之诸侯(辟公)。先点名今日前来宗庙的助祭者都是诸侯，后表明其均能光昭(继承)其文王之德。这是成王凭文王之灵以“登车就道”的最好的“施政开场白”。这既是对文王之德的颂扬，又表明自己决心继承文武之圣德，振兴周邦大业。在亲政告祖的重大朝享祭礼之时，成王为继承并维护其统治政权，使其周邦大业巩固长治，故对助祭诸侯加以饬诫勉励，应是常有而必然之事。

“惠我无疆，子孙保之”。公木教授阐释说：“刘运兴《诗义知新》谓：‘惠’蒙上文‘锡’字为言，义当为‘赐’”(《诗经全解》)。清陈奂释“惠”为“顺”，他在《传疏》中说：“盖言诸侯皆能训(驯)顺我周，故长保其子孙世世获福也。”这种解释从文意上看是通畅的。“我”字指成王自称，包括助祭诸侯。但高亨《今注》一反此说，他认为“我”当作“戎”，形似而误。戎，尔也。此句指王以爵位土地加惠于你，子孙世袭，传之无穷。虽有质疑，但用具体事实来解释，甚有说服力。

第三、四句说：“我”君臣各竭诚敬之心，神赐予此福祉，而惠我以无疆之休，使我子孙永保之有。既然先王“惠我无疆”而又“锡兹祉福”于诸侯，使我子孙永保之有。朱熹《集传》阐发说：“此祭于宗庙，而献助祭诸侯之乐。《烈》言诸侯之助祭，使我获福，则是诸侯锡此祉福。而惠我以无疆，使我子孙保之也”。其说颇符诗旨。

第七、八句云:“无封靡于尔邦,维王其崇之。念兹戎功,继序其皇之。”

一般认为“无”通“毋”,即莫要之意。但对“封靡”一词的解释,众说纷纭,解说不一,主要有五种说辞:

其一,唐莫尧《全译》云:“大罪。《传》:‘封,大也。靡,累(缧)也。’陈奂《传疏》:‘三家诗以封靡为大罪,与《毛》训同。”

其二,高亨《今注》云:“封,借为泛,滥也。靡,借为糜,烂也,指生活腐化。”

其三,公木、赵雨《诗经全解》认为“封靡,指骄横恣肆。刘运兴《诗义知新》谓:‘封靡’当读‘跋扈’”。

其四,程俊英、蒋见元《注析》解释说:“封靡,犯大罪。《毛传》:‘封,大也。靡,累也。’陈奂《传疏》:‘封与丰同,故《传》训大。’累即缧绁的意思,引申为犯罪。”

其五,朱熹阐释说:“封靡之义未详;或曰:封专利以自封殖也,靡,汰侈也”(《集传》)。故综观全诗,朱说最为经典,今译从朱说。

然“维王其崇之”的“王”字,究竟是指何王?是前王,还是后王?古今经学者却有质疑。“王”指周王,此句之“王”,当指前王。马瑞辰《通释》云:“成王即位,遍祭列祖,则‘祉福’宜谓列祖锡之,诗末章‘前王’,亦兼言列祖。”其说有道理。末章说得明白,并指明不忘记“前王”。至于“其崇”之“崇”字,朱熹当训“崇”为“尊尚”。但《郑笺》训“崇”为“厚”,厚者,犹《小雅·天保》“俾尔单厚”之厚,谓祖先赏赐的厚重。按《尔雅·释诂》释“崇”为“重”,重者,亦指赏赐众多,认为“指厚赐(重赐)”,与“锡兹祉福”相照应,非“崇敬”之意。但清陈奂《传疏》一反朱说,认为“崇”训为“立”,“谓更立人以继世也。”综观诗旨,今从朱说而文意贯通。

《毛传》释“戎”为“大”,唐孔颖达解释说:“戒诸侯使念父祖之大功也”(《孔疏》)。继序者,言继承。指诸侯、大夫子孙继承其先祖的爵位之功。但《毛传》释“序”为“绪”,而《毛诗音》亦曰:“序,即绪。”马瑞辰阐释认为:“《说文》:‘绪,丝端也。’序、叙古通用。《尔雅·释诂》:‘叙,绪也。’《闵予小子》篇:‘继序思不忘。’《传》:‘序,绪也’”(《通释》)。程俊英先生进一步解读谓:“序,和‘叙’古通用。叙训为绪。继序,即继承,指诸侯子孙继承其前辈的爵位”(《注析》)。显然文意畅通,于理之合。鉴于“皇”字,训诂不一,《毛传》训“美”,《集传》释“大”,但今从朱说,倒是可以贯通上下文。另有一说为“光大”。略备一说。“念兹戎功”一句,言你

(尔)当念此祖父之大功。指诸侯要念及祖父之大功。故清王先谦解释说:“诗言先人有大功者当念此”(《诗三家义集疏》)。

这四句意谓:你今日抚有疆土,无自封殖,无好侈靡,唯我王家其尊尚之;你祖父身佐前王以定天下,而拥戴君王,你当念此祖父之大功,无敢失坠,使你子孙相继以序,而益大其功。你归治其国,惟当黾励自修而已。告诫诸侯如今拥有疆土,无自封殖,无好侈靡,必得我王家的尊尚。那么,应该怎样做呢?你当念此祖父之大功,无敢失坠,使你子孙相继以序,而立益大其功。你归顺治理其国,惟当黾励自修而已。创业难而守业更难,如果说先王在奠定王业时,诸侯各国立有汗马功劳,那么,这原有的功劳必然得到了王家的肯定,而又鼓励其再立新功。朱熹解读说:“言汝能无封靡于汝邦,则王当尊汝,又念汝有此助祭锡福之大功,则使汝之子孙,继序而益大之也”(《集传》)。阐释合理,颇有启迪。

“无竞维人,四方其训之。不显维德,百辟其刑之。于乎!前王不忘”。

后五句以“无”字领头,这个“无”通“毋”,训“莫要”。为具强烈感情色彩的祈使词,使文气从赞扬急转为指令,文意则有安抚转为约束。故用一个“无”字,以断然的语气,训诫诸侯必须遵从:“百辟其刑之”更是必须效法文王之德的明确训令。“竞”释为“强”,“人”训为“贤人”,“训”通“驯”,即顺从。言无强乎维得贤人,得贤人则国家强盛,故天下诸侯顺其所为。依此,“竞”字当读如“强”(qiáng),“训”字当读如“顺”(shùn)。《左传·哀公二十六年》引作“四方其顺之。”刘运兴《诗义知新》谓:竞字训强,亦谓跋扈纵恣。但他以为“人”当读“仁”,这在汉唐也找不到训诂之据。范处义云:“能用人则强四方无不从,其令能务德则显百辟无不法,其行此之谓永保勿失之道。”其说颇有说服力。

关于“不显”之“不”,解释不一,主要有三种解说:一是通“丕”,大之意。犹大显。二是语助词,无义。三是“不显”释“显”,即显赫。《集传》训为“显”,应是确诂。百辟即上文的辟公,指助祭众诸侯、卿大夫。于乎意呜呼,赞叹辞。程俊英、蒋见元《注析》:“《礼记大学》:‘引诗作于戲,赞叹词。”刑,通“型”,效法,楷模。《尔雅·释诂》:“刑,法也。”不显维德言文德之显赫,诸侯、公卿大夫效法前王之德。《郑笺》云:“不勤明其德乎?勤明之也;故卿大夫法其所为也。”郑玄释“不显维德”谓“不勤明其德乎?勤明之也”,这种解释能畅通无碍吗?有待继续研讨。但郑玄以“法”训“刑”,窃以为“刑”字,乃典型之“型”之假借,典范或楷模之意,句意通达无碍。“前王”应指先王(主要指文武二王),是说先王不忘治国之道。《孔疏》云:“文王、武王,勤行此道,古人称诵之不忘也。”严粲《诗缉》:“前王所念而不释。”王先谦《诗三家义集疏》:“此又晓谕诸侯以上法文王之德。”说理明白,诗旨已清。

方玉润《诗经原始》阐释说:“欧阳氏(《诗本义》)分‘继序其皇之’以上为君敕臣之辞;‘无竞维人’以下为臣戒君之意。……夫一诗不可作两人语,而一诗又可勉两人乎?”其说甚有哲理。故后五句警戒成王说:

惟当戒饬黾励自修。莫强于人先王之德,
尽人之道勤于事政,四方其训效法之行。
莫显于人先王之仁,脩己之德显赫德明。
诸侯大夫效法楷模,于乎圣德岂不显赫!
前王所以无斁于人,人念之不忘用此道。
君子贤其贤亲其亲,小人乐其乐利其利,
尔今祭于前王之庙,但法前王没世不忘。

这里从三个方面加以诫勉:其一,你(成王)归治其国,惟当勤励自修而已。莫强者唯有人,与人无争,无强于他人;要尽先祖(有贤人之意)之道,则四方其训效之是必然的。其二,莫显者唯有德,不要显赫于人,专横跋扈,要施行德政,必先脩己之德;则众诸侯(百辟)之刑法之。其三,于乎!前王之所以无斁于人,其令人念之而不忘者,用此道也。你今助祭于文王之庙,但法前王而不忘。第一层用先祖之道劝勉;莫强于人,尽先王之道;才能“四方其训之”。第二层用先王之德劝勉;修己之德,不显赫于人,则众诸侯(百辟)之刑法之。第三层用用贤之道劝勉。重用贤人,继承先王遗志,没世不忘。告诫可谓是语重情深,使人觉得是周公与成王面对面地交谈。朱熹进一步解读说:“又言莫强于人,莫显于德,先王之德,所以人不能忘者,用此道也。此戒饬而劝勉之也。《中庸》引‘不显维德,百辟其刑之’而曰:故君子恭而天下平;《大学》引于乎‘前王不忘’而曰:君子贤其贤而亲其亲,小人乐其乐而利其利,此以没世不忘也”(《集传》)。说理深刻,诗旨已破。

此诗叙述周统治者在宗庙祭祀先王(主要是文武二王)之际,表示要效法文王之法德,勤于政事,敬畏天威,继承遗志,以保持国运长久。

天作

天作高山，大王荒之。
彼作矣，文王康之。
彼徂矣，岐有夷之行。
子孙保之。

【概要】

周行时祭之盛礼，追溯周家发祥地。
祭祀祖德宗庙中，深知祖宗缔造艰。
则以太王迁徙岐，文王治岐创业难。
故作此诗歌庙中，世代传承示子孙：

【译文】

今日享祀宗庙中，深知祖宗缔造艰。
周家王业起西岐，岐山之高天作之。
太王辛勤迁此邑，辟而治之创业绩。
万民不惮迁徙劳，建筑宫室居高潮。
其后文王治岐山，发政施仁奠祥安。
万民归往日益众，岐山昔之险阻峻，
今为坦易之道行。我思太王治荒前，
文王康之于后险，创业之难苦堪言。
后世子孙勇向前，当念前人渡业关，
世世保守而不坠，振兴国业不衰退。

【注释】

*作:生。《孔疏》:“作者,造立之意。”《尔雅·释言》:“作,为也。”即创造。 高山:指岐山。岐山在今陕西省岐山县东北,周的始祖后稷居邰,公刘居豳。到文王的祖父古公亶父初亦居豳,为狄人所侵,率众迁至岐山之下,国号曰周。岐山是周建国的地方。《郑笺》:“天生万物与高山,大王行道,能安天之所为也。” 大(tài)王:即文王祖父古公亶父,率周人迁于岐山之下。到武王时,追尊为太王。 荒:治理。垦治。严粲《诗缉》:“治荒为荒,犹治乱为乱也。今谚言开荒,即始辟之意也。”《毛传》释“荒”为“大”。一说居。周始祖都邰公刘迁于豳,太王始迁岐山。

*彼:指万民筑室常居。《郑笺》:“彼万民居岐邦者,皆筑作宫室,以为常居。”《集传》认为“彼险僻之岐山,人归者众。”黄典诚《通译新诠》谓指岐山。今从朱说。一说指天。一说指太王。 作:垦治,建筑房室。 矣:与“者”通。 康:安康,安居。按《大雅·生民》:“匪居匪康。”居与康对文。《尔雅·释诂》释“康”为“安”。一说继续。高亨《今注》:“康,疑借为赓。继续。” 按:康、赓一声之转。《尔雅·释诂》:“赓,续也。”《说文》:“续字下曰:‘赓,古文续。’”此章上句曰:“大王荒之”,即言大王奄有之;次句曰:“文王康之”,即言文王继承之;末句曰:“子孙保之”,即言祖宗创立之业子孙保守之。杨树达《小学述林》卷六:“康,当读为庚”。

*彼:指周民。投奔周的人们。《郑笺》:“彼,彼万民也。彼万民居岐邦者,皆筑作宫室,以为常居。” 岨:《古注》本皆作“徂”。《毛传》:“徂,往也。”指万民归往周。沈括《梦溪笔谈》作“岨”,《朱传》从之。释谓:“阻,险僻之意。”黄典诚《通译新诠》谓指“险峻”。一说徂:往,指天归往周家。《诗义钩沉》引《李黄集解》:“王氏(安石)则以‘徂’为天往而从之。”一说徂通“殂”,死去。 矣:通“者”。程俊英、蒋见元《注析》:“矣,与‘者’通。《后汉书·西南夷传》引此诗‘矣’作‘者’,字异义通。” 夷之行:平坦的道路。一语双关,既指岐山被开发、道路通畅,又指周家朝政、按文王德政走上清明大道。故夷之行即“易之道”,仁义之道。夷,平坦。行(音杭),道路。 保之:将永远保有它。《集传》:“此祭大王之诗。言作岐山,而大王始治之;大王既作,而文王又安之。于是彼险僻之岐山,人归者众,而有平易之道路,子孙当世世保守而不失也。”《案》云:“此诗当从《序》主时祭说,诗中止及大王、文王。《孔疏》:‘谓近举王迹所起是也。’《朱传》谓祭大王之诗,遗却诗中所有

之文王矣，似于诗旨未合。”

【品鉴】

诗中涉及的大王，到底是什么历史人物？大王者，太王也，即古公亶父。在周民族的发展史上，古公亶父是一个建功立业影响极大的人物。相传他是周始祖后稷的第十二代孙，周文王的祖父，最初始居豳地。据《史记·周本纪》记载："熏育戎狄攻之，欲得财物，予之；已复攻，欲得地与民。民皆怒，欲战。古公曰：'有民立君，将以利之。今戎狄所为攻战，以吾地与民。民之在我与其在彼何异？民欲以我故战，杀人父子而君之，予不忍为。'乃与私属去豳，度漆、沮。豳人举国扶老携弱，尽复归古公与岐下。及他旁国闻古公仁，亦多归之。"

这段历史，说明周之先王——古公亶父时代，熏育、戎狄等少数部族不断侵扰周民族，侵占土地、掠夺财物，霸占黎民。因此，古公亶父便率领自己的部族离开豳地（公刘所建邑之处），渡过漆水、涉渡沮河，翻越梁山，大规模地迁徙，迁居岐山之下南面的周原（今陕西省扶风县界）定居。到这里以后，古公亶父率领部族、发动民众，开垦土地，耕种务农，筑造城郭，营建宫室，建筑屋室，使民安居乐业。使周民族最终摆脱了困境，开始走向兴盛。周人迁徙到岐山之后，势力迅速壮大，并为后来文王的不断扩大势力、德治武功，其后武王取代商纣，奠定了坚实的基础。可以说，古公亶父在周人眼里，具有非常重要的地位，是文王之前最卓越的领袖。其实古公之前，后稷、公刘二位也是功勋卓著，《国语》之所以取岐山为周人兴起的圣地，似是极度推崇古公亶父之仁政。从上引文可见，亶父不仅仁爱本民族，而且推仁爱于一再侵犯于己的异族，自然更是难能可贵，因而也具备后世儒家所定的圣人品格。

从《大雅·绵》一诗中可知，古公亶父居豳之时，还是掏土成为洞，掘地成为穴，当时还没有宫室一类的建筑物，生活相当艰苦。当他来到岐山之后，发现了一处平原，心中十分高兴，便决定在此定居，开创新的生活。

他的创造未来，是从两个方面入手：

其一，是继承传统，发展农业。周民族本是从农业起家的，其始祖后稷就是一位农神。而今"周原膴膴，堇荼如饴"的地理环境，还对宜于耕种的条件给予提供，于是他便划定疆界，细分条理，使人遍耕土地，整治田垄。

其二,变革旧俗,大兴土木。周族原先所住的豳地属黄土高原,又与戎狄相处,自然是民居土穴,施行戎俗;迁居岐山以后,他们必须适应广阔的平原生活方式,故古公亶父主动顺应这一变化,"乃贬戎狄之俗,而营筑城郭室屋,而邑别居之"(《史记·周本纪》)。继承传统与变革旧俗的结合,是空旷荒凉的原野之上奇迹般地出现了田亩整齐、五谷茂盛、城郭宫室堂皇耸立的美好景象,展现在人们面前的是一个强大国家的雏形。

正因如此,武王率族克殷之后,天下统一,思缅先王,于是有岐山祭祀先王之事。此诗所描绘的正是定居岐山后,周行时祭之礼,追溯周家发祥之地,则以太王古公亶父迁岐,文王治岐,见其创业之难,故作此诗,歌于庙中,以示子孙,世世传承艰苦创业的精神,为振兴周邦再立新功而努力奋斗,正是这样一个意义重大的历史事件。

《易·升卦》六四爻辞就有"王用享于岐山"的记载。《荀子·王制》又说:"天之所覆,地之所载,莫不尽其美,致其闲。上以饰贤良,下以养百姓而安乐之,夫是之谓大神。诗曰:'天作高山,大王荒之。彼作矣,文王康之'此之谓也。"上用贤良,下养百姓,国业兴旺,莫不尽美,荀子赞叹太王创业之盛,又认为岐山有神灵保佑周民。故他认为《天作》为岐山时祭之礼之乐歌。歌颂太王和文王的创业功绩。

《鲁颂·閟宫》云:"后稷之孙,实维大王,居岐之阳,实始翦商。"(按:《毛传》云:"翦,齐也。"陈子展《雅颂选译》从其说,解此句谓:这就开始了看齐于商。)就是说周朝的王业,实际就是从太王开始兴盛强大起来,可以与商民族等齐抗衡,阐明了这段历史。至于周文王,他是古公亶父少子季历(王季)之子,他继承了先祖之功业,伐密伐崇,不断扩充势力,取得了胜利。还制定了攻伐之法,为后来武王克商取天下打下了基础。

《天作》这首诗,从结构上看也属于《诗经》当中最简单的一类。但是,这首诗的主题到底是什么?历来聚讼纷纭。有学者认为这首诗是成王时,周公祭祀岐山的乐歌。由于周王朝的兴旺始于岐山,并且周人从这里继续向东扩展,直至中原的大部分地区,所以对周王朝来说,即使岐山不是周王朝的始源之地,其意义也会远远超过故土。所以,自然要进行隆重的祭祀。不过这仅仅是臆测。

其实,在训诂上导致诗歌之旨出现歧义的主要有两处:

其一,《鲁诗》《毛序》均认为《天作》是“祀先王先公”。汉郑玄进一步解释说:“先王,谓大王以下。先公,诸盩厔(盩至,地名,在陕西,今已改作周至)不窋”(《郑笺》)。按:大王即太王,亦名古公亶父,为周文王祖,故以为先王。诸盩至不窋为后稷之子,故称先公。朱熹《集传》则指明为“此祭大王之诗”。朱倬则阐明说:“《天作》:‘祭大王之诗,又兼言文王、大武察武王而并言文王。盖祭父而并及其子者所也;表其有后也。祭子而及其父者,所以表其有自也。”均认为祭祀的主要对象为人——即先王先公,这是古人的传统解释。

那么,最经典的解释是什么呢?《孔疏》阐释说:“祀先王先公,为四时之祭,时祭所及惟亲庙与大祖于成王之世,言先公者,惟斥后稷,且经之所言惟有先王之事,而《序》并言先公者,此歌近举王迹所起,其辞不及后稷,《序》以祭时,实祭后稷,故其言及之。”依此,《天作》“为四时之祭”,即周行“时祭之礼”。故此诗以“时祭之礼”,追溯周家发祥之地,则以太王迁岐,文王治岐,见其创业之难,故作此诗,歌于庙中,以示子孙,不忘先王之仁德,继承其遗志,将振兴周业而长治久安。

此诗中的“天作高山”,强调上天赐予岐山这块圣地给周人。周人重视天赐,并把它视为吉祥。但此诗仅取太王、文王二人,主要是因为他们实在是岐山九世周主中最杰出的代表。灭商虽完成于武王,但文王时已显示出周将代商的趋势。岐山之圣地到了文王之世,已经为武王积蓄了足以灭商的雄厚实力,其中也包括了姜尚这样可以辅佐的贤臣。

然而,何楷《诗经世本古义》用季明德、邹肇敏之说,并据《易经·升卦》六四爻辞曰:“王用享于岐山,吉”,证明周本有岐山之祭,认为此诗是祭岐山之歌。清方玉润亦认同,并以为是“享岐山”之诗。清姚际恒阐释说:“《诗序》谓:‘祀先王先公’,诗中何以无先王?《集传》谓:‘祀大王’,诗中何以又有文王?皆非也。季明德曰:‘窃意此盖祀岐山之乐歌。按《易升》六四爻辞,王享用于岐山,是周本有岐山之祭。’此说可存。邹肇敏本之为说,曰:‘天子为百神主,岐山王气攸钟,岂容无祭?祭岂容无乐章?不言及王季者,以所重在岐山,故上诘首尾二君言之也。’又为之核实如此。”姚氏提出质疑,并认为是“岐山之祭”之诗。又云:“文王治岐为王业之盛;光前裕后,二君为大。故《序》以为‘祀先王先公’似矣。然何以下乃接云‘彼徂矣岐,有夷之行;子孙保之’,则又似重在岐,而非‘祀先王先公’之谓也”(《通论》)。他竭力反驳《毛序》之说,认为此诗谓“享岐山之祭”,即《天作》的祭祀对象为岐山。姚际恒认为是祭祀岐山之歌,故近人高亨教授《今注》、程俊英教授《注析》也认同此说,以为是“这是周王祭祀岐山所奏的乐歌”。

《案》阐发说:“此诗当从《序》主时祭说,诗中止及大王、文王。《孔疏》:‘谓近举王迹所起是也。’《朱传》谓祭大王之诗,遗却诗中所有之文王矣,似于诗旨未合。”其实,岐山作为圣山,是圣人古公亶父至于文王历代周王开创经营的圣地,其后武王伐纣灭商,便是在此积蓄了力量。《天作》这首诗,应该既是祭圣地,同时又是祭开创经营圣地的贤明君主的。由于岐山之业为古公亶父开创,而文王后来由此迁都于丰,故《天作》应是在岐山对亶父至文王历代君主进行祭祀的诗。至于行继承人,则非文王的继承人武王莫属。

其二,关键是如何准确理解“彼徂矣岐”与“有夷之行,子孙保之”的相承关系及深一层含义的准确理解。

那么,“彼徂矣岐”之“彼”字到底指什么?一般认为指周民,即投奔周的民众。汉郑玄就认为指“万民”。而程俊英教授认同此说,并解释说:“《郑笺》:‘彼,彼万民也。彼万民居岐邦者,皆筑作宫室,以为常居”(《注析》)。但这种解释有人提出质疑。唐莫尧教授就一反此说,他在《新注》中就说:“《笺》指‘万民’,诗中并无‘万民’,或‘民’。‘彼作矣’,‘天作高山’,此‘彼’当指代‘天’,从语法上看,这是无疑的”。然朱熹却解释说:“于是彼险僻之岐山,人归者众”(《集传》),认为“彼”指“岐山”,细细体味诗意,这种解释应是确切而合乎逻辑的。

关于“岨”字,众说纷纭,解释不一。主要解释有四:

一是《古注》本皆作“徂”。《毛传》作“徂”,释为“往”,指万民往而归周。《郑笺》认同说:“彼,彼万民也。徂,往。行,道也。后之往者又以岐邦之君,有佼易之道故也。”而程俊英亦认为:“《后汉书·西南夷传》李贤注引《韩诗·薛君章句》曰:‘徂,往也。夷,易也。行,道也。彼百姓归文王者皆曰:“岐有易道,可往归矣。”易道,谓仁义之道,故岐道险阻而人不难’。据郑、薛的解释,可见此句是双关的辞格”(《注析》)。其说甚有道理。但《诗义钩沉》引《李黄集解》说:“王氏(安石)则以‘徂’为天往而从之。”虽释“徂”为“往”,但指天归往周家。唐莫尧《新注》亦认为“窃以为当从王安氏说,‘彼徂矣’为‘天往而从之’。‘天往而从之’(天归往周家),此意在《大雅·皇矣》第一章中可以得见:‘皇矣上帝,临下有赫。……乃眷西

顾,此维与宅。'《传》说:'乃监察天下之众国,求民之定。谓所归就也;'《笺》:'乃眷然远视西顾,见文王之德,而与之居。言天意常在文王所。'"如此之新解,句意与《毛传》相悖而有歧义。

二是沈括《梦溪笔谈》作"岨",《朱传》从之。并释"阻"为"险僻之意"。黄典诚《通译新诠》谓指"险峻"。

三是有认为徂者,通"殂";释为"死去",指文王既殁(高亨《今注》)。

四是有认为当读为"彼沮(徂)以(矣)岐,有夷之行",意谓"沮水之侧与岐山之下,有坦夷之道"。

诗中"夷"字言平坦,"行"(音杭)字言道路。夷之行:平坦的道路。一语双关,既指岐山被开发、道路通畅,又指周家朝政按文王德政走上清明大道。故夷之行即"易之道",仁义之道。保之者,言将永远保守它。程俊英教授阐释说:"末二句意为:岐山之下经过周开发后有平坦的道路,后世子孙要永远保守它。杨树达《诗周颂天作篇解》:'天作高山,太王垦辟其芜秽。彼为其始,文王赓继为之。是以虽彼险阻之岐山亦有平易之道路也。夫先王创业之难如此,子孙其善保之哉。'他用散文翻译此诗,颇为确切"(《注析》)。其说符合诗旨。

全诗一章,精炼七句,采用赋体,直赋其事。前四句写太王赖岐山以开基。

其辞曰:今日享祀宗庙,亦知祖宗缔造之艰难,我周家王业起于西南岐山,岐山之高,昊天作之。然太王迁邑于此,辟而治之,那万民不惮迁徙之劳,筑造宫室,建筑房室而居之。其后文王治岐,发政施仁,又从而奠基安之,而万民归附,往而日益之众。

"天作高山"造语雄俊。高山起于平地之上,若天所缔构然是也。这岐山虽然高耸险峻,但似乎并非自然形成,乃由昊天造作。那么,如何揭开古人给岐山蒙上的一层神秘色彩呢?天是化育万物的原始力量,而太王则是带领周族繁荣强盛的领袖。这里暗喻太王的功德,把太王的功德与昊天的恩赐巧妙并举,可谓是对太王的最高赞扬。这不仅点明太王是圣人,其率周族部落迁居岐山之后,岐山成为周邦兴起之圣山,开国之圣地。周邦将如岐山高俊拔地而起,故岐山之高,亦暗喻周王的高大形象,自然点出祭祀的对象。"大王荒之",笔墨凝炼。太王率族迁岐,励精图治,辟而治岐,开山创业,功勋卓著。诗人仅用一个"荒"字,便将太王治理岐山、开创周族基业之功囊括无遗。"彼作矣"是过渡句。意思是说:在太王统率之下,那万民不惮迁徙之劳,筑造宫室,建筑房室而居之。百姓安居乐业,周业已创,这就为周族的兴旺、开国奠定了坚实基础。

后三句写文王赖岐以治盛,后世子孙,当念前人之业,保守不坠。

其辞曰:故岐山昔之险阻,今为坦夷之路。我思太王荒(垦治芜秽)之于前,文王康(安居乐业)之于后,创业之难,有如此者,后世子孙,当念前人之业,保守不坠。

文王的基业是在太王奠定的基础上建立起来的,没有太王就没有文王的功业。大周的伟业奠基于太王,而兴盛于文王,成就于武王。

有"彼祖矣"一句,陡接"文王康之",行文一波三折,跌宕顿挫。这是说百姓已经安居乐业,文王则能综合治岐,扩展势力,安定民众。正因如此,而文王又安之。于是那险僻之岐山,四方百姓无不向往而归附之众,而周民走上了一条有平易之康庄大道,前景越来越好,子孙当世世保守而不失。"有夷之行"一句,是说原来那个险阻难行的岐山,如今有了平易之道,暗喻周王朝政跨入了文王清明大道。于是,太王筚路蓝缕之功,文王继承先王之功德,表达得淋漓尽致,形象逼真。末句"子孙保之"一句,即是参加祭祀者的自誓,又是祖先的期望,诫勉后王永保周邦伟大基业,其意深长。告慰太王,对祖先的最高崇敬,莫过于继承其伟大的业绩,并弘扬光大。太王创立了伟大基业,文王又赓续其功。后来文王虽然殁,但由于文王之法,苦心经营,终于使周民族日益强大,使武王得以克殷而取天下。读者可以试想:这始于岐山的道路,伴随着周民族向东征伐的马蹄声和呐喊声,正向前延伸,遍及天下。正是:普天之路,始于岐山;溥天之下,莫非王土。

总之,此诗写太王光前开基,文王裕后治盛,皆赖岐山之灵秀,祭祀先王先公于岐山,于此可见。诗人把圣山、圣地、圣人的歌功颂德融为一体,重点突出描写积蓄力量的过程,揭示了历史发展的必然。

歌诗简短,内容精炼;既显庄严,又富气势;短短七句,环环相扣,笔力非凡。真可谓"峰峦起伏,绵亘万里,绝世奇文"。

昊天有成命

昊天有成命,二后受之。
成王不敢康,夙夜基命宥密。
于缉熙,单厥心,
肆其靖之。

【概要】

成王不敢宁安,早晚敬慎不懈闲。
此诗多道成王德,祭祀成王之诗曰:

【译文】

周家积功而累仁,苍天祚周王业盛,
已有定命而不易。文王武王有功绩,
乃受命而有天地。至于成王继遗志,
天之眷周犹昔日。然使恃受有天命,
康好逸豫天难堪,天命靡常归德显。
成王不敢康宁安,早夜敬慎不懈闲。
积德承借成天命,极其宏深而静密。
赫赫祖德显光明!承继文武国业胜,
尽其心而心虔敬,积功累仁基天命。
故今天下绥安定,皆成王基命之功。
宜我子孙保守命,歌颂其德不忘恩。

【注释】

* 昊(hào)天:上天,苍天。昊,古作“界”。程俊英、蒋见元《注析》:“昊天,上

天、黄天。昊,古作昦。《说文》:'昦,春为昦天,元气昦昦也。'《黍离·毛传》:'元气广大则偁昊天。'" 成命:定命,预定的命运。黄典诚《通译新诠》谓既定的福命。马瑞辰说:"古文明、成二字同义,成命,犹言明命"(《通释》)。《尔雅·释诂》:"明,成也。"以为是"明命",即明白的命令。 二后:文王、武王。《集传》:"二后,文武也。"后,君。 受之:指文武二王承受上天的成命。

* 成王:名诵,武王之子。继承武王为天子。成王即位时因年幼,由其叔父周公摄政,七年后还归于成王之政权。 不敢康:即不敢安乐。康,安乐,安逸。 夙夜:早晚。夙兴夜寐。程俊英、蒋见元《注析》:"《贾子》释此句云:'早兴夜寐,以继文王之业。'" 基:王先谦《诗三家义集疏》:"基者,经也。布文陈纪,经制度,设牺牲。"今按,基、经双声,此基字或通于经(jīng)。《毛传》:"基,始。" 命:天命。即受命于天。 宥密:敬慎。谨慎。宥,宏深。一说"宥"读为有,语助词。刘运兴《诗义知新》谓:上古有、宥并归匣母之部,二字同音相通。密,静密。一说密通勉,勤勉。一说密读为勉,努力。

* 于(wū):赞叹词。见《清庙》注。 缉熙:继续光明。《集传》:"是能继续光明文武之业,而尽其心。"《毛传》释"缉"为"明";释"熙"为"广"。而有学者认为"缉熙"是联绵词,不应分解,作"光明"解。《大雅·文王》:"穆穆文王,于缉熙敬止。"《毛传》:"缉熙,光明也。"但今从朱说。见《维清》注。一说显耀。一说奋发前进。 单:尽。此单字即"殚"之假,《尔雅·释诂》:"殚,尽也。"《集传》解"单厥心"为"尽其心。"《毛传》:"单,厚。" 厥:其。指成王。《尔雅·释言》:"厥,其也。"

* 肆:故。故今能安静天下,而保其所受之命。《毛传》:"肆,固。"马瑞辰《通释》:"故、固古通用。《尔雅》:'肆,固也。'"即巩固。一说肆通"聿",发语词。 其:一说在这里作用相当于连词"而",连接"肆"与"靖"两个并列词。 靖:和平。《毛传》:"靖,和也。"即天下和平。或释安定、安静,指安静天下。《尚书盘庚》马融注:"靖,安也。"一说敬。 之:代词,指代保其所受之命。

【品鉴】

《昊天有成命》的主旨是什么?最初认为是祭祀天地之诗。《毛序》解释说:"《昊天有成命》:'郊祀天地也'。"《郑笺》、《正义》、韦昭《国语》注等均无异议,认为此诗是"郊祀天地"之乐歌。那么,《毛序》为何能得出这样的结论呢?《昊天有

成命》这首诗的难点，首先在于所谓“成王不敢康”的“成王”到底作何解释，其次是问“康王何缘无诗？”

首先，是因为其坚认《周颂》无成王之后的作品，故不可能是祭祀成王。但汉初政论家贾谊有一则评析说：“二后，文王、武王也。成王者，武王之子、文王之孙也。文王有大德而功未既，武王有大功而治未成，及成王承嗣，仁以莅民，故称‘昊天’焉”(《新书》)。贾谊之解析，阐明了“成王”是指周成王，是武王之子，文王之孙。明白如话，合乎情理。

其次，到底康王何缘无诗？朱子曰：“《昊天有成命》之类，便是康王诗，今却解成王做成王业，费尽气力要从王业上说去，不知怎生地？”朱子提出质疑，如今却把“成王”解做成王业，实在不得其解。这里是在驳斥汉郑玄释“成王”为“成此王功”，不是指周成王，这是曲解。成王者，名诵，武王之子。继承武王为天子。

第三，是因为其判定诗的主旨往往只根据诗的发端，而不是根据诗的整体。《毛序》的这个结论与此诗的主旨显然抵牾，因为诗凡七句中有五句是颂美成王的，只有一句涉及天。所以，尽管《毛诗》长时间占据了诗学的主导地位，尽管汉郑玄《郑笺》、唐孔颖达《正义》煞费苦心地为其补苴罅漏，它还是不断地被后人提出质疑。然而，宋朱熹《集传》就是集大成的书，他大胆废弃《毛序》不用，并提出新的论断，他在《集传》中评析此诗说：“此诗多道成王之德，疑祀成王之诗也。言天祚周以天下，既有定命，而文武受之矣。成王继之，又能不敢康宁，而其夙夜积德以承借天命者，又宏深而静密，是能继续光明文武之业而尽其心。故今能安静天下而保其所受之命也。《国语》叔向引此诗而言曰：‘是道成王之德也。成王能明文昭，定武烈者也’。以此证之，则其为祀成王之诗无疑矣。”朱子、叔向均认为此诗多道成王之德，谓祭祀成王之诗。并断然说：“此康王以后之诗。”说明了此诗大约产生的年代。而有学者认为写作时间当在周康王之世，但这并无佐证。清方玉润阐释说：“《序》谓‘郊祀天地’，不知何所取义？诗唯首句及天，‘二后’下皆言文、武受命，及成王之德。曰‘不敢康’，曰‘宥密’，曰‘缉熙’，而终之以‘单厥心’，所以上基天命，缵成王业，而能安靖天下者，于是乎在于天地毫不相涉，天下岂有此等祭天地文乎？”(《诗经原始》)方氏反驳，理直气壮，摒弃《毛序》之观点，认为是成王之德之诗。而清儒姚际恒也一反《毛序》之说，并提出责难，他在《通论》中驳斥《毛序》说：“《小序》谓‘郊祀天地’，妄也。《诗》言天者多矣，何独此为‘郊祀天地’乎？‘郊祀天地’，不但于成王无与，即武王亦非配天地，而言‘二后’，何耶？”姚氏评说，颇有道理。

综观此诗，细研古人之解，《昊天有成命》是一首祭祀成王之诗，大约创作于周康王之后。

此诗无韵，诗凡七句，是《诗经》中最短的篇章之一，但诗题却是《诗经》中最长的。此诗多道成王之德，为祭祀成王之诗。但祭祀成王却未从祭主写起，而是追溯到文、武二王，再上溯到昊天，似乎有悖常理，但这并不难解，因文王受命于天，为周族开国奠定了基础，而武王承继文王之德业，克殷代商而最终取得天下；故成王受命于文、武二王，所以从天入手，以示成王与文、武二王一脉相承，得天真命。

开端两句直赋其事。第一句写天命所归：“昊天有成命”，昊天者，谓天之大号。有成命者，言其周自后稷之生而已有王命。徐凤彩解释“成命”一词说：“‘成命’谓不易之命也，周家天命所归历千有余年而不易，故曰‘成命’文、武受命与天下，更始‘成王’‘基命’，与天下休息所以终文、武之功。”徐氏之说，使人豁然开朗，甚有启迪。第二句写文、武二王受命：“二后受之”，意思是说：周家积功累仁，上天之祚周，已有定命而不易；文王、武王乃受其业，施行德政而拥有天下，成其周邦之大业。显然，诗旨是以赞颂成王为中心的，那么，为何又涉及文、武二王呢？诗不言成王，一是颂美文、武之德，二是正好体现出成王谦让的品德。

第三句以下详述成王的功德。

“成王不敢康，夙夜基命宥密。于缉熙，单厥心，肆其靖之”。

准确理解字面意思，有助于我们理解诗人的构思与诗旨。那么，重点掌握哪些词语呢？要知字面意思如何，且看下文分解：

鉴于对“成王”的解释，历有异议，那么，到底什么是主流解释呢？汉郑玄释“成王”为“成此王功”，不是指周成王，这是曲解。成王者，名诵，武王之子，继承武王为天子。成王即位时因年幼，由其叔父周公摄政，七年后还归于成王之政权。朱熹解释说：“成王继之，又能不敢康宁，而其夙夜积德以承借天命者，又宏深而静密，是能继续光明文武之业而尽其心。故今能安静天下而保其所受之命也”（《集传》）。认为是指周成王，这种解释合乎逻辑，符合诗旨。贾谊《新书》释此诗云：“后，王也。二后，文王、武王也。成王，武王之子；文王之孙也。文王有大德

而功未既，武王有大功而治未成；及成王承嗣，仁以莅民，故称‘昊天’焉。”其说亦认为是指周成王。贾谊是汉朝人，距古较近，说诗可从。

关于“基”字，聚讼纷纭，解释不一，主要有五种说法：

其一，朱熹《集传》云：“积累以下，以承借乎上者也”。即承借已成之天命。这是古人的经典解释，也是主流之说，故今从朱说。

其二，王先谦《集疏》云：“基者，经也。布文陈纪，经制度，设牺牲。”

其三，基，古通“其”。公木教授解释说：“刘运兴《诗义知新》谓：上古其读群母之部，基读见母之部，群见旁纽，之部迭韵，二字音近相通”（《诗经全解》）。

其四，高亨教授说：“基，奉持。基命，奉持天命，即奉持上帝所给的王业”（《今注》）。

其五，《礼记·孔子闲居》：“孔子曰：‘夙夜其命宥密，无声之乐也’。《郑笺》注：“其，读为基，基，谋也。密，静也。言君夙夜谋为政教以安民，则民乐之。”亦通。陈子展《直解》云：“此句旧解唯此郑注较为明确”。程俊英教授解释说：“基，《尔雅·释诂》：‘基，谋也。’郭注：‘基者，《释言》云：“经也，设也。”经营设置，与谋义近。《孔子闲居》引‘夙夜基命宥密’，郑注：‘基，谋也。’命，政令。《贾子》曰：‘命者，制令也。’基命，经营设置政令”（《注析》）。

关于“单”字，训诂不一，主要有三种解释：

其一，释“单”为“尽”。朱熹《集传》解释“单厥心”为“尽其心”。这是传统的解释，符合诗意。而高亨《今注》云：“单，通殚，尽也。”程俊英、蒋见元《注析》曰：“《国语》引作‘亶’，古亶、单通。这里指心底厚道。朱熹训单为‘尽’，意谓通殚，亦通。”

其二，释“单”为“诚”。唐莫尧《新注》：“[单]（dàn 旦）诚。按《尔雅·释诂》：‘亶，诚也。’又‘亶，厚也。’亶与单声近相通。《国语·周语》引《诗》‘单’作‘亶’”。

其三，释“单”为“战”。“单”（dàn）者，通“战”。刘运兴《诗义知新》谓：单当读战。上古战归照母元部，单归端母元部，照端准双声，元部叠韵，二字音近相通。战者颤也，惊惧而身心颤抖，故有惮敬之义。

至于对“肆”字的理解，一般认为“肆”者言“故”。其句意谓：故今能安静天下，而保其所受之命。这是古人的经典解释。清马瑞辰解释说：“故、固古通用。《尔雅》：‘肆，固也”（《通释》）。认为是“巩固”之意。程俊英教授认同此说，并阐发说：“肆，巩固，亦训为故。黄焯《毛诗郑笺平议》：‘语词之故，多为申上之词，亦多为必然之词。其于词为必然者，于事则为坚固，故古于故、固常通用。'这里指周王朝政权巩固"(《注析》)。亦通。但有学者认为"肆"通"聿"，即发语辞。刘运兴《诗义知新》谓："肆"当读"聿"。"聿"者，发语词。这种解释不能自圆其说。那么，在理解字面意思的基础上，这五句的真正含义是什么？

中两句赞颂成王勤勉的精神。其辞曰：至于成王，天之眷周犹昔耳。然使恃有天命，而康好逸豫，斯天难堪；天命靡常，归于功德，故成王则不敢康宁。早夜之间，敬慎不懈，所以承借已成之天命者，又极其宏深而静密。

成王深知，开创王业不易，固守王业更难。所以，成王不敢康好逸豫，斯天难堪；而天命靡常，归于功德，于是成王则不敢康宁。早夜之间，敬慎不懈，所以承借文王、武王已成之天命之业，又极其宏深而静密。

综观此诗，诗人用简洁的语言，生动逼真地叙写了周初三王，并且阐明了他们开国、创建、巩固新兴王朝所做出的不同贡献，同时，又重点宣扬了成王继承先祖之遗志，为完成先辈未尽事业所做的勤勉努力。

末三句赞叹成王辉煌的功勋。其辞曰：于乎！是能继续光明文武之业，而尽其心以基天命，故今天下绥安，皆成王基命之功，宜我子孙歌颂其德而不忘。

《诗义折中》阐释说"文王缉熙于前，成王缉熙于后，此有周之家法，实千古之薪传也。"文王有大德而功未就，武王有大功而治未成，而这治理天下的大任就由成王来完成。故成王继承并光大文武之德，不忘先祖之业，竭尽全力平治天下，因而治国有成。这"靖之"二字，正隐含着西周初年的政治局势。武王驾崩，成王嗣位，因为幼年，周公摄政。不久，武庚纠集管叔、蔡叔联合发难，淮夷背叛，局势动荡。于是周公东征，历时三年，终于平息叛乱。自此之后，天下清平，为成康之治奠定了基础，成王的功绩可谓卓著。

此诗的含义是说：天命文、武二王为开国之君，施行德政宽仁，取得百姓之信任拥戴，最终拥有天下，且来之不易。而今成王继承其志，不敢自安逸，早夜始信天命，不敢懈倦，行宽仁安静之政，以定天下。宽仁，所以止苛刻。安静，所以止暴乱。成王是西周第二代天子，声誉仅次于文、武二王，与其子康王齐名，史称"成康之治"。诗中"夙夜基命宥密"反衬"成王不敢康"之意，一正一反，相得益彰，这就是对祭主一生功绩的肯定和赞扬，全篇似乎并无赞扬之辞，但全然托出赞颂之意，质朴自然。

我 将

我将我享，维羊维牛，
维天其右之。
仪式刑文王之典，日靖四方。
伊嘏文王，既右飨之。
我其夙夜，畏天之威，
于时保之。

第一种翻译：

【概要】

今配天而配以文王，我所将奉我所献享。
此宗祀文王于明堂，以天配上帝之乐歌：

【译文】

今配天而配以文王，我所将奉我所献享。
惟羊惟牛充盛肥壮，祭祀文王此礼之常。
天帝佑助我而飨此，佑之者不敢必何也，
天之所飨不在于物，善法文王以格天心。
今日我则象法文德，广行文王之道之典，
日施行之以安四方。文王当日德当天心，
伊维上天福此文王，今善法文王之正道，
必为天所右而来飨。继自今我早夜奋进，
诚心敬畏昊天明威，于是而思文王之德，
保安天命周邦之盛，岂敢自恃而享太平？

第二种翻译：

【概要】

今配天而配文王，我所献享将奉养。
宗祀文王于明堂，天配上帝乐歌唱：

【译文】

我所将奉我享牲，牛羊齐全献神灵。
祈祷昊天佑周盛，效法文王之典型。
日益施政四方靖，赐福文王周邦胜。
善法文王之道行，必得天佑飨祭品。
我今早晚努奋进，敬畏昊天之威明。
于是而思保天命，岂敢自恃享太平？

【注释】

＊我：武王自称。 将：奉献祭祀。"将"通"鬺"。《广韵》："鬺，煮也。"《毛传》训"将"为"大"。 享：犹"将"，祭献。与"方""飨"相协。 维羊维牛：《诗考》："《郊特牲》：'帝牛不吉以为稷牛是指明堂用牛。'"《夏官羊人》："衅庙共其羊牲，积柴祭天是知祭天用羊。"《诗义折中》："先柴而后献，故羊先于牛也。"维，是。胡承珙《后笺》："《周礼·羊人》疏引《诗》作"维牛维羊"。

＊维：发语词。一说是。 右：通"佑"，佑助。保佑。张载云："天未必飨之。"《孔疏》："右训为助；又云：'上天其佑助之'"。《释文》："右，本亦作佑。"《毛诗音》："右，古祐字。"一说尊。一说通"侑"，劝。一说向神敬酒。

＊仪：仪则式象刑法。《集传》："仪式刑：皆法也。"严粲《诗缉》："累言之者，谓法之不已也。" 刑：法。或假"刑"以为"型"，即效法。 典：常。《毛传》："典，常也。"《郑笺》："我仪则式象法行文王之常道，以日施政于天下。"《孔疏》："则象法行文王之常道。"《齐诗》"典"作"德"。一说法则。一说典章制度。 日：每日。 靖：或训谋略、谋划。或释安定、平定。《郑笺》训为"施政"。见《昊天有成命》。

＊伊：语词。 嘏(jiǎ 或 gǔ)：《郑笺》："受福曰嘏。"《集传》："嘏，锡福也。"一

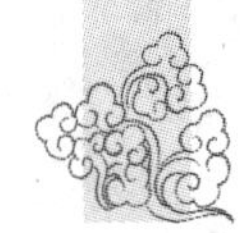

说假的假借，伟大，是赞美文王之词。 既：语气助词。 右：佑助。保佑。《孔疏》："善法文王之道而得为天所佑。"严粲云："其右之者不敢必之辞也，既右之者自必之辞也。" 飨(xiǎng)：犹享，享受祭祀。王引之《述闻》："言大哉文王，既佑助后王而飨其祭也。"

*其：助词。 夙夜：早晚。 于时：于是。时，是。 保之：即保住国家。依此"保之"与《烈文》《天作》："子孙保之"同，即"保守不坠"之意。

【品鉴】

《我将》的主旨是什么，《毛序》的传统解释是："《我将》：'祀文王于明堂也。'"明堂并非一般的宫室，可以祭祀、听政、朝诸侯、宴宾客，相当于今天的会堂。汉郑玄进一步阐发说："将，犹'奉'也。我奉养、我享祭之羊牛，皆充盛肥腯，有天气之力助，言神飨其德而右助之"(《郑笺》)。清代陈奂又阐发说："《思文》，后稷配天；《我将》，文王配天，皆是周公摄政五年治洛中事。《逸周书·作洛》篇：'乃位五宫，明堂居其一。'孔晁注云：'明堂在国南者。'此正言周公治洛筑明堂，其时宗文王不宗武王，故诗但歌文王也，《孝经》所谓严父配天也。"又云："周人以文、武为祖宗……祖宗之禘，禘于明堂，是其制也"(《诗毛氏传疏》)。陈奂之说，甚有道理。

然近代学者以此为《大武》乐章中的一章，认为《我将》是《大武》一成的诗歌。其舞蹈表现周武王观兵于盟津的历史事件，据《史记·周本纪》记载，周武王出发前，曾往毕地文王坟墓上举行过祭祀。他这次出兵伐纣，是以文王为号召，自称"太子发"，军中载着文王的牌位，用以召集诸侯。所以，这首诗原来盖为出兵前祭祀上帝和文王的祷辞，后来伐纣成功，又将该诗确定为《大武》一成的诗歌。盖《大武》之六篇诗，周代常单独使用，故于明堂祀文王亦可用该诗。

高亨教授就解释《大武》说："《大武》有舞有歌，舞分六场，歌分六章。舞的内容：一场象征武王带兵出征，歌《我将》篇；二场象征灭亡殷国，歌《武》篇；三场象征征伐南国，歌《赉》篇；四场象征平服南国，歌《般》篇；五场象征周公统治东方召公统治西方，歌《酌》篇；六场象征班师还朝，歌《桓》篇。战国人说《大武》是武王、周公所作。这六篇原是一篇的六章，今本分为六篇，而且篇次已错乱"(《今注》)。故学者程俊英阐发说："关于《我将》的主题，《毛序》：'祀文王于明堂也。'

后人多从《序》说，如吕祖谦《东塾读诗记》：'明堂祀上帝，而文王配焉。'陈奂《传疏》：'此宗祀文王配天之乐歌。'近人怀疑《序》说，王国维作《大武乐章考》《说勺舞象舞》。陆侃如、冯沅君《诗史》也提到《大武》乐歌。他们据《礼记乐记》说《武》有六成，及《左传》庄公十二年所载楚庄王的话，知道《大武》共有六篇，而《武》《桓》《赉》在其中。《周颂》里还有命名与上三篇相似的《酌》和《般》，可能也是《武》诗。但还差一篇，他们根据《祭统》云：'舞莫重于《武宿夜》，'郑注：'《宿夜》，《武》曲也。'王国维根据文字学证明'宿'即'夙'字，他说：'《武宿夜》即《武夙夜》，其诗中当有夙夜二字，因以名篇。'他又考证《周颂》中有夙夜二字者有四篇，……'而《我将》为祀文王于明堂之诗，……舍此篇莫属矣。'后来高亨作《周颂考释》，说明《大武》乐歌有六章，除《武》《赉》《般》《酌》《桓》外，将《我将》列入第一章。他说：'《我将》是《大武》舞曲的第一章，叙写武王在出兵伐殷时，祭祀上帝和文王，祈求他们保佑。《大武》有舞有歌。舞分六场，歌分六章。武的内容，一场象征武王带兵出征，歌《我将》篇。……'按王、陆、高三位的考证，颇为翔实，是可信的。其写作年代，陆侃如说：'武舞述武王克商之功，却作于成王时。吴闿生《诗义会通》：'通篇注意在末三句，所以戒成王也'"(《注析》)。

那么，究竟什么是《大武》呢？《诗经三百篇鉴赏辞典》阐述说：周朝的《大武》相传为周公所作，由六场歌舞组成，歌舞开始前还有一段击鼓等待的序曲。歌舞的六场叫作"六成"，从音乐的角度叫作"六章"。舞蹈表演者有六十四人，分为八行，每行八人，叫作"八佾"。《大武》的六成再现了西周建国过程中的六大事件，组合成为一个以周代商平定天下的完整过程。因为西周立朝是武力征服的结果，所以《大武》就主要是表演和再现战争场面的武舞。

据《礼记·乐记》的记载，孔子对《大武》的六成所表现的历史事件做了如下的说明："且夫《武》始而北出；再成而灭商；三成而南；四成而南国是疆；五成而分，周公左、召公右；六成复缀，以崇。(高亨《周代大武乐考释》)。"郑玄对这段记述做了具体解释："始奏象观兵于盟津时也，再奏象克殷时也，三奏象克殷有余力也，四奏象南方荆蛮之国侵畔者服也，五奏象周公、召公分职而治也，六奏象兵还振旅也。"根据郑玄对孔子之言的解释，则《大武》六成当一分为二，前三成是再现武王灭商的功业的。后三成是再现周公平乱和周召二公治理天下，达到天下太平的功业的。这正与《吕氏春秋·古乐》中所述大体一致："武王即位，以六

师伐殷,六师未至,以锐兵克之于牧野,归乃荐俘馘于京太室,乃命周公为作《大武》。成王立,殷民反,王命周公践伐之。商人服象,为虐于东夷,周公遂以师逐之,至于江南。乃为《三象》,以嘉其德。"

《大武》原作于武王伐纣成功告庙之时,当时只有三成。《逸周书·世俘》中也有记载,武王班师回镐京之四月辛亥,"荐俘、殷王鼎,武王乃翼,矢珪矢宪,告天宗上帝。"第四天,"甲寅,谒(告)我(伐)殷于牧野,王佩赤白旗,籥人奏《武》,王人进《万》,献《明明》三终。"故王国维《说勺舞象舞》一文推测,《大武》之六成是原先的三成和《三象》合并的,这六成可以分开来表演,还可以独立表演,于是名称也就随之而不同。这一推测大约是正确的。

《大武》的乐曲早已失传,虽有零星的资料,但终难具体描述。然其舞蹈形式则留下了一些粗略的记录,可以作大概的描绘。第一场,在经过一番擂鼓之后,为首的舞者扮演武王,头戴冕冠出场,手持干戚,山立不动。其余六十多位舞者扮武士陆续上场,长时间咏叹后退场。这一场舞蹈动作是表示武王率兵北渡盟津,等待诸侯挥师,八百诸侯会合之后,急于作战,而周武王以为伐纣的时机尚不成熟,经过商讨终于罢兵的事实。第二场主演者扮姜太公,率众舞者手持干戈,奋臂击刺,猛烈顿足。他们一击一刺,做四次重复,表示武王命太公率敢死队闯犯敌阵进行挑战,武王率大军进攻,迅速获胜,威震中原。第三场众舞者由面向北转而向南,表示周师得胜返回镐京。第四场开始时,众舞者混乱争斗,扮周、召二公的舞者出而制止,于是众舞者皆左膝跪地,表示成王即位之后,东方和南方发生叛乱,周、召二公率兵平乱的事实。第五场,众舞者分成左右两大部分,周公在左,召公在右,振动铃铎,鼓励众舞者前进,表示成王命周公镇守东南,命召公镇守西北。第六场,众舞者恢复第一场的位置,做阅兵庆典和尊崇天子成王的动作,表示周公平乱以后,庆祝天下太平,各地诸侯尊崇周天子。

然近代学者以此为《大武》乐章中的一章,这只是推测,找不到任何证据,也没有训诂的支持,就没有太大的说服力,尚无定论,只作参考。

《我将》是一首宗祀文王于明堂以配上帝之乐歌。诗凡一章,总共十句,通篇采用赋体,直抒胸臆。可分三层,清儒方玉润阐释说:"首三句祀天,中四句祀文王,末三句则祭者本旨,宾主次序井然"(《诗经原始》)。这三层意思阐明了天帝佑助周朝,全在文王之德,周人是不能忘怀于文王赢得上天保佑这个根本的。这个井然有序的安排本身就是周人理性精神越来越强烈的表现。前三句为第一层：

“我将我享，维羊维牛，维天其右之”。

汉儒郑玄解释说：“将，犹‘奉’也。我奉养、我享祭之羊牛，皆充盛肥腯，有天气之力助；言神飨其德而右助之”（《郑笺》）。从古人的训诂上看，“我”是武王自称。“将”谓奉献祭品。但《广韵》解释“将”字谓：“鬺(shāng)，煮也。”享者，犹“将”，祭献之意。与“方”“飨”相协。“将”字通“鬺”，鬺享者，谓烹煮祭品以奉献。为何如此解释呢？清马瑞辰亦阐释说：“庄述祖曰：‘将’，古文作鬺，见古彝器。《说文》作鬺，煮也。享，当读飨”（《通释》）。《周礼·大宗伯》云：“以飨燕之礼，亲四方之宾客。”《注》曰：“飨，亨大牢以饮宾。”亨、烹古或通字。

胡承珙说：“《周礼·羊人》疏引《诗》作“维牛维羊”（《后笺》）。《诗考》释“牛”说：“《郊特牲》：‘帝牛不吉以为稷牛，是指明堂用牛。’”指出明堂宗祀时用牛。《夏官羊人》释“羊”说：“衅庙共其羊牲，积柴祭天是知祭天用羊。”指明祭天时用羊。那么，为什么羊先于牛呢？《诗义折中》说：“先柴而后献，故羊先于牛也。”这种解答是比较合理的。

鉴于对“右”的训诂，传统谓“右”者，通“佑”，释为“佑助”。《释文》训“右”为“本亦作佑。”张载云：“天未必飨之。”《孔疏》解释说：“‘上天其佑助之’”。训“右”为“助”。但《毛诗音》又解释说：“右，古祐字。”程俊英阐释说：“右，同祐，亦作佑。《说文》：‘右，助也’。古文象手形，扶助之意。引申为保佑的意思。维天其右之，是祝祷之词，希望上帝能保佑我周”（《注析》）。这种解释是合理的。然朱熹训“右”为“尊”，他在《集传》中解释说：“右，尊，神坐东向，在馔之右所以尊之也。”亦通。而马瑞辰又有另一解释，他说“此诗右亦当读为劝宥之宥”（《通释》）。即劝酒之意。但今从《孔疏》之说。其辞曰：

今配天而配以文王，我所将奉，我所享献，惟羊惟牛而已，此礼之常。天其右助我，而飨此乎，盖不敢必也。

曹氏解释说：“以天道事之则藁秸以为席，陶匏以为器，茧栗之牲扫地而祭，所以尊之也。以帝道事之则牛羊以为牲，簠簋以为器，鼎俎之实其荐用熟，所以亲之也。”曹氏认为“以天道事之”则所以为尊；“以帝道事之”则所以为亲，颇有启迪。奉献牺牲于天帝与文王，敬祭天帝，祈求昊天佐助，上帝保佑。主宰一切的

昊天，周族对它是无比崇敬的。敬祭天帝，祭品齐全，祭祀丰盛，有羊又有牛，应有尽有，缺一不行，还得精心烹煮，表明周人对天帝的虔诚；只有这样，天帝才能保佑，恩赐安宁。朱熹阐释说："此宗祀文王之明堂，以配上帝之乐歌。言奉其牛羊以享上帝，而曰天庶其降而在此牛羊之右乎，盖不敢必也"（《集传》）。

中间四句为第二层："仪式刑文王之典，日靖四方。伊嘏文王，既右飨之"。

我们不妨关注几处字面意思的训诂：清代经学者解释"仪式刑"谓："仪则式象刑法"。朱熹释"仪式刑"为"皆法也"（《集传》）。严粲《诗缉》又补充说："累言之者，谓法之不已也。"依此，刑者，法也。或假"刑"以为"型"，即效法之意。《荀子·非十二子》引《大雅·荡》云："虽无老成人，尚有典刑。"《注》曰："典刑，常事故法也。""典刑"即今之"典型"，可供人效法。

关于"典"字解释有三：其一，释"典"为"常"。如《毛传》释"典"谓"常"。汉儒郑玄进一步阐述说："我仪则式象法行文王之常道，以日施政于天下"（《郑笺》）。唐孔颖达亦解释说："则象法行文王之常道"（《正义》）。在"典"的训诂上，孔颖达与毛氏、郑玄显然达成了共识。其二，《齐诗》"典"作"德"。《汉书·刑法制》引《诗》作"仪式刑，文王之德，日靖四方。"《师古》解释说："言法象文王之德，以为仪式，则四方日益安靖也。"典、德意义相近。其三，释"典"为法则、典章制度。今从毛说。

至于"靖"字，历来主要有三种解释：一是训为谋略、谋划。二是释为安定、平定。三是《郑笺》训为"施政"。文义贯通，今从此说。见《昊天有成命》。

鉴于"嘏"字解释有二：其一，嘏（jiǎ 或 gǔ）者，《郑笺》曰："受福曰嘏。"《集传》云："嘏，锡福也。"但朱广祁一反此说："'伊嘏'不当释为'福'，而是相当于重言的衬字双音结构"（《论稿》）。其二。假的假借，言伟大，是赞美文王之词。王引之阐释说："嘏，读《雍》篇'假哉皇考'之'假'。彼《传》曰：'假，嘉也。'《尔雅》曰：'嘏、假，大也'"（《述闻》）。

关于"右"字解释有四：其一。右者，佑助，保佑。《孔疏》阐释说："善法文王之道而得为天所佑。"严粲又解释说："其右之者，不敢必之辞也，既右之者自必之辞也。"程俊英、蒋见元《注析》解释说："右，助。与第三句右同义。"其二，右者，尚也。陈奂《传疏》曰："《尔雅》：'尚，右也。'则右亦尚也。右飨犹云尚飨也。"飨犹享，享受祭祀。王引之《述闻》："言大哉文王，既佑助后王而飨其祭也。"其三，释为尊。其四，劝饮食。其辞曰：

何也？天之所飨不在于物，惟当法文王以格天心，今我则象法行文王之典，日施行之，以安四方。则知文王当日德当天心，伊维上天福此文王，今法文王之道，则必为天所右而来飨之。

其宗旨是行文王之道，才获得上天的佑助。而朱熹阐述说："言我仪式刑文王之典，以靖天下；此能锡福之文王，既降而在此之右，以飨我祭，若有以见其必然矣"(《集传》)。朱子之言，颇有道理。诗中表明"我"则象法行文王之典，日施行之，周朝才能以安四方，国运兴旺。文王积善行德，"诸侯皆向之"(《周本纪》)。文王为安定四方，振兴周朝做出了巨大贡献，赢得了周民的爱戴。周人对文王的赞颂和祈望之情，通过诗中"伊维上天福此文王，今法文王之道，则必为天所右而来飨之"充分表达出来。宋人吕祖谦评此诗说："于天维庶其飨之，不敢加一辞焉。于文王则言仪式其典，日靖四方，天不待赞，法文王所以法天也(《吕氏家塾读诗记》)。吕氏的见解是十分准肯的。诗中用极其精练的语言，概括了文王一生的历史功绩。

最后三句为第三层："我其夙夜，畏天之威，于时保之"。意谓：继自今我其早夜畏天明威，于是而思所以保安天命，其敢自恃乎？宋朱熹评析末三句说："又言天与文王，既皆右享我矣，则我其敢不夙夜畏天之威，以保天与文王所以降鉴之意乎"(《集传》)。卒章惟言"畏天之威"，而不及文王者，统于尊也。"畏天"所以畏文王也，天与文王为一。诗人写周人"畏天之威"，其敬畏昊天之情溢于言表。只有忠于职守，日行德政，勤于祭祷，效法文王之德，遵守文王之道，才能使国泰民安，民富国强。清儒方玉润评析末三句谓："末三句则祭者本旨"(《诗经原始》)。吴诚生进而说："通篇注意在末三句，所以戒成王也"(《诗义会通》)。

朱熹评析此诗说："程子曰：'万物本乎天，人本乎祖，故冬至祭天，而以祖配之；以冬至，气至始也。万物成形于帝而人成形于父；故季秋享帝，而以父配之，以季秋成物之时也'。陈氏曰：'古者祭天于圜，丘扫地而行事，器用陶匏牲用犊。其礼极简，圣人之意，以为未足以尽其意之委曲，故于季秋之月，有大享之礼焉。天，即帝也。郊而曰天，所以尊之也，故以后稷配焉。后稷远矣，配稷于郊，亦以尊稷也。明堂而曰帝，所以亲之也，以文王配焉。文王亲也，配文王于明堂，亦以亲文王也。尊尊而亲亲，周道备矣。然则郊者古礼，而明堂者周制也，周公以义起之

也’。东莱吕氏曰:‘于天维庶其飨之,不敢加一辞焉,于文王则言仪式其典,日靖四方。天不待赞,法文王,所以法天也。卒章惟言畏天之威,而不及文王者,统于尊也。畏天,所以畏文王也。天与文王一也’”(《集传》)。朱子之解,颇有启迪。

此诗语言委婉含蓄,意在言外,警诫成王之意,含而不露。朱熹在《集传》中说:“《周颂》多不叶韵,未详其说。”而此诗还是押韵的。第一层中,“牛”与“右”押之部韵;第二层,“方”与“飨”押阳部韵;第三层不押韵。但吟咏起来还是较为和谐悦耳的。

时 迈

时迈其邦,昊天其子之,
实右序有周。
薄言震之,莫不震迭。
怀柔百神,及河乔岳,
允王维后。
明昭有周,式序在位。
载戢干戈,载櫜弓矢。
我求懿德,肆于时夏,
允王保之。

【概要】

武王巡行诸侯邦国,至于方岳告祭柴望。
我之以时巡行诸侯,周公述其事为此歌:

【译文】

我王克商既定天下，以时巡行诸侯邦国。
至于方岳告祭柴望，是固奉天而行之者。
夫昊天无常而难谌，斯未知天其子我否。
然而天实右序有周，所至方国薄言震之。
诸侯之邦莫不慑服，所祀群神来而安之。
大河诰岳无不效灵，巡行天下人神效顺。
此非人之所能作为，实昊天佑助顺序之，
信乎武王能君天下。然而天实明昭有周，
是以巡行诸侯既毕，用能次序在位诸侯。
盖六明黜陟之典章，安抚百神偃武脩文，
则敛戢其干戈囊袋，则韬藏其弓矢刀枪。
我王益求懿美文德，敷陈于是中国之内。
既定天下治道彰著，此非人之所能作为。
实昊天光明昭显之，信乎武王能保天下。
夫既佑序又明昭之，乃知昊天果然子之。

【注释】

＊时：按时。《孔疏》《集传》均训为"以时"。文义贯通。公木、赵雨《诗经全解》："时，按时。据杨合鸣《疑难词语辨析》：此句是说武王按时巡诸侯之国"。一说是、此。语助词。一说世。 迈：行，指巡行。《郑笺》："武王时出行其邦国，谓巡守也"。《说文》："迈，远行也。"此指巡行诸侯之国。一说指巡狩。按：林义光《诗经通解》："迈读为万，诸彝器万年多作迈年，迈与万古通用。"林义光读"时迈"为"时万"，时，是；万，万国。"时迈其邦"意谓武王克商，既定天下，当今之世有万国。如是，此迈字借为"万"。亦通。 邦：指诸侯之国。《集传》："邦，诸侯之国也。周制，十有二年，王巡守殷国，柴望祭告，诸侯毕朝。" 昊天：广大无边的天。或释皇天。 其：语气助词。唐莫尧《新注》："其，语气助词。表示希望、祈请。金启华《全译》引严粲'昊天其子之'与'维天其右之'语意同。" 子之：使之为天子。子作动词。《毛诗音》："子，音子爱之子。""子爱"，子为动词。《孔疏》："子者，字也，言字

爱于小人也。”吕祖谦云:“人之宗子,主一家者也,天之子主天下者也”。

* 实:是。 右:谓右之臣民之上。通“佑”,佑助。《郑笺》训“助”。《集传》训“尊”。 序:谓承夫夏商之统也。《集传》训“次”。《曹氏粹中》:“帝王之传序也”。一说序读为予,我也。此句言上帝实保佑我周国。

* 薄言:聊且之意。语助词。言,读为焉。一说匆忙;匆迫。 震:动,谓警动。此指武王施威。《韩诗》作振。《毛传》《郑笺》均训“震”为“动”。钱氏曰:“震之只是朝会举而示以便始之意,如颁正朔一律度脩五礼如五器是也。”一说震,以武力威胁。一说震,雷。又训“战”,《释名》:“震,战也,所击辄破,若攻战也。”之:代词,代指诸侯国。 莫:无。 震迭:指震慑诸侯国。按震,惧。《尔雅·释诂》:“震,惧也。”郑玄训“迭”为“应”,他说:“美成王能奋舒文武之道而行之,则天下无不动而应其政教”(《郑笺》)。迭,通作“慑”,恐惧。袁梅《诗经译注》:“马瑞辰以‘迭’为‘慑’之借字,即今之‘慑’字,畏服之意。”《郑笺》:“其兵所征伐,甫动之以威,则莫不动惧而服者,言其威武又见畏也。”

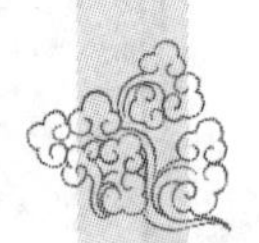

* 怀:来。《尔雅·释诂》:“怀,来也。”《毛传》:“怀,归也”。来归之意。 柔:安抚。《毛传》:“怀,来;柔,安也”。《郑笺》:“王行巡狩,其至方岳之下,来安群神,望于山川,皆以尊卑祭之。” 怀柔指来而安抚群神。 百神:泛指天地山川之群神。一说指祭祀以取悦。《孔疏》:“百神者,谓天与山川之神,神以王为主祭之则安是也。” 及:至于。一说和。 河:大河,指河之深广。一说指黄河。 乔岳:高山。何楷云:“河,水之大者;乔岳,山之高者;皆望而祭之。”钱氏曰:“河无泛滥,岳无骞崩,便是怀柔处;河岳感格百神可知。”一说指四岳和山东泰山。乔,高。《鲁诗》作峤。

* 允:信。或释助词。一说允,读为似,似借为嗣,嗣王,后代的王。 王:指武王。 维:是,语词。一说为也。 后:指君王。《正义》:“武王之德宜为天下之君也。”

* 明昭:犹光显,即光明显著。严粲曰:“‘右序有周’与‘明昭有周’语意一同,明昭不言实承上省文也;明昭犹光显也。”何楷曰:“言天表扬我周,宜为共主,如书武成篇所云:昭我周王天休震动者。”一说周家明知灼见。明昭,犹明明。一说光大。一说明,明智;昭,洞察。 式:用。一说发语词。 序:次序。一说序,继。按犹《烈文》“继序思不忘”的“序”。 在位:在诸侯之位。使臣下各就其位,各尽其

职。一说在天位,即王位。按谓周武王代殷而有天下。此"位",犹《大雅·大明》:"天位殷适"的"天位"。

* 载:则。 戢(jí):敛聚。《集传》:"戢,聚也。"《说文》:"戢,藏兵也。"即收藏兵器之意。 干戈:泛指兵器。 櫜(gāo):弓囊箭袋。《毛传》:"櫜,韬也。"即盛弓或剑的套子,比喻收藏。《案》:"櫜为弓衣,兼言矢者,连类及之耳。"

* 我:主祭者自称。 求:追求。 懿德:追求文、武美德之政。懿,美。 时:是。助词。 肆:陈。(《郑笺》)指广布。 夏:中国。指周王畿所在地,故古称中国为夏。孙作云《说雅》:"西周王畿原来是夏人的故地,……周人居夏故地,周初又往往自称为夏人。"

【品鉴】

《集传》云:"《春秋传》曰:昔武王克商,作《颂》曰:载戢干戈,而《外传》又以为周文公(即周公姬旦)之颂。则此诗乃武王之世,周公所作也。《外传》又曰:金奏肆夏樊遏渠,天子以飨元侯也。韦昭《注》云:肆夏一名樊,韶夏一名遏,纳夏一名渠;即周礼九夏之三也。吕叔玉云:肆夏,《时迈》也;樊遏,《执竞》也;渠,《思文》也。"

《毛诗序》解释《时迈》说:"《时迈》:'巡守告祭柴望也。'"这是古人的传统解释,那么,何谓巡守?武王既定天下,以时出巡行其邦国,谓巡守。何谓柴望?即柴祭、望祭。柴祭者,以烧柴而祭祀天地;望祭者,以遥望而祭祀山川。汉郑玄对《毛诗序》作进一步阐释说:"巡守告祭者,天子巡行邦国,至于方岳之下而封禅也。《书》曰:'岁二月,东巡守,至于岱宗,柴,望秩于山川,遍于群臣'"(《郑笺》)。郑氏之说,甚有启发。唐孔颖达阐发说:"武王既定天下,巡行其守土诸侯,至于方岳,乃作告至之祭,为柴望之礼。柴祭昊天,望祭山川,巡守而安祀百神,乃是王者盛事周公既致太平,追念武王之业,故述其事而为此歌焉。……《左传·宣公十二年》云:'昔武王克商作《颂》曰:'载戢干戈。'明此篇武王事也。《国语》称'周文公之《颂》曰:载戢干戈。'明此篇周公作也"(《正义》)。孔氏之评,符合诗旨。《毛序》《郑笺》《正义》叙述了此诗的主旨、作者及其产生时期,其基本一致,达成共识,认为本篇为武王克商胜利后,巡守各诸侯国祭祀山川百神而作的乐歌。

《案》云:"《孔疏》亦云:以《左传》之文参之此诗是武王巡守矣。"据《左传·宣公十二年》记载:"夫文,止戈为武。武王克商,作颂曰:'载戢干戈,载櫜弓矢,我

求懿德,肆于时夏,允王保之。”《国语·周语》记载:“是故周文公(即周公姬旦)之颂曰:‘载戢干戈,……允王保之。’”认为武王克商建周,平定天下之后,《时迈》为周公所作。至于是否确为周公所作,可存疑。然宋代朱熹认为:“此巡守而朝会祭告之乐歌也”(《集传》)。其他古说诗者,虽有小异,而无大不同。

有近学者认为,这是一首武王巡视各诸侯国、祭祀山川的乐歌。可能是《大武》中的一部分。关于《时迈》在《大武》六成中的位置,何楷《诗经世本古义》定为《大武》第五章,《时迈》说地是“五成而分——周公左,召公右”,具体讲周公统治东方,召公统治西方,皆与“时迈其邦”有关。主旨也就是《左传》所说的“和众”。用何楷的话说:“《时迈》,一名《肆夏》。为《大武》之五成。巡行方岳后,分周公左、召公右之事也。”明代何楷认为《时迈》是《大武》乐章之一,近人亦有从之者,然尚无确证。

武王巡行诸侯邦国,至于方岳告祭柴望。“我”之以时巡行诸侯,周公述其事为此歌。既然这是武王克商之后,巡守四方诸侯、告祭上天及山川百神的祭祀之诗,那么到底何谓祭祀之诗呢?夏传才教授说:周人认为,祭和戎(用兵),是国家最重要的两件大事。西周开国后制礼作乐,由周王和周公领导,并亲自参加,制作祭祀乐歌。祭祀的对象,总的来说,不外祭祖和祭天(泛指自然)两大类。

祭祀起源于原始氏族社会,周人继承商代的祭仪或又进行了重大的改造,除了歌颂祖德和祈求福佑,又加进了政治内容,表现了他们的政治理念和治国原则。祭天,包括祭祀天、地乃至日月山川等自然神,表现了他们的自然观和“天人合一”的哲学思想。这些,对后世都有深远的影响。这些作品基本集中在“颂”诗中。

在祭祀诗中,有一些是在农事活动中举行各种祭礼的礼仪上应用的乐歌,后世称为农事诗,是研究周代农业生产力和生产关系的重要文献资料。除“周颂”的几篇之外,“小雅”也有两篇。夏传才教授认为,研究周代的农业生产力和生产关系,《豳风》中的《七月》也很重要。周代以农业为主,但牧业也有相当的发展,如《小雅·无羊》,反映的就是牧业之事。

夏传才教授还认为,《诗经》中的农事诗,固然是研究周代农业生产力和生产关系不可缺少的资料,不可不读,但完全依靠它们来论断周代的生产力和生产关系的性质,还是不够的,史学界过去的大辩论没有结果,原因就在这里。

此诗制作于西周之初,天下尚未稳定,过去的各诸侯小国心存疑惧,殷商遗民内心尚未臣服。周武王到各地视察(天子外出视察曰巡狩)祭祀山川百神,制作了这篇诗。诗的内容先说周受命于天,周任天下的君主是德政,继而说明祭祀的目的是请求百神归位、山川共享,佑助周朝安定天下;最后宣告将结束战争,实现和平,在全国实行德政。王安石《诗经分类诠释》说:"实际上这是周王朝的一篇开国政策文告。"

《时迈》一章,共十五句。明何楷《诗经世本古义》分为两章,"时迈其邦"至"允王维后"为第一章;"明昭有周"至后句为第二章。清姚际恒《通论》因之认同此说。故清代方玉润质疑认为,如若分章,"不惟章法长短不齐,文气亦觉紧缓不顺"(《诗经原始》)。而《毛诗》《集传》皆不分章。

但细审诗义,可分二层。从开头至"允王维后"为第一层。全诗采用赋体艺术手法进行铺叙,首三句点明其巡行之事,揭示告祭之旨,是全诗的总纲。诗云:

"时迈其邦,昊天其子之,实右序有周。"

意思是谓:我王既定天下,以时巡行其诸侯之国,告祭柴望,是固奉天而行之者,夫天难谌,斯未知昊天其子我乎否?然而,昊天实佑助周朝之有天下。

武王受命于天,巡守视察诸侯各邦,告祭河川百神,统一天下,建立周邦王朝,这固然是奉天命之行。然而,天命无常,不知昊天能否使武王成为其天子乎?然而,昊天是保佑辅助我周王的,故君王不敢懈怠!开首先阐明武王封建的四方诸侯之国,不仅得到了昊天的认同,而且昊天也把武王当作天子。昊天无亲,唯德是辅,首先表明武王获得天命,奉命而行天道。其次说明武王不仅能威慑四方诸侯,而且能安抚百神。所以,他的继位,"明昭有周",是能发扬光大周邦先祖的光辉伟业。严粲云:"言天之'右序有周'而结之,以允王维后,谓膺天命而无愧也;言天之'明昭有周'而结之,以允王保之,谓保天命于无穷也。"严粲解评,甚有道理。朱熹评析这段说:"此巡守而朝会祭告之乐歌也。言我之以时巡行诸侯也,天其子我乎哉!盖不敢必也"(《集传》)。朱子之说,诠释诗旨,使人颇有启发。

诗中的"薄言震之,莫不震迭"。这两句写道:所至之四方之国,薄言震之,而诸侯莫不慑服。诗人遣词造句颇讲究:妙用一个"时"字,即按时之意。《孔疏》《集传》均训为"以时"。文义贯通。公木、赵雨《诗经全解》解释说:"时,按时。据杨合鸣《疑难词语辨析》:此句是说武王按时巡诸侯之国"。故"时"字表现出武王"代

天理民”者不辞辛苦，不敢稍有懈怠地“为天远行”的尽职态度，暗示着告祭者对上天的无限忠诚，尤其巧用一个“震”字。《毛诗音》解释说：“震，即振；迭，慑。”《毛传》《郑笺》均训“震”为“动”，表示对诸侯的警动，说明武王施威之严。严粲《诗缉》就解释说：“武王之巡狩也，于诸侯震警动之。”清代钱澄之解释：“‘震之’，只是朝会举而示以便始之意，如颁正朔一律度脩五礼，如五器是也。”值得注意的是一个“迭”字，通作“慑”字。而《毛传》解释说：“迭，惧也。”即恐惧之意。汉儒郑玄阐述说：“其兵所征伐，甫动之以威，则莫不动惧而服者，言其威武又见畏也”(《郑笺》)。故“震迭”二字，表明武王震慑了诸侯之国。袁梅阐释说：“马瑞辰以‘迭’为‘慑’之借字，即今之‘慑’字，畏服之意”(《诗经译注》)。然而，郑玄训“迭”为“应”，他说：“美成王能奋舒文武之道而行之，则天下无不动而应其政教”(《郑笺》)。但文义贯通。

然学者唐莫尧却认为，“实右序有周，薄言震之，莫不震迭”，实指牧野之战，以迅雷不及掩耳之势，疾行军而一举歼灭殷纣主力军。《大雅·大明》中的“肆伐大商，会朝清明”正言此事。于省吾《新证》说：“上句言‘肆伐大商’，《毛传》训‘肆’为‘疾’，武王伐纣以少击众，利于速战速决，其言‘会朝清明’，谓得天时之助。”据《新证》武王伐纣“天雨日夜不休”，决战早晨，遇到天气清明。此诗“实右序有周，正指决战得天之助；“薄言震之”，指疾行军，以迅(“薄言”)雷(“震”)不及掩耳之势，战而胜之，《释名》释“震”为“战”，有双关意。明乎此诗的历史背景，此三句亦畅晓，无捍格难通之弊。这虽是推测，亦有道理。

诗描述当时，殷商纣王暴虐无道，而武王奉天之命去征伐。武王克商之后，按时巡守诸侯各国，巡守之时，动辄以威，声势显赫，威名大震。为此，四方诸侯之国无不震慑臣服。由此可知，当年之武王是何等威严！

后三句叙述武王祭祀山川百神。诗曰：“怀柔百神，及河乔岳，允王维后”。

其辞曰：所祭祀之群神，来而安之，而河岳无不效灵也。巡行天下，人神效顺，此非人之所能为也。实天右序之也，信乎武王之能君天下。

那么，如何理解古人的训诂呢？《毛传》解释“怀”为“归”，即来归之意。“柔”释为“安”，段玉裁《注》云：“柔之引申为凡耎弱之称，凡安抚之称。”意谓王行巡狩，其至方岳之下，来而安抚群神，望于山川，皆以尊卑祭之。《孔疏》解释说：“百神者，谓天与山川之神，神以王为主祭之则安是也。”然而，值得注意的是，诗中所说的"怀柔百神",人与神灵到底是一种什么样的关系呢?在周人眼里,人无神的保佑,则天无安定、事业无成;神无人的祭祀安抚,就无所归依,四处漂泊、流浪!这种人与神的分裂,终于造就了儒家本质上的不信鬼神之说——所谓"慎终追远",不过是凝聚子孙保持活人的现实世界血缘亲情关系的手段而已。在孔子那里,铁定的现实世界的存在,需要铁定的秩序,也就需要铁定的此生的修养。一切以人的现实存在的主观努力为转移。他所谓的"命",不过是单个主体无法把握的客观存在,类似规律的东西罢了。但这种坚定的理性精神,其所由来,正是周人对待鬼神的态度。孔子为什么那么推崇周公,可以由此找到十分具体的答案。

《鲁诗》"乔"作"峤"。河言水之大者;乔岳言山之高者;皆望而祭之。钱氏曰:"河无泛滥,岳无骞崩,便是怀柔处;河岳感格百神可知。"袁梅《诗经译注》认为"乔岳,即高岳,统言'四岳',《毛序》则又申之曰:'高岳,岱宗也。'"说诗颇深,内涵丰富。

至于"允"字,《毛传》训为"信",但有学者认为释为"助词"。唐莫尧《新注》阐述说:"王引之《释词》:'后人但知允之为信,而不知其又为语词,故释训多有未安。'按《武》'允文文王'与《思文》'思文后稷'句式一样,同嵌'文'字。'思'为助词,显见'允'为助词"。尚有学者认为"允"字读为"似",似借为嗣,嗣王,即后代的王。《正义》曰:"武王之德宜为天下之君也。"

武王在巡守途中,祭祀安抚百神以及大河高山。诚哉武王为天下之君!宋朱熹阐释说:"既而曰:天实右序有周矣,是以使我薄言震之,而四方诸侯莫不震惧。又能怀柔百神,以至于河之深广,岳之崇高而莫不感格,则是信乎周王之为天下君矣"。其说符合诗旨。

第二层叙写武王偃武修文、政教并修,以此使国家强大,人民安康。"明昭有周,式序在位。载戢干戈,载橐弓矢。我求懿德,肆于时夏,允王保之"。

其辞曰:然而天实明昭有周,是以巡行既毕,用能次序在位之诸侯,六明黜陟之典,此时偃武脩文,则敛戢其干戈,则韬藏其弓矢。我王益求懿美之文德,敷陈于是中国之内。既定天下,治道彰著,此非人之所能为。实天明昭之,信乎武王之能保天下。夫既佑助顺序之,又明昭之,乃知昊天果为其天子。

"明昭"一词,颂扬周邦伟业光明显著。严粲解释说:"'右序有周'与'明昭有周'语意一同,明昭不言实承上省文也;明昭犹光显也。""明昭有周,式序在位",

表明周王朝的统治秩序，诸侯臣民都得遵守。清王夫之说："……昭明德以格于家邦，人神之通，以奉神治人者，非仅以事神者也"(《诗广传》卷五)。王氏之说，颇有见地。诗宣扬天人合一的宗教思想，都是假托神权，实际上为了统治人民。"在位"一词，具体表现了在位诸侯，各就其位，各尽其职。何楷评析说："言天表扬我周，宜为共主；如书《武成篇》所云：昭我周王天休震动者。"戢者，敛聚。《郑笺》解释说："王巡守而天下咸服，兵不复用，此又著震迭之效也。"《案》曰："櫜为弓衣，兼言矢者，连类及之耳。"孙作云《说雅》评析说："西周王畿原来是夏人的故地，……周人居夏故地，周初又往往自称为夏人。"

这一层叙写政教并修。上天明显地告示我周朝，赏罚要分明，安定四方诸侯，各尽所能；要偃武修文，收藏干戈，储藏弓矢；说明武王克商，天下既定，大乱之后，人民希望太平，发展生产。还要推行益求文王之"懿德"，以部署于中国之内，既定天下。以上之善政美德，诚然是武王保守周邦之正道。"'干戈''弓矢'，武也；'懿德'，文也。三句有偃武修文之意"(姚际恒《通论》)。收藏干戈，储蓄弓矢，正是人心所向。最后三句赞颂武王益求美德，并将这美德推行至华夏的诸侯各国，目的在于以德为政，对黎民百姓施行德化教育，如此，才能使国家长治久安。宋代朱熹评析说："又言明昭乎我周也，既以庆让黜陟之典，式序在位之诸侯，又收敛其干戈弓矢，而益求懿美之德，以布陈于中国。则信乎王之能保天命也。"又云："《春秋传》曰：昔武王克商，作《颂》曰：载戢干戈，而《外传》又以为周文公之颂。则此诗乃武王之世，周公所作也。《外传》又曰：金奏肆夏樊遏渠，天子以飨元侯也。韦昭《注》云：肆夏一名樊，韶夏一名遏，纳夏一名渠；即周礼九夏之三也。吕叔玉云：肆夏，《时迈》也；樊遏，《执竞》也；渠，《思文》也"(《集传》)。朱熹道明诗旨，使人豁然开朗。

孙月峰阐发此诗说："首二句，甚庄甚快，俨然坐明堂、朝万国气象。下分两节：一宣威，一布德，皆以'有周'起，'允王'结，整然有度。遣词最古而腴。"认为其艺术特点是：一是气象壮快；二是结构严整。三是语言古腴。颇为确切。所谓"古而腴"，就是朴实而有味，这个"味"正是诗之所以为诗的关键所在。正如陆化熙所说的："此诗以'昊天子之'为主，首以冀词发端，次言'子之'之实，末言保所谓'子之'之命。俱指巡狩一时言。"既然人人能"言之，又安在诗人之言之"，那么，诗人之心见于诗句，则读诗端在于细心体会了。

此诗以武王巡守邦国为主线,以武王受天命而为天子,敬天命而祭祀百神,保周朝而修政教为核心,表现武王的功德无量。全诗结构严谨,井然有序,用词精炼,庄重肃穆,含义深刻,与其内容相得益彰。

执　竞

执竞武王,无竞维烈。
不显成康,上帝是皇。
自彼成康,奄有四方,
斤斤其明。

钟鼓喤喤,磬筦将将。
降福穰穰,降福简简。
威仪反反,既醉既饱,
福禄来反。

【概要】

武王持自强之志,成此安天下之功。
上帝使之为国君,此祀武王之乐歌:

【译文】

我思功崇惟大志,自强不息武王志。
武王持自强之心,故有莫强之功盛。
当日伐暴救贫民,岂不显乎建烈功?
成此安天下之功,上帝使之为国君。

奄有四方政清明，自彼时成此康功。
四方有之而辉煌，武王则明照四方。
斤斤然明察之君，故无远而不著明。

今祭祀武王之时，钟鼓则喤喤和谐。
奏管则锵锵和鸣，此时神绛福禄盛。
穰穰然赐福多众，简简然盛大可知。
但见祭时愈谨重，威仪之节反反善。
祭末而行旅酬礼，醉酒饱德多福赐。
祭之事终始无违，圣灵降福禄来盛。
所谓穰穰简简者，反覆而方兴未艾。

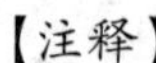

【注释】

＊执竞武王：一说指武王能制服强暴。一说即言武王治国持以强道。执，持。《集传》："执，持。武王持其自强不息之心。"一说语词。据赵清慎《新读》，谓形容词、副词前缀。一说服。一说疑借为鸷，猛也。竞，自强不息。周臣服于殷，自文王、武王之世，即励精图治，希望取代殷商而王天下。一说指强敌。一说努力（自强）。　无竞维烈：一说即言功业强盛而辉煌。无竞，《毛传》训为"强"。维，是。语助词。烈，功业之盛。严粲云："烈：功烈之盛，天下莫强。"

＊不显：通"丕显"，非常显著。　成康：成功安定。《毛传》："成大功而安之。"《孔疏》："大功谓伐纣也。"《案》《集传》释"成康"为"成王、康王之德。"康，安。是：助词。　皇：君王，指上帝之所君。一说嘉许。一说美也，嘉也。此句言上帝嘉美赞许成王、康王。

＊自：从。程俊英、蒋见元《注析》："自，从。自的本义为'鼻'，《说文》段注：'今义从也、己也、自然也，皆引申之义。'这里'从'即为引伸义。"　彼：那时。　奄有：或释同有，指完全拥有。或释覆盖。《孔疏》："郑于閟宫玄鸟，笺皆以奄为覆，覆盖四方，同为己有也。"黄典诚《通译新诠》谓为咸有。一说奄：爱也、乃也。四方：指天下。

＊斤斤：即昕昕之省借，明察。按：言明察，"斤斤"当读如昕昕（xīn xīn）。《郑

笺》:“明察之君,斤斤如也。”《集传》:“明之察也;言成康之德,明著如此也。”《诗义折中》:“所谓继明照于四方也。”“斤斤其明”即言为政清明。一说斤通“欣”,欣悦。据刘运兴《诗义知新》:斤当读欣。上古欣读晓母文部,斤读见母文部,晓见旁纽,文部迭韵,二字音近相通。欣以喜乐为之,引申之又谓悦服、爱戴。 明(古音芒):通“萌”,明察灼见。据刘运兴《诗义知新》:“明当读萌,上古萌、明并归明母阳部,双声迭韵,二字例得相通。”

* 喤喤(huáng):锽的假借字,和;指声音和谐。《集传》:“喤喤,和也;将将,集也。”陈奂《传疏》:“云‘和’者,谓钟与鼓声相应和。” 磬(qìng):古代用美石或玉制成的乐器,敲击成声,或成套悬挂起来,成为编磬。 筦(guǎn):通管,《鲁诗》作管。古代吹奏管乐器。以竹管制成。 将将(qiāng):通“锵锵”,象声词,即管乐之和集声。《齐诗》作锵,《鲁诗》作玱。《集传》:“将将,集也。”程俊英、蒋见元《注析》:“将将(qiāng qiāng 枪枪),同锵锵、玱玱、枪枪、将下足将下足,象金石和管乐相和声。以上两句写祭祀时奏乐。”

* 绛福:指武王、成王、康王之神灵降幅于民。 穰穰(rǎng rǎng):重言“穰穰”者,形容其福禄众多。 简简:盛大貌。《毛传》:“简简,大也。”

* 威仪:指祭祀的礼节仪式。 反反:通“昄昄”。善貌。《释文》引《韩》作昄。《郑笺》:“反反,顺习之貌。”《潜夫论·正列》引《诗》作“威仪板板”。《释名·释书契》:“板,昄也;昄昄,平广也。”《韩诗》“反反”作“昄昄”,云“善貌”。善与顺习义同,是此“反反”当读如“昄昄”。《毛传》训“反反”为“难”。《集传》训“反反”为“谨重”。 既醉既饱:又醉又饱。《孔疏》:“祭末旅酬,下及群臣,故有醉饱之义,即既醉所云醉酒饱德是也。”

【品鉴】

《执竞》是《周颂》中的第九篇,自古以来,对此诗的理解,却是聚讼纷纭。传统解释主要认为这是祭祀武王之乐歌。《毛序》和三家《诗》均认为《执竞》是“祀武王”之诗。汉儒郑玄进一步阐释《毛序》说:“竞,强也。能持强道者,维有武王耳。不强乎其克商之功业,言其虽也。不显乎其成安祖考之道,言其又显也。天以是故,美之,予之福禄”(《郑笺》)。郑氏之说,颇有启迪。清王先谦《诗三家义集疏》解释谓:“《鲁诗》曰:‘《执竞》一章十四句,祀武王之所歌也。(蔡邕《独断》)

《齐》《韩》盖同。”此说与《毛诗》无异议。

然而，由于诗中出现了“成康”字样，所以，有人便提出质疑，故不少学者提出该诗并祀武王、成王与康王。宋人欧阳修、朱熹则认为是合祭武王、成王、康王之诗。朱熹就直接解释说：“此祭武王、成王、康王之诗。”(《集传》)。清姚际恒认知此说，他在《通论》中说：“《毛序》谓‘祀武王’，固非，《集传》谓：‘祀武王、成王、康王’是已。”他们均将诗中的“不显成康”“自彼成康”释作成王、康王，以为此诗为昭王时代的作品。近人程俊英亦认为“这是一首祭祀武王、成王、康王的乐歌。诗中颂扬三王的功业绵延广大、永世不匮。两说分歧之处，在于诗中“成康”的解释上。前说，《毛传》释“成康”为“其成大功而安之也”；《郑笺》释为“成安祖考之道”。即“成”为“成功”。“康”为“安”。但也有学者认为“成康”，并不指成王和康王，而是说武王“成功康定天下”之意。因此，三王并祭之说，是不可信的。后说，以“成”为“成王”，以“康”为“康王”。考察诗的内容，“不显成康”“自彼成康”，以及所接下句“上帝是皇”与“奄有四方”来看，当以后说为是。

但清方玉润一反此说，他在《诗经原始》中驳之曰：“若谓‘三王并祭’，无论典礼无稽，即文势亦隔阂难通。盖‘烈’则归之武王，‘皇’则属诸成、康，而‘奄有四方’者又自成、康矣。通乎不乎？当亦不言而自辨已。即谓合祀成康，推本武王，而‘奄有四方’亦非自彼二后也。故诗又当从《序》，为‘祀武王’之说为是。”方氏以为从《毛序》说为是。

但仅从文本上来看，在主要祭祀武王之功的同时，也兼并祭祀成、康之王。因此，故有人认为此诗单纯地祭祀武王，恐失偏颇。

公木、赵雨《诗经全解》说：夏含夷对《周颂》“语言学证据”的考察非常细致，他提出《执竞》“诗中第五句的‘自彼成康’几乎可以肯定是指成王和康王，当然这首诗不可能早于康王之子“昭王”(夏含夷《从西周礼制改革看〈诗经·周颂〉的演变》)。这种对“成康”词义的判断是浅明的，也是可信的。事实上《执竞》正是昭王日祭父祖上食时所献的乐歌。但《执竞》的创作年代被夏含夷先生断为“大概不会早于西周中期”，就不能使人信服了。其原因据说是“周王朝的关中地区至西周中期的穆王时代才始次有青铜钟出现。此前，钟是南方专有的乐器。”这些都是由疑古派学者惯用的“默证法”推得的。所谓“默证”即：以已知的考古证据为绝对尺度，尚无考古证据支持的就断其不存在。如：既没有相应的考古发现，则穆王时代以前的中原地区断无青铜钟。应该说,这种研究思路是既不符合事实,也不符合逻辑的。要了解青铜钟所能够出现的上限年代,首先需辨明青铜冶炼的起源。《逸周书·考德》《古史考》《洞冥记》等古文献中,记载有燧人氏,神农氏和皇帝用铜铸造刀、斧、斤的传说,而在炎帝时代(距今约5000年)的甘肃马家窑文化遗址即有青铜刀出土,考古发现证实了古文献的记载。其次需辨明钟的起源。据《世本·作篇》:皇帝时"伶伦作律吕",舜时"垂作钟"。所谓"八音谐","八音"中"金曰钟";《周颂》属"颂体",而"颂"字本义即是镛钟。中国型的古典社会是典型的礼乐社会,因而青铜器诞生后主要用于制作礼器乐器,如夏之有九鼎即属此类。周族与夏族在文化上渊源颇深,建国后又直接利用商族工匠的技术,自不必等到穆王时代才制造出青铜来。

故《执竞》是一首祭祀周武王的乐歌。武王是在中国历史上做出过杰出贡献的人。商王朝在盘庚迁殷后,政治日益腐败堕落,庙堂之上的上层统治者们却只是酗酒寻乐,淫乱好色。就像周公在《酒诰篇》中所指出的那样,商王朝整个统治阶层,均沉湎于酒色之中,腥秽之气直冲霄汉,他们的所作所为,连上天都不能容忍。老百姓对此怨声载道,到处都是反抗的怒火,就像《微子》篇中所说:"小民方兴,相为敌仇。"举国上下形成了严重对立局面,阶级矛盾已到了白热化程度。公元前1066年,武王起兵伐纣,在牧野与殷纣王进行了激烈的战斗。当时纣王虽有重兵十七万,但却纷纷倒戈,引导周兵杀纣,武王顺应人心,终于以少胜多,灭殷而建周,开始分封诸侯,建都于镐。周朝初定于武王克商,统一天下。周公辅助成王平定三监,而巩固于康王之治。从周朝的历史来看,由武王经成王到康王,乃至一个完整的段落,所以,周人将三王共同作为大周的开国之祖,同时并祭也有可能。但这仅仅是推测而已,毫无佐证。武王伐纣的历史功绩,是不可磨灭的。此诗在祭祀武王时,对他进行了热情洋溢的歌颂,崇敬之情溢于言表。

全诗十四句,综观内容,可分两部分。前七句通过缅怀开国之祖,颂扬周朝创业的辉煌功绩;后七句描绘祭祀的盛况,表达天佑大周、赐福后人的祈愿。

此诗在文学技巧上采用了朱熹所谓"铺陈其事而直言之"的赋体手法,叙说简明,直道其事,以简古的语言为祖先歌功颂德,祈求福禄。顺理成章,一气呵成。前一部分回顾创业史,表达了当时人们对武王的赞美和崇敬。诗一开始就切入主旨,叙述武王胸怀大志,一举制服强暴而夺取胜利的历史功绩。"执竞武王,

无竞维烈”,其辞曰:我思功崇惟大志,能持自强不息之志者武王。武王有自强之志,故有莫强之功。

“执”者,言其坚持,表明武王能持自强不息之大志,即除暴安民,平定天下的远大志向。马瑞辰《通释》解释谓:“《释文》引《韩诗》云:‘执,服也。’……盖以执竞为能执服强御。”竞者,指自强不息。周臣服于殷,自文王、武王之世,即励精图治,希望取代殷商而王天下。武王能制服强暴,治国持以强道。诗中一个“烈”字,言功烈,表明武王功业之盛,天下莫强。“竞”字释为“强”,《郑笺》阐释少时诵诗书说:“不强乎其克商之功业,言其强也。”黄典成《通文新诠》谓:疑为“维烈无竞”。甚有道理。

武王凭借自强不息之志,攻克殷纣王而平定统一天下,励精图治,建立强盛之国,其历史功绩自然是无人可比的。他的功德莫大,光显四方,成功地平定天下,上帝赐予他天子的美称,是完全符合情理的。具体来说,首两句极力强调武王自强不息的精神,这固然是对武王的赞颂,但自强不息这个词语,乃是指一种长期积蓄、不折不挠的发愤精神,一种面对强敌毫无畏惧、不平强暴誓不罢休的坚韧精神,所有这些,不就是对武王克商的最好诠释吗?故朱熹评析说:“言武王持其自强不息之心,故其功烈之盛;天下莫得而竞”(《集传》)。其说颇有道理。

然而,夏含夷先生认为《周颂·执竞》“诗中第一句‘执竞武王’对王的称呼法使人连想起《史墙盘》中形容王的词句:‘日古文王’‘船圉武王’与《执竞》的‘执竞武王’在型式上和意义上都异常接近。因为《史墙盘》是共王时器,而对王的这种称呼在此前从未见,所以《执竞》中这种相似的措辞可能表现其创作年代距共王不远。”真的“在此前从未有过”吗?作者大胆运用“默证法”,从而在语法意义上将“执竞武王”的“型式”归入共王时代,但却未对片面依赖甲骨、金文整理句型特征的局限性加以反思。

所谓“不显成康,上帝是皇”,是紧承前两句的颂辞:当日伐暴救民,岂不显乎?成此安天下之功业,上帝于是使之为君于天下。

武王在取得巨大的历史功业之后,显示其光辉,赐予美好的称号,确实是名副其实的,没有任何非分之嫌。不显者,通“丕显”也,说明武王功业非常显著。成康者,言其成功安定。《毛传》解释说:“成大功而安之”,是谓:成此安天下之大功,即《尚书》所云“康功”。孔颖达又解释谓:“大功谓伐纣也”(《孔疏》)。孔氏认为,是指伐纣之大功。然而,朱熹释“成康”为“成王、康王之德,亦上帝之所君也”(《集传》)。北宋欧阳修《世本义》定《周颂·执竞》为昭王以后诗。他认为:“所谓‘成康’者,成王、康王也。犹文王、武王之谓文、武尔。然则《执竞》者当是昭王以后之诗。”并指出毛、郑的误释,说:“毛以为‘成大功而安之’,郑以为‘成安祖考之道’,皆以为武王也。据诗之文,但云成康尔,而毛郑自出其意,各以增就齐己说,而意又不同,使后世何所适从哉?”认为祭祀武王而兼及成、康二王,但缺乏佐证,需要进一步考证。

开首四句,用极妙的笔墨成功地勾勒出武王的雄伟形象,他是凭借自强不息而取得史无前例的克商功业。由此创建国泰民安的盛世,其光芒四射,上帝都对他赞赏有加。诗以真美,如实反映现实社会,有一种特殊的艺术趣味在其中。从字面上看,前四句是颂辞,并非叙事。诗人用词绝妙,所以在评赞的同时,又能展现出历史的进程。

以上所述,皆为总的概括,显然不能完全表达其功绩,下文笔锋一转,对武王的“执竞”之功,进行了具体的描绘。“自彼成康,奄有四方,斤斤其明”,是从横向联系而言的,意思是说:盖自彼时成此康功,奄四方而有之。武王则明照四方,斤斤然其无远而不著明。

表明建立了强大并且国泰民安的邦国之后,武王拥有四面八方之天下,康功盖世,光照四方,怀柔远人,赢得天下各国人民的信赖,进而形成了大一统的繁荣局面。举国上下,群情欢畅,人民安康,歌舞升平。阐明了统一天下的伟业终于完成,几代人的夙愿终于得以实现。如此,开创周邦的历史轮廓就十分清晰地呈现在读者眼前。诗人用评赞性的语言来显示创业的历程,赞颂了武王建国拓疆的丰功伟绩。在祖先的神主面前,祭者祈求神灵佑助后代子孙国强民富,永远昌盛。与此同时,不由追忆起武王创业开国的艰险,眼前浮现出几代祖先英武睿智的形象,击灭商纣,开邦立国的武王,东征西讨,开国疆土;能为君主而无愧光荣,同样能使我们把诸如平息三监之乱、分封诸侯、“成康之治”这些重大的历史事件联系起来,既有对先祖的缅怀崇敬,又有赞美吹捧;反映了炫耀门庭骄傲自豪的心理状态。

这寥寥七句容纳如此多的内容,实在是和诗人的精湛艺术概括能力分不开的。

后一部分通过“斤斤其明”的过渡，由对历史的回顾，转入眼前祭祀盛况的描述。诗以四件典型的乐器，采用虚实结合的手法，渲染、烘托了祭祀场景的环境氛围：“钟鼓喤喤，磬筦将将”。今祀武王之时，奏钟鼓则喤喤然和谐，奏磬管则将将然和集。

钟声当当，鼓声咚咚，磬音嘹亮，管乐悠扬，一派其乐融融的升平景象。通过这四种乐器奏出的音乐，触发了人们丰富的联想：在平坦广阔的大地上，矗立着巍峨的祖庙群（天子九庙），像天上诸神的圣殿，高屋深墙，宫阙衔连；在祭祀的中堂之上，陈列着各个祖先的神主，前面的供台上摆设着各种精心准备的祭品，或羊或牛，或豕或鸭，令人不禁肃然起敬。两旁直立着许多随祭的诸侯、臣仆，屏声静气，主祭者周王一丝不苟地行着祭祀大礼。钟鼓齐鸣，乐声和谐，吟诵的祭辞，虽然平直简约，但是在祭祖这一特定的场所，抚今追昔，浮想联翩，仍可体味出理性的文字后面掩藏的那一缕幽思。“钟鼓喤喤，磬筦将将”之乐声，激荡着人们的心扉，可谓盛况空前。

接着诗以一连串的排比句和重叠的词语，造成一种铿锵悦耳的音乐美，传神地渲染出一种热烈欢快的气氛：“降福穰穰，降福简简。威仪反反，既醉既饱，福禄来反”。这里是说：此时神降之福，穰穰而多，简简而大，福如东海，可想而知。圣灵降给人民的幸福，既大又多，因此得出，祭祀行礼的人就更要谨慎持重。这两句反映了那时人们普遍的心理状态。创造了愉悦的艺术氛围，使得当时的悲惨世界闪耀着亮光。最后又从无限遐思归到祭奠上来，说到在祭祀武王的时候，他的圣灵“既醉既饱”，意谓但见祭时则谨重威仪之节而反反之善；祭末则行旅酬之礼而酒醉德饱。这种气氛的创造，既是祭祀主题的需要，也与歌颂开国之祖的祭旨相协调。进而又保佑子孙后代：“福禄来反”，于祭之事，终始无违，而福禄之来；所谓穰穰、简简者，反覆而方兴未艾。先祖开国之功的显耀，后人继往开来的信心，上天佑助周邦的祈愿，均借祭祀的气氛传达了出来。如此归结祭祀的目的，使人产生无比幸福的憧憬。从表面来看，全诗都是歌功颂德，但是能够反映当时的社会现实，体现了史诗的意味。可见，此诗的用意，乃在于通过歌颂开创之祖的创业之功，重视创业的艰难史，以图用开创者的气魄，与功业昭示和激励后人，继承前人意志，振兴周邦。

《执竞》作为一首祭诗，通篇没有惊心动魄之奇情，更没有风云变幻之壮丽之景,只是平平叙述,微微唱叹,却能激人深思,产生扣人心弦的艺术魅力。一直以来颂诗都是庄严肃穆的,而此诗在肃穆中流露出悲壮气氛。这种悲壮气氛能产生崇高感,从而使武王的历史功绩更加突出。诗中所写,是作者澄思渺虑,迁想妙得,从现实生活中提炼出的理想句式,但仍不失其真实的特点,真实地反映了当时的社会风貌。

朱熹《集传》云:“此昭王以后之诗。《国语》说见前篇。”此诗在用韵方面特点明显:音调抑扬顿挫,铿锵和谐,尤其是“喤喤”“将将”“穰穰”“简简”“反反”等叠词的连续使用,语气舒缓深长,庄严肃穆,给人一种身临其境的感觉,体现出庙堂文化深厚的底蕴。

思　文

思文后稷,克配彼天。
立我烝民,莫非尔极。
贻我来牟,帝命率育。
无此疆尔界,陈常于时夏。

【概要】

尊后稷之真可配天,使我烝民得以粒食。
后稷莫非其德之至,有纬地经天之功德:

【译文】

尊崇后稷能配昊天,有纬地经天之功德。
今日之配天帝祭祀,并非虚尊后稷之功。
民受天地之中以生,而阻饥则失其常性。
后稷耕耘播殖百谷,独举麳辫以其先熟。

济民之食尤急供给，烝民乃粒万邦作艾。
自有后稷播殖百谷，粒食斯民既遂其生。
可复其性当时之人，皆归其功德于后稷。
是莫非尔功德大恩，立于极至之地养民。
以为之表奈何如此，后稷遗予我民所养。
以麰麰二麦之播種，天命后稷遍养下民。
无此疆尔界限之别，民得所养天命重任。
后稷敷陈人伦常道，于是教养中国之民。
后稷以身作则而教，非言教而言传身教。
夫天子民以中而则，后稷能全民之中则。
则推后稷德配上天，创业之功信无歉民。

【注释】

* 思：句首语助词。据赵清慎《新读》：形容词、副词前缀。或训思念。 文：指有文德。对武功言，指除暴救民而开国创业之功德。《案》："后稷之功德，纬地经天，故曰文也。"《郑笺》："周公思先祖有文德者，后稷之功能配天。"郑氏释"思"为"思念"。亦通。 后稷：周族的始祖，名弃，相传是尧舜时代的农官。后人奉他谓谷神。 克：能。 配天：指配享于天。《孔疏》："后稷有大功德能配上天。"一说配：祔祭。

* 立我烝民：言使我黎民有粮吃。一说安定。一说治。赵清慎《新读》谓当训王，训治，君临天下之临与之义近。立，通"粒"，用作动词，即有粮吃。引申为养育。烝，众民。《郑笺》："立，当作粒。后稷播殖百谷，烝民乃粒，万邦作艾。" 莫匪：无不，双重否定，即全是。 尔：指后稷。 极：至。《集传》："极，至也；德之至也。"《毛传》训"极"为"中"，即准则。黄典诚《通译新诠》训为大功。

* 贻：遗留。赐予。 帝命：即上帝之命。 率：普遍。 育：养育。《集传》："率，遍；育，养也。"《郑笺》训"率"为"循"。

* 无此疆尔界：无有远近彼此之殊。或解没有地域界限之分，指都要种植大、小麦，民得所养。界，《韩诗》作介，介即古界字。陈奂《传疏》："无此疆尔界者，言后稷布种之功尽天下之疆界，无有此尔也。" 陈：广布，施行。《集传》："得以陈其

君臣父子之常道于中国也。”一说主。据赵清慎《新读》谓陈犹户，主也。 常：指君臣父子之常道。一说典、制度。这里指农政。一说法则。指大、小的种植方法。按《尔雅释诂》：“法，常也。”“则，常也。”则“常”以为“法”“则”。一说主。据赵清慎《新读》谓常犹尚，主也。俞樾《平议·殷武》：“常读为尚，主也。” 时夏：即这中国之民。时，是。夏，王畿之内，也可释为“国内”。古人称中国为夏。此诗赋体。

【品鉴】

清陈奂解读《思文》说：“此南郊祀天之乐歌也。后稷为周始封之祖，故既立位太祖庙，而又于南郊之祀配天。《生民·序》云：‘文武之功起于后稷，故推以配天。’是也。”《思文》是一首郊祀周人始祖后稷德配昊天的乐歌。诗中颂扬后稷造福桑梓的功德，其德行可与上天相配。祭祖的方式是祖庙之祭，祭天的方式是郊外之祀(祭上帝于南郊叫作郊)。此是郊外祭天，同时，以后稷之德配与天同祭所用之乐歌。《毛序》解释谓：“《思文》：‘后稷配天也。’”“天”，周人视为有绝对的权威，后稷是周始祖，传说发明五谷，对后稷来说，极为尊重的就是祭礼。然古时郊祀有二：一冬至之郊，以祈谷之郊。此诗是何种郊祀？姚际恒解释说：“此祈谷之郊”(《通论》)。综观诗意，姚说为是。

鉴于诗旨，程俊英教授进一步解读说：“三家《诗》和《毛诗》说大致相同。姚际恒《通论》：‘此郊祀后稷以配天之乐歌，周公作也。’按《孝经》云：‘昔者周公郊祀后稷以配天’，指此也。《国语》云：‘周文公之为《颂》曰：“思文后稷，克配彼天”，故知周公作也。郊祀有二：以冬至之郊，以祈谷之郊；此祈谷之郊也。《小序》为“后稷配天”，此诗中语，是已’。按周自后稷发明播种百谷后，公刘和古公亶父都是以农建国的人物，豳民作诗祭祀后稷，这是很自然的事，到周公时，加以润色配乐，定为祭祀后稷配天的乐章，也有此可能”(《注析》)。其认为这是一首郊祀周人始祖后稷以配天的乐歌，为周公之作。诗中颂扬后稷为民造福，其德行可与上天相配。

然而，后稷为何许人也？后稷(名弃)作为周人的始祖，当然要享受庙祭，但除此之外，他又被用来配祀昊天，在周人的先祖中，享此殊荣的，大概只有后稷一人。之所以然，是因为周人认为万物本乎天，人本乎祖，人之祖出于天。除此之外，据说在尧舜时代，他曾任主管农事之官，教民种植百谷，有力推动了农业生

产的发展,后人尊他为谷神。周王朝建立后,为了以先王的功业勉励后人,认为后稷教民耕作,使民有粮,并开启文王、武王的伟大功业,功盖周民。因此,除了立其神位于太祖庙以外,又在郊祀时,以他配享天帝。这种把尊崇先祖与崇拜天帝结合在一起的举动,当然是为了显示周王血统的高贵,以及其统治是合乎天帝旨意的。本质是为了巩固西周王朝的政权。但是,后稷此人,毕竟是当时先进农业生产经验的总结、推广者,周国的后人不能忘记他的光荣业绩,故作此歌表达敬仰之情,也是顺情顺理,有其积极意义的。陈子展教授评此诗说:"愚意《诗序》后稷配天,人鬼天神同时并祀,是其人必已被视为天神和天神之子,即所谓天子。原始社会发展到一定之阶段始有宗教,复在其转变为阶级社会之过程中,始有国家组织,始有英雄领袖首长元首之类人物。自此在其有阶段之社会中创造出人王,同时亦创造出上帝。对于上帝天神之崇拜即对于人王崇拜之神幻化之反映"(《直解》)。这段论述可视为对《思文》一类诗产生的历史文化背景的恰当分析。

《思文》篇幅之简短,追思先祖后稷之功,恰恰反映了当时政治清明,周族之强盛,这与《鲁颂》中冗长不堪,且有媚上之意的《閟宫》的可悲创作背景形成强烈对照。

周颂中祭祀先王功德之诗,大都篇幅简短精炼,如《维清》祭文王之德,只有短短一章五句;《思文》追思先祖后稷之功、公刘和古公亶父都是以农建国的人物,也只不过短短一章八句。究其原因,便是周代历代先祖的丰功伟绩,已家喻户晓,深入人心,无须赘述。就此诗而论,后稷的传奇性经历与周自后稷发明播殖"百谷"后,独举"来牟"者,以其先熟,济民之食尤急的无量功德,在同属《诗经》的《生民》中便有详尽的叙述和颂扬,《生民》即使未能创作于《思文》之前,而它的富有神话色彩的内容,则必然早就广泛流传于民间。《郑笺》云:"周公思先祖有文德者,后稷之功能配天。"郑氏言之有理。清王先谦解读《思文》说:"《鲁说》曰:'《思文》,一章八句。后稷配天之所歌也。'《齐说》曰:'周公相成王,王道大洽,制礼作乐,郊祀后稷以配天。'《韩说》盖同"(《诗三家义集疏》)。王氏之说,不仅颇符诗旨,而且说明此诗为周公所作。

或许正是基于上述原因,历代学者均形成了《思文》为周公所作的强有力的共识。诗篇是盛朝的颂歌,诗人是盛朝的大圣人,这一共识的形成也非常自然。

清姚际恒解释说："此郊祀后稷以配天之乐歌，周公作也"（《通论》）。《孝经》云："昔者周公郊祀后稷以配天"，此指周公之作。《国语》又云："周文公之为《颂》曰：'思文后稷，克配彼天'，故知周公作也。郊祀有二：以冬至之郊，以祈谷之郊；此祈谷之郊也。《小序》为'后稷配天'，此诗中语，是已"。均认为是周公之作。

然而，有学者认为：《诗经》中的多篇作者都归之于周公，此处不具论，而《思文》一篇却未必如是。认为《孔疏》引《国语》，说"周文公（周公亶父）之为《颂》曰：'思文'"。其实不确。《国语·周语》载芮良夫所说的一段话中，原文是："故颂曰：'思文后稷，克配彼天。立我烝民，莫匪尔极。'"并非言是周公所作。到了韦昭注中，才成为"言周公思有文德者后稷，其功乃能配于天"。但是韦注本意只是说《思文》的内容乃反映周公所"思"，并非即指为周公所作，应当不难分辨。看来，是《孔疏》将《国语》原文与注文误融为一体，牵涉周公，并认定《思文》出自周公之手。这一误认，影响大而深远，以致成为后世诸多学者的共识，虽无伤大雅，总不免让人感到一丝遗憾。说无伤大雅，是因为《思文》确实也体现了周公的思想。周公辅佐文王、武王、成王三世，立强国、灭商、平乱，功勋卓著，而重农保民又是其一贯坚持的政治原则。可见，就理解《思文》的旨意而言，确实可以而且应该联系周公；但是，就此认定周公为作者，终究不可取。要确认周公为《思文》的作者，还必须有早于或至少与《国语》同时的确凿证据，因为现有的确认不过是基于《国语》的不可靠的误认。《诗经》中凡无确凿充分证据而定为周公所作者，均可作如是观。但这种抛弃古人传统之说，显然于理不合。

全诗八句，两句一意，层层推进，既没有过渡性质的语句，也不用比兴的手法。而是运用赋体手法，全诗以满怀崇敬的语气，盛赞后稷开创农业种植、多产济民之食、养育黎民的功德。开首两句大处落笔，直揭诗旨，以斩钉截铁般不容置疑的口吻对后稷下了一个总的评语："思文后稷，克配彼天"。按相对现代汉语解释谓：尊崇后稷能配昊天，有纬地经天之功德。今日之配上天祭祀，并非虚尊后稷之功。这两句文辞虽简直，但含蓄却丰厚，怀有纬地经天之功德的后稷，他能配享昊天。这"配天"一语正含后稷、上天之意。

诗的开端巧用一个"思"字，作为形容词、副词前缀。或训为"思念"，并以一个"文"字，领起全篇，指明后稷有文德。故汉代郑玄解释说："周公思先祖有文德者，后稷之功能配天"（《郑笺》），郑氏显然释"思"为"思念"，文意亦贯通。《案》解

释说："后稷之功德，纬地经天，故曰文也。"这里的"文"字，阐明后稷有纬地经天之功德。但对武功而言，即指除暴救民而开国创业之功德。

那么，功绩之高者后稷到底有何功德？后稷谓周族的始祖，名弃，相传是尧舜时代的农官，后人奉他谓谷神。唐孔颖达又阐明说："我思先祖之有文德者后稷也"(《孔疏》)，孔氏做了进一步解释。克者，言其能。程俊英教授阐释说："克，能。《说文》：'克，肩也。'段玉裁《注》：'肩谓任，任事以肩，故任谓之肩，亦谓之克。'《尔雅·释言》：'克，能也。'为引申义"(《注析》)。其说颇有道理。那么，后稷如何又能配天呢？从字面意思解释，配天者，即指"后稷有大功德能配上天"《孔疏》)，原来是有"功德"才能配天。袁梅解读说："配天，有二义。一者，指祭天而以先祖配之；一者，谓其德与天相配。此处'配天'，系指前者。又《诗毛氏传疏》云：'……凡禘、效、祖、宗四者，皆天子配天之大祭'"(《译注》)。许慎《说文》解释说："配，酒色也。"段玉裁《注》云："本义如是。后人借为妃字，而本义废矣。妃者，匹也。"由匹配引申为此义。

后稷之所以"克配彼天"，在《生民》的《毛序》中解释得非常明白："后稷生于姜嫄，文武之功起于后稷，故推以配天也。"后稷配天祭祀称为郊祭，即祭于昊天南郊的祭典。古人祭天(亦即上帝)往往以先王配享，因为国王被视为天子，在配享中便实现了天人之间的沟通，王权乃天授进一步确认，显示君王的权威性，于是原本空泛的祭天便有了巩固政权内容的具体落实，而成为具有重大意义的政治活动。

诗一开端就开门见山引出歌颂的主旨，阐明后稷功德卓著，可以配享昊天。当时由于科学水平低下，而对茫茫宇宙缺乏认识，依然把昊天当作神来崇拜时，诗人不仅将后稷加以美化，而且还加以神化。以为只有他才有与昊天共享祭祀的殊荣，后稷形象在人们的心目中的地位被大大提升。为什么后稷功勋卓著，能配享天帝呢？"立我烝民，莫非尔极"两句，言简意赅地回答了这一问题，按现代汉语解读谓：

民受天地之中而以生，而阻饥则失其常性，自后稷播殖百谷，粒食斯民，既遂其生，可复其性，当时之人，皆归其功于后稷。曰：是莫非后稷之德立于极至之地，以为之表。

开端"立"字，通"粒"，这里作动词，即有粮吃。引申为养育。汉郑玄解读说：

“克,能也。立,当作粒。烝,众也。周公思先祖有文德者,后稷之功能配天。昔尧遭洪水,黎民阻饥,后稷播殖百谷,烝民乃粒,万邦作乂。天下之人无不于汝时得其中者,言反其性。”唐孔颖达训诂说:“‘立我烝民’与《尚书》‘烝民乃立’正同,故破立从粒”(《孔疏》)。依此,立字可读“粒”(lì)字,《尔雅·广物》云:“立为粒。”粒即粮食,谓五谷。此句言使我黎民有粮吃。《书·益稷》解释谓:“烝民乃粒”。但王引之给出另一种解释,他在《述闻》中说:“当读为《周颂·思文》‘立我烝民’之立。立者,成也,定也。《广雅》曰:‘立,成也。’郑康成注《小司徒》韦昭注《国语》,并曰:‘成,定也。’”即安定之意,这种解释也在情理之中。赵清慎《新读》谓当训王,训治,君临天下之临与之义近。烝者,言众民也。郑玄解读说:“立,当作粒。后稷播殖百谷,烝民乃粒,万邦作艾”(《郑笺》)。《孔疏》训“烝”为“众”,这种训诂是确切的。

由于是后稷教民耕作,广泛种植百谷,以解济民之食,才使黎民进入五谷粮食阶段。告别了“衣羽毛居穴”、完全依靠野物充饥的年代,这的确是人类文明史上的一大进步。后稷正是这一历史发展趋势的推动者,这怎么不是功盖于世呢?

“贻我来牟,帝命率育”。贻者,遗也。《经籍籑诂》云:“贻,通作诒。”《尔雅·释言》:“诒,遗也。”贻我来牟言遗(wèi)我麦谷,包括大、小麦。来牟者,言二麦之种,泛指麦子。古时大麦、小麦的统称。《释文》引《广雅》说:“来牟,牟,《字书》作麰,音同牟。《广雅》云:‘麳,小麦也;麰,大麦也。”是此“来牟”乃麳、麰之省。严粲阐释说:“后稷播百谷,独举来牟者,以其先熟,济民之食尤急也。”马瑞辰解读说:“牟麦为双声,来麦为迭韵,合牟来则为麦。焦氏循曰:‘麦为牟来之合声,犹终葵之为锥。牟来倒为来牟,方音相转,往往倒称’其说是也”(《通释》)。《说文》解释说:“来,周所受瑞麦;来,麰也。二麦一夆,象其芒朿之形……《诗》曰:‘诒我来麰’。”段玉裁《注》云:“今《毛诗》诒作贻,俗字也。麰作牟,古文假借字也。”《鲁诗》作“诒我厘麰”;《齐诗》作“诒我来麰;《韩诗》作“贻我嘉麳”。王引之《述闻》解释谓:“嘉,当为‘喜’字之误,来、厘、喜古声相近,故《毛诗》作来,而《刘向传》作厘牟,《韩诗》作喜牟。”研究上述训诂,有助于理解诗旨。

这两句的意思是说:后稷遗我民,以来牟二麦之穜,乃是天命后稷遍养下民。

诗一层接一层,一层深一层地歌颂后稷之文德。后稷在尧舜时,播种百谷,

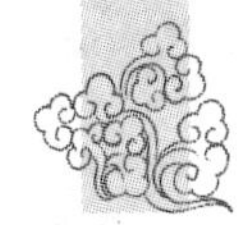

帮助黎民渡过了洪水泛滥的难关，由渔业过渡到种植，功在往昔。这两句叙述后稷教民种植百谷，来牟二麦之種，养育了一代又一代的周民，不仅功在千秋，而且功施于当代。正因为如此，后稷开创农业，养育万民的功德也是在昊天授命下完成的："帝命率育"，从创作结构上看，"昊天""上帝"之间是一种紧扣和呼应；就创作旨意而言，又是天子配功德印象的有意识加深。西周当时已经是君临天下的政权。"无此疆尔界，陈常于时夏"。研究古今训诂：界者，《韩诗》作介，介即古界字。陈奂《传疏》解读说："无此疆尔界者，言后稷布种之功尽天下之疆界，无有此尔也。"阐明无有远近彼此之殊，没有地域之分，指都要种植大、小麦，民得所养。后稷发展农耕生产的计划、措施，不断推向中国各地，获得了巨大的社会和经济效益。其他封邑的百姓，看到了后稷治理的地区农业生产的发展，黎民生活得以改善，自然内心十分憧憬。现代学者高亨解读说："界限分明之意。此二句指上帝命令周王，一切人都要养育，都要有谷可食。在这一点上没有此国和彼国的界限"(《今注》)。此说颇有道理。诗中"陈"字谓广布之意。从毛亨到朱熹，都将"陈常于时夏"解释为"得以陈其君臣父子之常道于中国也"(《集传》)。依此，"常"字言其人伦之常道。按《尔雅·释诂》云："法，常也。""则，常也。"则"常"以为"法""则"。有人认为如此训诂，乃是经学家的穿凿附会，如否定旧说，此句不能自圆其说。

其辞曰：无此疆尔界之别，民得所养，是以后稷敷陈人伦常道，于是中国之民，盖后稷以身教而非以言教。夫天子民以中，后稷能全民之中，则推后稷以配天，信其无歉。

中六句极言后稷之功。后稷之功德可用"养民"二字而概括。后稷使我万民有济民之食，普天之下无不以后稷为准则，遵循人伦之常道；上帝赐瑞麦于周族，受命后稷普遍养育下民。最后两句为主祭者的诫勉之词，更扩而大之，叙述后稷不仅功在周族，而且功在人类。上帝"率育"之命不可违，要一视同仁，不分时地，凡民皆养；后稷艺农之典不可废，要把它推广到广大中国各地去，使农业得到普遍发展。后稷其人，既有文德，又有丰功。此德此功，足以配天。

此诗含义深刻，诗旨显赫。追往述今，由此及彼，既有时间的跨度，又有空间的广度，纵横交错，对后稷的功德，进行了全方位的展示。可谓主旨之深，含量之大。清姚际恒解读说："古人作《颂》从简，岂同《雅》体铺张其词乎？"同样是颂扬后稷，如果将此诗和《生民》相较，明显地看出它们详略不同。《生民》是述事，故详；《思文》是颂德，故简。故《雅》《颂》的差异，还不仅在有无扮演、舞蹈等方面。正如张七泽（张所望）从《雅》《颂》语言形式上巧作区分，他阐释说："后稷配天，一事也。《生民》述事，故词详而文直；《思文》颂德，故语简而旨深。《雅》《颂》之体，其不同如此"（《毛诗微言》引自《传说汇纂》）。点明其特点，阐明其旨深，使人颇有启发。

臣工

嗟嗟臣工，敬尔在公。
王厘尔成，来咨来茹。
嗟嗟保介，维莫之春。
亦又何求？如何新畬？
于皇来牟，将受厥明。
明昭上帝，迄用康年。
命我众人，庤乃钱镈，
奄观铚艾。

【概要】

周王隆举籍田之典，祭于先农事竣受厘。
王率群臣躬耕帝籍，实赖百官裒成之事。
则此日为籍田而来，当知农事业之重视。
宜谨慎其在公之事，爰戒农官而作此诗：

【译文】

嗟嗟乎而群臣百官,宜谨慎其在公之事。
周王隆举籍田之典,祭于先农事竣受厘。
王率群臣躬耕帝籍,实赖百官裒成之事。
则此日为籍田而来,当知农事业之重视。
盖凡所为顺天之时,因地之利尽人之功。
群臣而须悉心咨度,无妄其敬耕籍事竣。
王于群臣百官之中,以保界亲农事之畯。
复从而中儆戒之曰:嗟嗟乎保农田之官。
今已暮春为时已晚,其他又何所求于民?
求者唯此三月当治,新畬之田治之如何?
于乎美哉麰麳二麦!夏初即熟今已暮春。
将受上帝英明之赐,上帝降康明昭不爽。
至于用赐丰年之庆,岂不尽人事承天意?
群臣命其众多农人,各具钱镈以治新畬。
倏忽之间遍观其田,农夫以铚刈成稼禾。

【注释】

* 嗟嗟(jiē):发语词,重叠使用加强语势。重叹以深敕之,即咨叹之声。 臣工:群臣百官。臣谓诸侯,工谓百官。这里主要指管理农夫(奴隶)的田官。 敬:谨慎。 尔:你们,指群臣百官。 在公:即为公家做事。指籍田之礼。姚际恒《通论》:“公家之事,即耕籍之礼也。”

* 王:指周王。马瑞辰读“王”为“往”(wǎng)。 厘(音离):本义为家福,家福即谓“禧”(xǐ),依次,厘、禧古通。《尔雅·释诂》:“禧,告也。” 尔:指臣工。 成:成法,指耕种的成法。《集传》:“成,成法也。”一说成就。一说成为功,即功绩。来:助词,是。马瑞辰《通释》:“来者,词之是也。来咨来茹,犹言是咨是茹。” 咨:询问。一说谋划。《郑笺》:“咨,谋。” 茹:商度、计划。这句意谓:你们如遇问题,可以商量。《郑笺》:“茹,度也。”《集传》云:“此戒农官之诗。先言王又成法以赐女,女当来咨度。”

＊保介：周王近卫武官。《月令注》："以保介为车右。"《吕览注》："以保介为副。"《集传》取其为副之义曰："保介，见《月令》《吕览》，其说不同；然皆谓籍天而言，盖农官之副也。"　莫春：即谓暮春，指夏正三月之时。莫（音暮），暮之本字。

＊亦：助词。　又：通"有"。有何求？　如何：奈何。　新畬：新开垦二年的田。一说"新"，开垦三年的田。"畬"，开垦三年的田。

＊于皇：叹美之辞。《孔疏》"皇"训为"美"。于，叹词。皇，美。　来牟：即麳麰。麳，小麦。麰，大麦。这里指麦种。解见《思文》。　将：持，拿。　受：借为授，获。一说"受"为"抽"，指"抽穗"。（郭沫若《由周代农事诗论到周代社会》）。　厥：犹其，指示代词。指"来牟"。　明：指收成、成熟。暮春之时，麦已将熟，故"将受厥明"。《集传》："明，上帝之明赐也，言麦将熟也。"一说"明"读为"芒"。

＊明昭：或明智洞察，或明知灼见。解见《时迈》。　迄：至。马瑞辰《通释》："至犹致也；迄用康年，犹云用致康年。"　用：以。一说迄用：给予。高亨《周颂考释》："《广雅·释诂》：'乞，予也。'用，犹以也。"　康年：犹乐岁也，即丰年。《集传》："康年，犹丰年也。"

＊众人：甸徒。《集传》："众人，甸徒也。"奴隶的称谓。一说指农民。　庤（音峙）：具。《集传》："庤，具也。"一说准备。黄典诚《通译新诠》谓同"待"，准备。一说储备。《说文》："储置屋下也。"《玉篇》："储也。"　乃：你。《书·大禹谟》："惟乃之休。"　钱（音翦）：农具名，类似铁铲。耕时所用。　镈（音博）：农具名，锄地除草的小手锄。耘时所用。

＊奄观：谓遍观之也；一说奄为不久。指不久即到收麦之季了。一说奄通"灌"，多。一说尽、全。观，看。　铚（音质）：获禾短镰也。《说文》："铚，获禾短镰也。"　艾（音刈）：收获。《集传》："艾，获也。"

【品鉴】

宜谨慎其在公之事，爰戒农官而作此诗，更是一首天子籍田之典的乐歌。《毛序》解释说："《臣工》：'诸侯助祭，遣于庙也。'"但诗中没有涉及祭祀祈年的词句。故姚际恒一反辨之谓："诗既无祭祀，天子于诸侯何不敢斥言之，而呼臣工、车右"（《通论》）。但他又认为是"耕籍而戒农官"之诗。然而诗中不仅戒农官，而且戒群臣，其目的在于全国都要重视农业生产，所以警戒之广，此是彰显重农

之重。汉郑玄进一步阐释此诗说:“保介,车右也。《月令》:‘孟春之月,天子亲载耒耜,措(置)之于参保介之御间。’(……帅三公、九卿、诸侯、大夫躬耕帝籍。天子三推,三公五推,卿诸侯九推)莫,晚也。周之季春,于夏为孟春,诸侯朝周之春,故晚春遣之,敕其车右以时事:汝归当何求于民?将如新田畲田何?急其教农趋时也。介,甲也。车右,勇力之士,被甲执兵也”(《郑笺》)。郑氏解读,符合诗旨。

那么,周王在什么场合下告诫他们呢?经学家们多认为是在天子“耕籍田”(又称“耕籍)时的告诫。但有学者认为如在“省耕”时的告诫,就更符合诗义。那么,“耕籍”和“省耕”到底有什么不同呢?

所谓“耕籍”,《月令》解释谓:“孟春之月,天子亲载耒耜,措(置)之于参保介之御间。……帅三公、九卿、诸侯、大夫躬耕帝籍。天子三推,三公五推,卿诸侯九推。”《吕览·孟春纪》又阐释说:“是月也,天子乃以元日,祈谷于上帝,乃择元辰,天子亲载耒耜,措(置)之于参保介之御间,率三公,卿、诸侯、大夫躬耕帝籍田。天子三推,三公五推,卿、诸侯、大夫九推。”“推”就是在籍田里耕几下,以示“躬耕帝籍”。籍田就是天子亲耕田,即每年春耕之时,所举行的一种籍田之礼。周朝制度,周王直接拥有大片土地,由农奴耕种,称谓“籍田”。每年春种之时,由于周王率领群臣百官和农事之官,到周王“籍田”象征性的亲耕,举行所谓籍田之礼,表示以身作则,意味着春耕正式开始,以显示对农业的重视。籍田之礼中祈祷神明,演唱乐歌,这是一种重要的宗教形式。时值发生在孟春之月(即莫春斗柄建辰,夏正之三月)。周朝重视祭祀,祭礼众多,不但在开耕之前向神明祈祷,而且在收获之后,也向神明致谢,这篇诗中面对即将到来的丰收,自然也要向神明献祭,祈求“明昭上帝,迄用康年”。周王是有大量王田的,从《大田》《甫田》以及《噫嘻》之诗可以得知。周王确是有“祈谷于上帝”的祭礼之典,从《思文》亦可看出。程俊英评析此诗说:这是一首周王耕种籍田并劝戒农官的诗。所谓籍田,是周王拥有的一大片由农奴耕种的土地。每年春天,周王带领群臣到籍田上去耕几下,以表示对农业的重视。这首诗就是在籍田时所唱的乐歌。至于诗的产生年代,郭沫若《青铜时代》考证,大约和成王时的《噫嘻》相去不远(《注析》)。解读有理,使人颇有启发。

然而,什么叫省耕呢?《孟子》解释说:“春省耕而补不足”。即是“天子巡狩之际省问耕者,补其耒耜之不足”。省耕当然有群臣跟随,所以两者不是一回事。从时间看，“耕籍”在孟春之月；“省耕”暮春之时。诗有“维莫之春”一句，时间就已明确；从内容看，诗是省问告诫，有“亦又何求，如何新畬”等句，省的意思十分明确。而且诗不象《载芟》《良耜》等篇体现春耕的情境。陈子展解释说：“《臣工》，盖王者暮春省耕之诗。”从这些看来，诗是周王“省耕”告诫诸臣。陈先生认为这是“省耕”之诗。并将“维莫之春”之“莫春”释为“暮春”。但“维莫之春”之“莫”，据苏东天《诗经辨义》解释，即“言采其莫”之“莫”，春天生的菜，味道“酢”(酸)。“维莫之春”亦即“维酢之春”，但这种解释未能得到训诂上的支持。可备一说。

然而，有学者认为：这是周成王耤田观麦举行典礼时，乐工们所唱的歌。这种典礼也叫耨(镈)礼。耨是锄草，指在锄草时，王来视察，举行典礼。全篇是几个人的对话。前四句是保介代表周王告诫臣工的话，下来是周王问保介情况，“于皇来牟”四句是保介的回答，末三句是周王的命令。全诗颇类似叮咛嘱咐，具体细致，可以看出周王对农业生产的熟悉程度，熟悉来源于重视——《左传》讲“国之大事在祀与戎”，而《周语》讲农业是一切社会生活包括祀与戎的基础，可见农业乃是大事中的大事。由此可知，这也是一篇农事诗。

南宋朱熹解释《臣工》谓：“此戒农官之诗”(《集传》)。《诗义折中》解读说：“王率群臣躬耕帝籍，祭于先农而受厘，耕籍事竣，乃敕保介使劝农也。”二说皆认为是警戒农官之诗。《谨案》云：“周诗皆陈祭祀之事。”其说认为是祭祀之诗。申培具体评析说：“亦以此诗为祭先农也，前四句遍告群臣之辞；以下专戒农官之辞。”其说尤为切合诗旨。

《臣工》是周代开国初期周王告诫群臣百官重视农业生产之诗。开后世帝王诫敕的一种文体。诗凡十五句，可分四层，前三层各四句，末三层为三句。前四句是周王告诫群臣百官之辞，后四句是告诫保介(农官)之语，中四句为周王祈求上帝年丰之词，末三句为命令农夫准备收割之语。

周王耕籍，祭于先农，爰戒农官而作此诗。前四句训勉群臣勤谨工作，研究贯彻执行已颁赐的有关农业生产的成法。其辞曰：

嗟嗟乎！群臣百官，宜敬你们在公之事。今我王家举籍田之典，祭而受厘，实赖你群臣百官和农官哀成之事，则此日为籍田而来，当知农事之重。凡所为顺天之时，因地之利，尽人之功，你们而须悉心咨度，无妄其敬慎。

这段文字说明周王召集群臣百官，要求其尽职尽责，办好公事，必须贯彻执

行农业生产的成法，具体阐明了十分重视农事发展。故其解说更近于《诗经》产生的年代。

从历代解读《诗经》的各种版本上看，如此这般的解《诗》已成为一种传统，如《执竞》《思文》等篇，则主要采取这种传述方式。除了解《诗》方式的传统之外，在《诗》义的解释上是代代相承。鉴于《诗经》字义训诂也是相承的。如《臣工》诗篇，开端“嗟嗟”一词，为发语词，即咨叹之声。朱熹训“嗟嗟”为“重叹以深敕之”(《集传》)。即重叠使用加强语势。

“臣工”言群臣百官，这里主要指管理农夫(农奴)的田官。那么，“臣工”之“工”字到底如何读呢？《广雅·释诂》解释说：“工，官也。”朱熹解读说：“臣工，群臣百官也”(《集传》)。如是，此“工”字可读如“官”。清代马瑞辰阐释说：“臣工二字平列，犹官府之比。工与官双声，故官通借作工。《小雅》：‘工，官也。’……臣工，盖通指诸侯、卿大夫言之”(《通释》)。其说有理。但唐莫尧又阐发说：“按《书·费誓》：‘臣妾逋逃。’孔安国传：‘役人贱者，男曰臣，女曰妾。’李亚农《建制》：‘金文中，有家的奴隶曰臣，曰仆；无家的奴隶曰众，曰鬲，曰徒。’《传》：‘工，官也。’孙作云《研究》《读噫嘻》释为‘小农官’”(《新注》)。这种训诂方式，虽迂回曲折，但也是训诂之传统。

至于“在公”一词如何训诂？它的主流解释谓：“恪共于在公家之事”。姚际恒解释谓：“公家之事，即耕籍之礼也”(《通论》)》。所以，这里主要指籍田之礼。

诗中的“王”者，指周王。此诗的王，可信是成王。它编为《臣工之什》之首，下一篇《噫嘻》首句即直称“噫嘻成王”；因为这一篇用成王的口气，作为成王的训示，所以放在前面，它们都是歌颂成王的。殷商后，王把歌颂先王耕籍和祈祷神明的诗，配合乐舞，作为宗庙乐歌在一定的礼仪上演唱，也是为了追念先王的功业，继承先王重视农业生产的思想。继续贯彻执行以农立国的基本国策。但马瑞辰读“王”为“往”(wǎng)。可备一说。

此诗的历代训诂多有歧义，主要有以下字词：如何解读“厘”(音离)字？主要有四种：

其一，其本义为家福，家福即谓“禧”(xǐ)，如是，厘、禧古通。《尔雅·释诂》云：“禧，告也。”《诗义折中》阐发说：“厘，福也。王祀而受厘，实赖臣工成之。”《案》又云：“厘，《说文》：‘家福也。’”何楷阐释说：“王与诸臣躬耕帝籍，祭于先农事竣受厘归美臣工。”邓元锡云：“言王受厘，尔实成之，则敬之效也。”上述对“厘”字的训诂，均为福之义。

其二，尚有学者认为“厘”(xī 希)者，言其高兴。通“僖(喜)”。周僖公、鲁僖公，《史记》作厘。王念孙说：“来、祝、喜古声相近，……犹‘僖公’之为‘厘公’也。”(见《三家义集疏·周颂·思文》引)。

其三，赉的假借字，即赏赐。《毛诗音》谓：“厘，即赉。”《集传》曰：“厘，赐也。”

其四，《郑笺》训“厘”为“理”。

然而，综观这四种解释，训“厘”为“福”，多为学者认同，是主流解释。

主要是第三句的“成”字和第五句的“保介”一词，如何准确解释？对于帮助理解诗旨大有益处。我们先来了解对“成”字的训诂，《集传》解读说：“此戒农官之诗。先言王又成法以赐女，女当来咨度。”朱熹释“成”为“成法”，当然是指耕籍的成法。据西周文献，周王朝在立国之初，就制定土地分配、管理、耕作制度的具体法规，如品种改良、土壤改良、水利建设以及轮种等耕作技术都包括在内。这一法规，就是诗中所说的“成(法)”。当时鼓励农民开垦土地，又注重土壤改良，把田地分等级，耕二年称谓“新田”，三年称谓“畬田”。为保持和提高土壤肥力，朝廷规定了因地制宜的整治方法，如轮耕、深翻、平整、灌溉、施肥等等，即诗中所说的“如何新畬”，周王要求臣民按颁布的成法去做。至于“成”字，或释为“成就”，或释为“成绩”，或说成：功，即功绩。则句意谓：“王对你们的成绩给予赏赐”，亦通。但窃意仍以宋儒朱熹等经学家所释“成法”，于上下文义圆通顺畅。

后四句是告诫保介(农官)之语。其辞曰：

王于臣工(诸侯群臣)之中，以保界(农官)乃亲农事之官，复从而中儆之曰：嗟嗟乎！你们保界之官(农官)，今时已暮春，其他又何所求于民？所求者唯此新畬之田，治之如何？

这段文字是讯问农官，在这样一个美好的春耕季节，其他又何所求于民呢？怎样耕种新畬之田，整治得如何？显示了周王非常熟悉和重视农业生产。周王告诫的对象是“臣工”“保介”与众人，但身份不同的人，要求的内容也就不同。对群臣百官，嘱咐其尽职尽责、忠于职守，重视农事，有问题前来奏请，表明农业是他们职守中的一项要务。至于对农官，做较具体的指示，要他们抓紧季节耕田，农

时不可耽误，以及如何分别进行新田熟田的锄草施肥等农活。

诗中“保介”一词，指田官，亦称田畯。有人释为“执甲之士”，即周王左右的卫士。《月令注》云：“以保介为车右。”《吕览注》曰：“以保介为副。”朱熹取其为副之义曰：“保介，见《月令》《吕览》，其说不同；然皆谓籍田而言，盖农官之副也”(《集传》)。《案》云：“此诗总谓籍田而作。《朱传》：‘保介，见《月令》《吕览》其说不同；然皆为籍田而言’，是也。”按郑玄解读说：“保介，车右也。《月令》：‘孟春之月，天子亲载耒耜，措(置)之于参保介之御间。’”郑玄又说：“介，甲也；车右，勇力之士，被甲执兵也”(《郑笺》)。郑氏释“保介”为“车右”，即勇力之士，被甲执兵，系周王遣其近卫武官问农事。解说其义，亦合情合理。而郭沫若以为“介者，界之省；保介者，保护田界之人”(郭沫若《青铜时代》)。其实在周人眼中“保护田界”的是“农神”，刘运新《诗义知新》谓“保介”乃“后稷”之音转，但未进一步申明“后稷”为农神之意。然而，有成篇的考据，窃意终觉迂曲求深，不如释为“农官”更合情合理。当然古代官制官名时有变化，对这些细节问题，不妨求大同，存小异。

莫(音暮)者，暮之本字。莫春即谓暮春，指夏正三月之时。郑玄阐释说：“莫，晚也。周之季春，于夏为孟春，诸侯朝周之春，故晚春遣之，敕其车右以时事：汝归当何求于民？将如新田畬田何？急其教农趋时也”(《郑笺》)。郑氏释“莫”为“晚”，即谓暮春。朱熹解释谓：“莫春斗柄建辰，夏正之三月也”(《集传》)。诗意谓：保界之近卫官，时已暮春，为时已晚，尔复何求？其意是让他们及早将农事商定。但苏东天《诗经辨义》却认为，即“言采其莫”之“莫”，春天生的菜，味道“酢”(酸)。“维莫之春”亦即“维酢之春”。略备一说。

鉴于诗中“又”字的训释，一般认为“又”通“有”，有何求，非询问“保介”有何求。《郑笺》解释谓：“敕其车右以事时。”车右亦非大夫(参见《载芟》“说明”)。程俊英解读说：“何求，指对农人有什么要求，意思是应当抓紧农时耕种”(《注析》)，这种解释合理合情。

“新”者，指开垦二年的田；“畬”者，指开垦三年的田。郑玄解释说：“田二岁曰新；三岁曰畬”(《郑笺》)。古时施行轮耕，休耕几年后重新耕种的田称“新畬”。程俊英解释“新畬”谓：“休耕又种的田地。《毛传》：‘田二岁曰新；三岁曰畬。’所谓二岁、三岁，指休耕二年或三年。这句意为：怎样经营轮种的土地”(《诗经注析》)。这种解释涉及周朝对土地的管理制度，尚须进一步考证。

中四句为周王祈求上帝年丰之词。其辞曰：

于乎美哉！麳麰二麦(小麦和大麦)，夏初即熟；今已暮春，将授上帝之明赐。上帝降康，明昭不爽，至于西成，用赐丰年之庆，岂可不尽人事以承天意乎？

上四句是训示农官(保介)：暮春时节，麦子成熟，要抓紧谋划，如何在麦收后整治各类田地。那么，这四句是称赞今年二麦长势茂盛，大获丰收，此是上帝赏赐的丰年之庆，岂可不尽人事以承天意乎？感谢上帝赐予丰年。

鉴于这四句字义之训诂，有其深奥的含义，我们不妨做如下探索：

"于皇"是赞美之词，言于乎美哉！"来牟"即麳麰。小麦和大麦。这里指麳麰二麦，夏初即熟，表明丰收有望。

"厥明"之"明"，言其收成、成熟。暮春之时，麦已将熟，故"将受厥明"(将授上帝之明赐)。"明，上帝之明赐也，言麦将熟也"(朱熹《集传》)。"故以年丰谷熟为成"(马瑞辰《通释》)。王引之阐释说："《尔雅》曰：'明，成也。'……下文'庤乃钱镈，奄观铚艾'(即谓备齐应有之农具，以待收割)。正所谓受厥成也。"(《述闻》)。这里所谓"成"，言其收成之意。

"明昭上帝，迄用康年"。明昭者，或明智洞察，或明知灼见。"至犹致也；迄用康年，犹云用致康年"(马瑞辰《通释》)。这两句说：上帝降康，明昭不爽，至于西成，用赐丰年之庆。康年者，犹乐岁也，即丰年。表明有丰年之庆。

"命我众人，庤乃钱镈"。众人谓甸徒，即奴隶的称谓。李亚农《制度》阐发说："《周颂》是周初的诗篇，去殷未远，诗句中用的众人，和殷契卜辞'王令众人曰劦'中用的众人，应该同其含义，都是奴隶的名称。……又在金文中，……无家的奴隶曰众。"

钱(音翦)者，谓农具名，类似铁铲，耕时所用。镈(音博)者，谓农具名，锄地除草的小手锄，耘时所用。《毛传》训"镈"为"鎒"(耨)。依此，鎒通耨，锄田之器。"钱，铫；镈，锄；皆田器也"(朱熹《集传》)。陈启源解释说："钱，本田器名，即浅切后世借为货泉字，读如全，此诗钱字，犹存本音本训。"《毛传》云："钱，铫也。"郭璞云："皆古锹锸字。"季氏本曰："即今之锹，一谓之锸，所以起土，可用于耕，盖耜类耳。"镈者，《说文》解释谓"镈，锄头也。"《毛传》云："鎒(耨)也。"《释文》云："或作耨。"《吕氏春秋》曰："耨，两尺，此其度也；其斯六寸，以闲稼也。"高诱《注》云："耨，芸田也；六寸，所以入草闲也。"《字诂》云："头长六寸，柄长一尺。"韦氏

昭、李氏巡皆云："锄也。"郭璞云："锄属。"万解不离其宗，即均为田用之器。

"奄观铚艾"，鉴于"奄观"一词的训诂有三种：一是谓遍观之也；二是王肃云："奄，同是也"。三是迅速，很快。唐莫尧《全译》说："奄：迅速。很快。《说文》：'一曰忽也。遽也。'《诗义钩沉》引《读诗记》：'王氏(安石)曰：'……奄忽之间，则以观铚艾也。'马瑞辰《通释》：'《方言》："奄，遽也。"陈颖之间曰'奄，遽者'，疾速之意。"其实第一种是主流解释，贴近诗的主旨。

怎样准确的解释"铚"(音质)字？"铚"者，言其获禾短镰，这是古人的经典解读。艾(音刈)：通作刈，收获。程俊英《注析》云："艾，乂的假借字，亦作刈，似今之大剪刀。割庄稼用的。《说文》：'乂，芟草也。'这里是动词收割之意。"解说有理，符合实情。

末三句为命令农夫准备收割之语。其辞曰：

王命我众农人，各具钱镈之器，以治其田。倏忽之间，则已遍观其以铚刈禾。

朱熹解读说："此乃言所戒之事。言三月则当治其新畬矣，今如何哉？然麦已将熟，则可以受上帝之明赐。而此明昭之上帝，又将赐我新畬以丰年也。于是命甸徒具农器以治其新畬，而又将忽见其收成也"(《集传》)。朱氏经典之说，道破诗旨，使人颇有启发。当时的周王不但春耕去"籍田"，收获也去视察，末三句就是写这一内容。周王说：准备钱镈之器(铁锹、铲锄)，以整治其田。倏忽之间，则已遍观其以镰刀收割麦子。他对农业生产很熟悉，指示比较具体，这一进步反映了国家对农业的重视。徐凤彩解读说："上章言奄观铚艾，而此章专言耕谨始也。大田言雨我公田，而此章专言私宪下也。"吴闿生阐释说："旧评：于皇以下，虚拟之词，笔情飞舞"(《诗义会通》)。说于皇以下七句为"虚拟"，是事实，评它"飞舞"，则未免过誉。

概而言之曰：一层言其召集群臣百官来告诫；二层言其指示群臣农官千万莫违农时；三层言其小麦大麦成熟茂盛；四层言其举镰收割，喜获丰收之庆。

然而，《臣工》一诗，到底产生在怎样的具体环境中历来聚讼纷纭。有人认为是"籍田礼"之乐歌，反驳者以为诗中所指暮春麦熟，不是"籍田礼"举行的春耕时节；有学者认为是"庙祭"之歌，反驳者以为诗中并无祭事；有人以为是庙祭后周王对助祭诸侯说的话，反驳者认为诗中明明是对臣工的训勉。有学者还认为是赞颂周王省耕、劳群臣、祈丰年的乐歌。诸家连篇累牍的说解，颇多分歧。

但笔者认为，辅广阐释得切近诗旨，他说："命他官皆无诗，而特命农官则有诗者，周人以农事开国，故成王、周公特作诗，以戒敕之，以重其事也。"其说颇符诗情。胡绍曾解读谓："先王深知生民之仁，起于菽粟，故农事尝首天下之政，周官一书三致意焉。或以巡稼穑，或以简稼器，趣其耕耨，辨其穜稑；合耦以相助，移用以相恤，悬其法式，行其秩叙。又三岁大比以兴其治田之畊，如兴土焉。或诛或赏，或兴或废，及其朝巡，庆则始于土地之间，罚则始于田野之荒，故当时风之七月，臣戒其君，颂之臣工，君戒其臣，举不外此也。"评析精辟，颇有见解。

此诗重点是对保介的要求。即在告诫中提出有关生产的几项重点，其他农活细节，就略而不论。为何说是重点？因为不违农时，是气候季节问题；新熟田土分别耕耘，是土质问题。简言之，就是天时、地利问题。掌握二者是种田的关键，是务农的好经验，决不能忽视。这些经验，自然是很多农民从实践中摸索出来的，但也经过农官或有关人员将它们累积、升华到一定的高度，总结成农业生产的宝贵经验，几千年一直流传下来。今天虽然发展为科学种田，但它仍然是生产粮食这一重要大事不可或缺的基本经验。

噫　嘻

噫嘻成王，既昭假尔。
率时农夫，播厥百谷。
骏发尔私，终三十里。
亦服尔耕，十千维耦。

【概要】

此时康王将祈谷，祭卜于成王之庙。
祈谷礼仪而成盛，进农官而戒之曰：

【译文】

嘻歆于神为民祷，顷者卜日成王庙。
冥冥中神灵贯彻，昭昭至你之所事。
你农官可不仰体？先王重农之意深！
今其督率是农夫，皆服耕事播百谷。
使之大发其私田，万人为耦而并耕。
万夫之地四旁川，内三十三里有奇，
三十三里举成数。王立田官而掌管，
每三十里为一部，令一主田之吏主。
终三十里之广土，服其耕事而重农。
耕田本以二人耦，今合一川之众农，
万人毕出勤耕耘，并力齐心合一耦。
则无旷土无游民，十千之夫以耦耕。

【注释】

* 噫嘻：叹词，赞叹声。一说请神呼叫声。王先谦《诗三家义集疏》引戴震说：“‘噫嘻，犹‘嘻歆’，祝神之声。”有人认为是生时的称呼，不是死后的谥号。 既：已经。　昭假：经传惯用语，读如昭格，其义为明告、宣示。高亨《今注》：“假，读为嘏(gū 古)，告也。”一说招请。一说人的敬诚上达于神。昭，明白。假(gé)，同格。至。《集传》：“昭，明也。假，格也。”《释文》：“假，郑、王并音格。”　尔：你们，指农官。何楷云：“与下两尔字不同，彼尔谓农夫也。”一说指臣民，成王在亲耕籍田前，告谕臣民。一说指成王之灵。一说语气词。

* 率：督率。　时：通是，此。　农夫：农人(农奴)。　播：播种。　厥：其。一说助词。

* 骏：大。一说迅速、疾速。《郑笺》：“骏，疾也。”　发：耕地，发起，指以犁起土。《郑笺》：“发，伐也。”“伐”即“发”，伐乃“垡”之省；垡，耕垡。此句言迅速耕垡尔之私田。《集传》：“时，是；骏，大；发，耕也。”耕谓起土之意。据杨合鸣《疑难词语辨析》。　尔：你，指农奴。　私：私田。《毛传》：“私，民田也。”《集传》：“私，私田也。”一说私为“耜”之误。郭沫若《青铜时代》：“是指各人所有的家私道具，而

且可能也就是'耜'字的错误。" 终:尽。指尽头处。 三十里:万夫之地,四旁有川,内方三十三里有奇,言三十三里,举其成数。一说此属农官的私田,不是井田。程瑶田《沟洫考》说:'骏发尔私,是不画井,无公田之证之也。耦曰十千,是万夫之证也。'亦可资参考。"一说指长宽各三十里。罗克《注译》谓为三十亩地。高亨《今注》:"三十里,公田私田的面积方三十里,共九百方里,每方里九百亩,合计八十一万亩,这是约数。"

* 亦:语词。 服:从事。一说整理。 尔:指农夫。 耕:即耜。按《说文》:"耦,耕广五寸为伐,二伐为耦。"《集传》:"耕本以二人为耦,……故云万人毕出。" 十千:一万,指一万人,虚数。 维:其。 耦:二人用一耜合力翻土。即二人并肩而耕。《集传》:"耦,二人并耕也。"《遂人》:"合耦于锄是也。"云万夫者,《郑笺》:"一川之地,万夫地有万耦。"

【品鉴】

研究《诗经》大约不外乎有两条基本原则:其一,训诂。用谨慎严密的科学方法,来做一种新的训诂工夫,对于《诗经》的文字和文法上都重新下一准确的注解。其二,解题。大胆地推翻两千年来积累的古训见解;完全用社会学的、历史学的、科学的、文学的、经学的、名物学的眼光,重新给每一首诗下个解释。现在就贯彻这两条原则对此诗的用意进行深入探讨。

《噫嘻》是《臣工之什》的第二篇,是《诗经》中的名篇,但其主旨、时代、训诂和《诗经》里的许多篇章一样,虽是简短,但问题不少。如是否是周公、成王时之作?成王是否指周成王?如是,是生号还是死谥?又"尔私"之"私",是否是农夫之私田?主要是因对"成王"和"昭假"的不同解释争议较多。这些问题,历代学者,争论繁多,莫衷一是。要彻底弄清主旨,最好引据而辨。

我们一般读《诗经》的注本,对选目顺序通常不会太在意,因为这个顺序除了按作者的时代先后排列之外,一般也就没有更多的深意了,但《诗经》与众不同,因为一来大家相信它是经孔子亲手编撰删订,二来大家更相信这是一部以诗集面目出现的政治哲学教材,所以,在篇目的排序上肯定存在着某种深意。

《噫嘻》的深意到底是什么?作为圣人的孔子并未向世人解答,古今经学家也就只能在一些或扎实或不扎实的证据上去搞逻辑推理了。诗凡八句,古今注

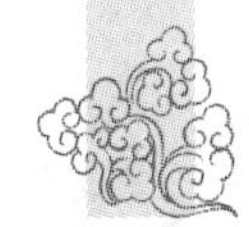

解，聚讼歧义，甚难统一。20 世纪 70 年代后期，中国史学家对《噫嘻》词语的解释，曾经在全国性报刊，按百家争鸣的方针进行公开的学术辩论，最终也没有取得完全一致的认识。争论的词语归纳起来，主要有以下八种说解：

第一，《毛序》概括《诗经》各个篇目的主题，认为《噫嘻》是“春夏祈穀于上帝”之诗。三家《诗》无异议。而郑玄又作进一步解释说：“祈，犹祷也；求也。《月令》：‘孟春祈穀于上帝’，‘夏则龙见而雩’是与？”（《郑笺》）。郑玄及三家《诗》并主《毛诗》之说。然有学者认为，诗中有“播厥百穀”，显非夏，而是春，但诗中并无祈祷“上帝”之辞。

第二，唐孔颖达解读谓：“周公成王之时，春郊夏雩以祷求，膏雨而成其穀，实为此祭于上帝，诗人述其事而作歌焉。经陈播种耕田之事，是种穀为之祈祷，戒民使劝业，故作者因其祷祭而述其农事”（《正义》）。近学者刘松来认为：此诗叙述周成王祭祀上帝之后，昭告农官率领农夫播种百谷，并鼓励农官大规模开发公田之外的私田。从中可以看出，封建制度的萌芽在西周开始出现（《诗经经典阅读》）两说相近。

第三，诗中的“成王”，是姬诵本人祭天，还是后王祭天时美颂“成王”？南宋朱熹认为此诗是成王“戒农官之辞”。他解释说：“此连上篇亦戒农官之辞”（《集传》）。但有学者认为诗中并无“劝诫”之类这样的辞。北宋欧阳修《世本义》定《周颂·噫嘻》为康王以后之诗。并认为诗中“噫嘻成王”者，亦“成王”也，并指出“毛、郑亦皆以为成王，由信其己说，以颂皆成王时作也。”

第四，“尔”到底指的是谁？是先公先王，还是农官？诗中“私”字是“耜”的假借而指农具，还是私田？孙作云《读〈噫嘻〉》认为是成王籍田的诗，但诗中也无“籍田”之事（籍田，解见《臣工》）。郭沫若《读了周颂噫嘻篇的解释》，认为是成王亲耕前，昭假先公先王；释“成王”为先王；诗中三个“尔”均释为“先公先王”。鉴于“私”字，郭沫若 1944 年释为“耜”，译为个人的农具之类，1956 年讨论之后放弃前说，改译为卿大夫百官的田地，作私田。将诗中“私”，先释为“耜”字之误，后又改释为“土地”。

第五，认为此诗为“康王春祈穀”之辞。明何楷《诗经世本古义》、清姚际恒《通论》、方玉润《诗经原始》主之。近学者陈子展说得更明确：“此盖康王祭告成王祈穀，同时命令田畯农夫耕种之诗”（《直解》）。“这是一首春祈穀的诗。《毛

序》:《噫嘻》:'春夏祈穀于上帝也。'诗中叙述康王祭祀成王,即令田官带领农夫播种百穀,让农夫开垦私田,号召他们大规模地参加劳动。诗歌反映了周初农夫的劳动情况和公田、私田的制度"(程俊英、蒋见元《注析》)。说解颇符诗旨。

第六,认为这是成王祈呼上帝之助而作的农诗,成王为生号。清戴震《毛郑诗考证》、马瑞辰《通释》主之。"十千维耦"如何理解?是不是两万农奴并耕?郭沫若以为本诗是成王时祭歌,因谥号之制从战国中期才开始,诗中不是谥号,就前后诗意来看,前四句是祭祀时祈请先王降临给予福佑,"尔"字当指先王先公,后四句是命农官们督导农耕,"尔"字当指农官。

第七,主张此诗写得乃成王籍田之事,是成王的近臣向农官传达,再由农官向农奴发令的,孙作云《诗经与周代社会研究》主之。高亨《今注》与其相似。故有人阐释说,考究典实和诗义,孙作云的论析比较正确,认为《噫嘻》这首诗是成王举行籍田典礼时所唱的歌。所谓"籍田",是古时帝王于春耕前借民力耕农田,并亲自参加,以奉祀宗庙,这里面含有寓劝农之意。周成王时代的《令鼎》铭文和《国语·周语上》均有关于"籍田"典礼及其政治意义的记载。这首诗的前四句是周成王身边的近臣向农官田畯所说得话,"成王"是生前的称号,"尔"是指"田畯",是近臣用成王的名义向"田畯"发布指令,要他们率领农奴播种百谷。唐孔颖达《正义》、宋朱熹《集传》、清戴震《毛郑诗考证》、马瑞辰《通释》、近人孙作云《读〈噫嘻〉》、高亨《今注》均认为:诗中"噫嘻成王"之"成王",指周"成王"。成王为生号,兹不细赘。但他们对《噫嘻》的解读不合逻辑,因周成王不可能自称"成王",就好比说"贝多芬之始,《第九交响曲》之终",文义毕竟无法贯通。且由于论据过于迂曲,故有人对这种解说大有疑惑。

第八,"三十里"如何理解,是天子的籍田,还是某某的私田?郭沫若等学者认为:"三十里"之说,决非指"天子籍天千亩",千亩方圆决无30里之广。方圆30里为900方里,每方里是900亩,总计为81亩,千亩籍田,仅其中之一片而已。《周礼》记周制一个农业行政区为32.5公里,诗中指的是一个农业行政区,设有农官督导工作。一个行政区内的农田并不连成片,而各个村社田地的累积,耕作仍以各村社为单位进行。没有具备这样自然条件的田野,也没有这样的劳动组织力量。中国在20世纪60至70年代的"公社"化时期也办不到。所谓"终三十里""十千维耦",只是诗中极言其地之广,其劳动者之多,展现一派热火朝天的

大生产景象。只能照孟子所言“以意逆志”，不能“以辞害意”。郭沫若氏固然有过一些好见解，但以这几句，论断这是奴隶社会的生产方式，则失之矣。

故对上述问题曾经很让古今学者犯难，毕竟都是圣门经典，否定哪个也不合适，但放到一起确实又产生矛盾，这可怎么办呢？明何楷《诗经世本古义》、清姚际恒《通论》、方玉润《诗经原始》、近人陈子展《直解》给《噫嘻》作解读的时候就努力想抹平这些矛盾，其均认为此诗主旨为“康王春祈穀”之诗。

历来古今学者对《噫嘻》一诗，既有训诂之争，又有义理之辨，在比较经典的解释里，明何楷、清姚际恒之说，最为切近诗旨。《通论》阐释说：“何元子曰，康王春祈穀也。既得卜于祢庙（父庙），因戒农官之诗。《家语》，孔子对定公曰：臣闻天子卜郊，则受于祖庙而作龟于祢宫，尊祖亲考也……愚以此诗章首有‘成王’、‘昭假’之语，是此诗作于康王之世，乃主作龟祢宫而言。不然，周自后稷以农事开国，即欲敕农官，何不于始祖之庙，举始祖为辞而顾于成王何取乎？其说巧合，存之。”这段话阐明诗的时代和祭祀成王的缘由。陆奎勋解释说：“据《竹书》，康王三年，定乐歌，吉禘于先王，申戒农官，告于庙”（《陆堂诗学》），这又说明康王告庙戒农官的史实。我们不反对王者有生号，但如果说成王用“美其德”（《通释》语）的生号祭祖，子孙怎好在先祖神前自称美号？《颂》中也从没助祭者自称生号之例。又如说是史官所写（郭沫若《青铜时代》主此说）。故康王祈谷祢庙戒农官之诗，符合诗情。

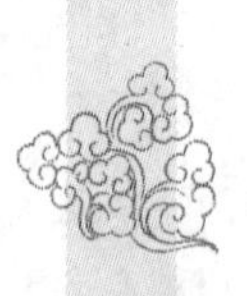

笔者以为：此诗康王将祈谷卜于成王之庙，其后祈谷之礼而成，进农官而戒之。

诗凡八句，可分二层。前四句为第一层：叙写康王于成王之宗庙，向臣民庄严宣告，自己已招请祈告了上帝与先王之神灵，隆重举行了祈谷躬亲之礼。按照《国语·周语》等记载，籍田之礼分为两部分：首先是王在立春或立春后之“元日”（吉日）行祼鬯（灌香酒祭神）祈谷之礼，然后率百官农夫至王之“籍田”行籍田之礼，象征性地做亲耕劝农之举。诗篇即叙述了康王祭毕上帝即先王神灵之后，亲率群臣农官播种百谷，并通过训示田官来勉励农夫努力耕田，辛勤劳作的情景。其辞曰：

嘻歆于神以为民祈祷，顷者卜日于成王庙中，冥冥之中，其神灵贯彻，既昭昭至于你之所事。你（尔）农官可不仰体，先王重农之意，今其率是农夫，播其百穀。

开端两句，是祭祀时的呼声祈祷；后两句直接告诫农官，要督率诫勉农夫，全面“播厥百穀”。

诗一开首，便以“噫嘻”二字作为象声词，以赞叹之声而始，含有赞叹神明之意，即向成王神灵祈谷而告。戴震解释说：“噫嘻，犹嘻歆，祝神之声。诗为祈穀所歌，故嘻歆于神以为民祈祷”(《毛郑诗考正》)。马瑞辰又解读说：“《释诂》：‘祈，告也。’《释言》：‘祈，叫也。’郭注：‘祈祭者叫呼而请事’”(《通释》)。如此解读，虽然迂曲，但符合实情。

鉴于对“成王”的解释，颇有歧义。但一般均指周成王，名诵，康王父。这里主要指地是成王之神灵。故《诗义折中》阐释得甚确切：“独举成王者，康王将祈穀，卜于成王之庙也。”《毛传》认为是“成是王事”，《郑笺》认为是“能成周王之功”，释义相近。但有学者认为：成王是生号，非死后的谥号(马瑞辰、王先谦、王国维、郭沫若)。故有学者提出质疑，认为是“作于康王之世”(何楷)。综观全诗，何楷之说，较近诗旨。近人唐莫尧《新注》进一步解读说：诗中“成王”，应为已殁的先王。理由是，《周颂》中，凡言某王，均第三者呼“王”，周王不会自呼自己为王，周王自称“朕”“予”。从语法和词义上看，“噫嘻”，为呼唤神灵的叫声；“成王”，是唤“成王”的神灵，不是“既昭假尔”的主语。第一个“尔”指成王，因诗中紧连“成王”，绝无“田官”“先公”可指代。这样解释诗意亦通。但对“尔”字的训诂有歧义。

至于对“昭假”的理解，其主流解释谓：假(gé)者，同“格”，《释文》解释说：“假，郑、王并音格。”朱熹《集传》训“假”为“格”，即谓“至”之意。《郑笺》亦释“假”谓“至”，符合句意。其实“昭假”一词，为经传惯用语，读如昭格，其义为明告、宣示，故“昭假”之“昭”，朱熹释为“明”(《集传》)，自然在情理之中。然也有不同意见，清王先谦认为“昭假”只能用于神灵，因为“昭假”的对象是上帝和先公先王。诗是向他们祈谷(《毛序》以来旧说)；但袁枚、王宗石认为，“昭假”也可用于生人，诗为成王籍田典礼时昭告臣民之辞。其以为经过《诗经》与出土西周青铜器铭文中“昭假”(邵各)用法的比勘，发现“昭假”确实是用于神灵的，但“祈穀和籍田典礼时昭于上帝”和招请先公先王应不矛盾，因为“借田之谷，众神皆用，独言帝借者，举尊言之”(《周礼》贾公彦疏)。经学家孙作云、郭沫若、高亨均主张诗虽

写成王借田，但口气却是成王的近臣向农官传达，再有农官向农奴发令。认为是“成王”举籍田之礼，是否合乎逻辑？尚待进一步考究。

后四句为第二层：叙述使之大发其私田，皆服其耕事，万人为耦而并耕。其辞曰：

使之大发其私田，万人为耦而并耕。万夫之地四旁川，内方三十三里有奇，三十三里举成数。王立田官而掌管，每三十里为一部，令一主田之吏主。终三十里之广土，服其耕事而重农。耕田本以二人耦，今合一川之众农，万人毕出勤耕耘，并力齐心合一耦。则无旷土无游民，十千之夫以耦耕。

这段文字表明使之大发其私田，终三十里之广，亦既事其耕事，则无旷土更无游民，十千之夫，维耦而耕。让农奴迅速推起农作工具，耕完三十里方圆的私田。

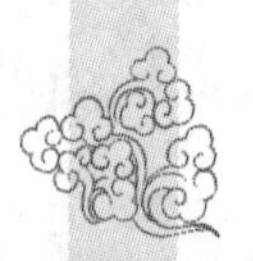

按“伐”本为耜的尖端金器，用以掘土，称伐，此作动词。《说文》解释说：“耦，耕广五寸为伐，二伐为耦。”段玉裁《注》云：“《匠人》：‘耜广五寸，二耜为耦。一耦为伐，广尺深尺维之畎。’古者耜一金，两人并发之。……畎土曰伐，伐之言发也。”《孔疏》解读谓：“以耜擎此土使之发起也。”故发者，“伐”即“发”，伐乃“垡”之省；垡者，耕垡；发者，发起，指以犁起土。言其迅速耕垡你（尔，指农奴）之私田。

“骏发尔私”之“私”，指私田。但有人认为此属农官的私田，不是井田。程瑶田《沟洫考》说：“骏发尔私，是不画井，无公田之证之也。耦曰十千，是万夫之证也。”但有学者提出质疑，认为“私”当是“耜”之误。郭沫若就认为：“是指各人所有的家私道具，而且可能也就是‘耜’字的错误”（《青铜时代》）。抑或“私”为“耜”之误写？（解见陈子展《直解》）等。孙作云却一驳此说：“‘发耜’（推犁）才可以耕完三十里地（终三十里），‘发私’，如何能耕完三十里地呢？并且‘发耜’为古人成语，《国语》韦注：‘王耕一丐’，‘一耜之发也’。又《诗经》中凡言农事，无不有‘耜’……《豳风·七月》：‘三之日于耜’，可见凡农事是离不开‘耜’的……由此可见，‘发私’决不为‘发耜’之误无疑。”言之有理。

那么，到底是指农官的私田？还是牟庭《诗切》所指“禾田主人”即天子？《毛传》认为“私”指“民田”。朱熹训“私”为“私田”（《集传》）。两说相似。高亨先生解读谓：“私，私田。农奴制，统治者占有大量土地，叫作公田；农奴有一点土地，叫作私田。农奴为统治者耕耘收割公田，以劳役作为私田的地税，是为劳役地税”（《今注》）。这种解读，应合情合理。因此，唐莫尧进一步阐释说：“私本作耜。音近之讹。为古代田器'耒耜'的一部分。耒耜，最初是一根尖头木棒，在近尖端处缚有一根供脚踩的短横木，将尖端刺入土中以掘土。后在尖端改装上单齿或双齿的平板用以掘土，称耜。改装的平板用石、骨，或木制，冶金术发明后用青铜或铁制"(《新注》)。诸家说解，虽无定论，既有一定的理由，也有不足之处。然由此可见学者解《诗》的严谨态度。愚意解作应耕的田，一则普天之下，莫非王土；二则神前祈谷，岂能单位农民或农官私田？应耕田就是各家负责耕种的田，不过这是一种逻辑推理而已。

至于对"三十里"的解读，经典解释谓：万夫之地，四旁有川，内方三十三里有奇，言三十三里，举其成数。"《周礼》：'万夫有川，计此万夫之地，方三十三里少半里，言三十里举成数也'"(《郑笺》)。然近人罗克《注译》认为三十亩地。高亨《今注》又说："三十里，公田私田的面积方三十里，共九百方里，每方里九百亩，合计八十一万亩，这是约数。"各种解说，虽有歧义，但古今学者都从土地管理面积而言。"竟三十三里者，一部一吏主之"(《郑笺》)，"王者之立田官，每三十里分为一部，令一主田之吏主之"《孔疏》。程俊英先生阐发说："据《周礼》的说法，方圆三十二里半是一个农业行政区域，可容一万农夫耕种，由一个农官掌管。这是儒家虚构的井田制度。此处三十里，但举成数而言"(《注析》)。虽说各异，但古今学者均从土地管理制度而言。

耕者言其"耜"。段玉裁《注》云："耕，即耜。谓犁之金，其广五寸也。"朱熹解释说："耕本以二人为耦，……故云万人毕出"(《集传》)。诗中"耦"者，指二人用一耜合力翻土。即表明二人并肩而耕。按《说文》云："耦，耕广五寸为伐，二伐为耦。""十千"，云万夫者，"一川之地，万夫地有万耦"(《郑笺》)。这些解读均阐明了周朝当时农业耕种的情状。故"十千维耦"，是由当时大规模群耕的现实所决定。

此诗虽短，气魄宏大。从第三句起全用对偶，后四句句法尤奇，却生动逼真地反映出万夫耕种的场面；仿佛使人看到，在那春风拂动的广阔平原上，耕地的吆喝声，播谷的呐喊声，人声沸腾，交响一起，铲除晃动，语声盈野，确像一幅绝妙的农耕图。

故《噫嘻》一诗有很高的史料价值，此诗把"周初的农业情形表现得异常明白。农业生产的督率是王所躬亲要政之一。土地是国家的所有，做着大规模的耕

耘。耕田者的农夫是有王家官吏管率着的。这情形和殷代卜辞里面所见的别无二致”(郭沫若《青铜时代》)。

振鹭

振鹭于飞,于彼西雍。
我客戾止,亦有斯容。
在彼无恶,在此无斁。
庶几夙夜,以永终誉。

【概要】

无恶无斁则有美誉,庶几其能夙夜敬戒。
此二王之后来助祭,诗人赋诗爰述其事:

【译文】

那振然群飞之鹭鸟,其往飞也集彼西郊。
白鹭集于西雍之泽,集得其所辟雍之泽。
飞则成行鹭本洁白,又善飞舞以善为容。
其翅背上有长翰毛。我客与众诸侯助祭,
偕行而止息于此地,威仪之善犹如鹭容,
将习射以奉与祭祀。杞宋之君有洁之德,
祭于周庙得礼之宜,其至止亦有此德容。
在彼而国人皆悦慕,无有恶之者因德政。
在此而周人皆爱敬,无有厌之者因善行。
无恶无斁则有美誉,庶几其能夙夜敬戒。
光华之显长终美誉,天命无常唯德是与,

其心众服崇德象贤，统承先王忠厚之至。

【注释】

＊振：即振振，鸟振翅群飞貌。　鹭：白鹭，一种水鸟，羽毛洁白。按鹭有多种，有苍鹭、池鹭、牛背鹭。《毛传》《郑笺》《集传》均释为“白鸟”。罗愿云：“鹭洁白而善为容，其集必飞舞而下，其翅背上皆有长翰毛。”一说振鹭一名振羽，此指羽舞。鹭羽可作舞具。羽舞时振动所持鹭羽（《通释》）。　于飞：一说如飞，形容舞者的动作，模拟鹭鸟飞翔。于，在。一说如。　西雍：《郑笺》：“西雍之泽。”朱子云：“先儒……谓辟雍在西郊，故曰西雍。”高亨《今注》：“雍（yōng）：即雍，周王设立的培养贵族子弟的学校，四周有河环绕，叫作辟雍，简称雍。因在京城的西郊，所以说西雍。”一说即西雍，为西泽之畔，是举行典礼舞会的地方。周礼制王宫左祖右社，社稷坛筑于王宫之西。

＊我：周王自称。　客：宾客。指来助祭的诸侯。客二王之后，杞国和宋国之君。《孔疏》：“诸侯之于天子，虽皆有宾客之义，但先代之后时，王偏所尊敬，特谓之客。”《集传》：“客谓二王之后，夏之后杞商之后，宋于周为客，天子有事，膰焉，有丧拜焉者也。”此处可能指前来助祭的宋微子。　戾：至。　止：语气词。　亦有斯容：其容貌修整，亦如有此鹭洁白之容。陈奂《传疏》：“斯，此也。此，鹭也。言客有此洁白之容也。”一说斯通鲜（美）（《直解》）。一说斯容：指白鹭从容飞翔的状态。亦，助词。斯，此。指鹭言。

＊在彼：指在其诸（客）侯们的封国。　无恶：无人憎恶他。　在此：指诸侯（客）来朝的周地。此，指周。　无斁（yì 亦）：无人厌弃。《集传》：“彼，其国也；在国无恶之者，在此无厌之者；如是，则庶几其能夙夜以永终此誉矣。”

＊庶几：表示希幸之词，犹希望。郝懿行《尔雅·义疏》：“庶几皆侥幸之意。”　夙夜（古音豫）：早晚。指早起晚睡，勤勉于公事。　以：助词。　永：永久、长久。此勉励之辞。《郑笺》：“永，长也。”　终：众的假借字。盖本《韩》《鲁》《齐》三家“终”作“众”。终、众同音，古字通用。马瑞辰《通释》：“《后汉·崔骃传》云：‘岂可不庶几夙夜，以永众誉。’义本三家《诗》。‘终’乃‘众’之假借。”王先谦《诗三家义集疏》：“上文言‘永’，下文‘终’字当读为‘众’，方不犯复。”　誉：声誉。《郑笺》训“誉”为“声美”之意。

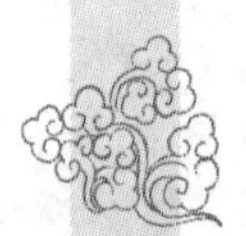

【品鉴】

内容介绍:一行白鹭上青天,空天翱翔一线穿;落在西雍河塘边,便得住所享悠闲。我有嘉客邀庭前,来到周京人喜欢;杞宋之君助祭善,祭祀祖先与上天;容德俊美风度翩,犹鹭洁白心胸宽;夙夜辛勤公事办,永传功名满人间。

《振鹭》一诗,看似简单,意思却不易弄清。历来争论的难点,其在于所谓"二王之后"到底是指什么人?如理解有差异都会影响到对全诗主旨的理解,何况还有字句训释的正确与否等,无不在增加着这首篇幅短小、形式简单的诗歌的复杂性,至今依然聚讼纷纭,没有定解。

夏、商、周统称三代,周天子封夏代的后裔于杞国,封商代的后裔于宋国,都可以用周天子的礼乐。所以,周宗庙的助祭者,特别用客礼对待杞、宋二国的国君;其他诸侯,称宾而不称客。如细心观察《诗经》中对宾客二字的用法,可知"客"是尊于"宾"的,这和后世的"宾客"不分是不同的。

然而,《振鹭》的主旨到底是什么?《毛序》说是:"二王之后,来助祭也。"二王之后又是指谁呢?东汉经学家郑玄补充解释道:"二王,夏、殷也。其后,杞也,宋也"(《郑笺》)。周天子请其宴饮,其诸侯中有夏朝的后代杞国之君,有殷商朝的后代宋国之君,这是《毛序》《郑笺》以政治解诗的传统之说,显然是以历史背景阐释《振鹭》。这则故事说:武王伐纣灭商后,封虞舜之后于陈,周王朝求夏禹之后,得东楼宫,封于杞地,是为夏之后;又封商纣王之子武庚于殷墟,使各奉其先祖,尊谓"三恪",以宾客之礼相待。周成王初年,武庚由于反叛被诛,周王朝改封纣王庶兄微子,建国于宋(今河南商丘),是为殷之后。汉匡衡曾说:"王者存二王之后,所以尊其先王而存三统也"(《汉书》)。所谓"存三统",即"使郊天以天子礼,祭其始祖受命之王,自行其正朔服色"(孔疏引郑《驳异义》)。也就是说,让夏、商二代先王之后立国杞、宋,能够奉祀先祖,保有尊严。这是上古时代的一种政治策略,目的在于怀远柔迩,协和万邦,确保王朝天子的统治。

然而,自从郑玄解释《毛序》谓"二王之后",是指夏、殷二王之后,《毛序》《郑笺》之说,久无异议。南宋朱熹基本沿袭《毛序》之说,他在《集传》中强调说:"此二王之后,来助祭之诗。"故宋儒多从此说。到了明代,自从季明德、邹肇敏、何楷诸家一反"二王之后"一说,清姚际恒《通论》对《毛序》提出质疑,据理反驳,他归纳出三点理由:一则周有三恪,即虞、夏、商三王之后陈、杞、宋助祭,此不应只指二王之后。二则诗中但言“我客”而不言“二客”，似表明助祭者并非二人。三则商人尚白，诗中之鹭正是白羽之鸟，与商人所尚之色相合。因此，他认为此诗写的是一王之后即夏商之后，微子来朝助祭之事，是周人对微子的赞美之词。故有学者倾向于接受此说。并在《诗经三百篇鉴赏辞典》中翻译说：

一群白鹭冲天起，
西边泽畔任意翔。
我有嘉宾来助祭，
也是洁白好衣裳。
在那宋地没人厌，
在这周地受称扬。
谨慎勉励日复夜，
美名荣誉永辉煌。

姚际恒还同意明何楷之说：微子是成王所封，诗是成王时诗。就诗论诗，姚氏评析，虽有理由，不能服人，故其之说，并未得到公认。

清儒方玉润沿袭姚际恒之说，他阐释道：“《振鹭》，微子来助祭也。”“《序》说原有可疑者三：周有三恪助祭。（按武王封皇帝、尧、舜之后为三恪；一说封虞、夏、商之后即陈、杞、宋也叫三恪。）何以独二王后？一也；诗但言‘我客’，不言二客，二也；此篇言有‘振鹭’之容白也，《有客》篇明言‘亦白其马’，似指殷后而不指夏后，三也（按殷人尚白）。由此三者，故或以为武庚（周肇敏主此说），或以为微子，所自来矣。以今揆之，微子之说，较优于武庚，且有《左传》以证。《左传》皇武子曰：‘宋，先代之后，于周为客，天子有事，膰焉；有丧，拜焉。’按周之隆，宋自愈于杞，盖一近一远，近亲而远疏，亦理势所自然也。《商颂》亦称‘嘉客’，指夏后。此称‘客’，指殷后也。宋国之臣言宋事，则宜为微子而非武庚也。‘有事膰焉’，亦来助祭之证。……但武庚被诛，虽有诗亦当删黜，微子嗣封，纵能贤犹当箴规，此指微子较优于武庚之说也”（《诗经原始》）。作者自谓于《诗经》各篇，“按文盾义”，“推原诗人始意”，故名曰：《诗经原始》。此书多吸取姚际恒《通论》中的见解，并对历代《诗经》学者的解释有所撷取，不盲从《诗序》《毛传》之说。故评析此诗，同样撷取姚氏之说，作为论述的佐证。

然而，更有学者另有一番解读：认为这是一首秋尝大报祭社稷典礼的乐歌。

来自全国各地的诸侯大夫参与典礼。《周礼·春官宗伯》："大合乐，以致鬼神示，以和邦国，以谐万民，以安宾客，以说远人，以作动物。""西雍"即为西泽之畔，是举行典礼舞会的地方，周礼制王宫左祖右社，社稷坛筑于王宫之西。羽舞就是在仪典上大家共舞，钟鼓笙磬琴瑟等乐合奏，含普天同庆之意。从这种阐释中可以看出，提出新见，抛弃旧解。

《郑笺》所谓夏、殷，即后来周时的杞国、宋国，此说，大概将白鹭之"白"，与殷人尚白联系起来，如《有客》中有"有白其马"，便认为"微子来见祖庙"。本篇是否是二王之后来助祭的乐歌，但可能为诸侯前来助祭周天子宴诸侯所用乐歌，收在《周颂》中，并与其他祭祀诗列在一起。

近现代以来，旧解渐被认同。经学家们的经典解读是：这是一篇专门招待杞、宋（宋、杞是殷人后代）两国国君来京城助祭的歌，周王以客礼相待，希望他们能够永远臣服周庭。故 2011 年中华书局出版发行的《诗经》一书，就这样翻译说：

洁白的白鹭在空飞翔，
降落在这西郊的辟雍。
我的客人来到了这里，
他们也有高洁的仪容。
他们在封国没有人怨恨，
在京城也没有厌恶之行。
但愿你们能勤理朝政，
永远保持美好的声誉。

程俊英先生以政治见解观阐释《振鹭》道："旧说这是一首赞美夏王、商王的后裔——杞国和宋国的国君到周天子宗庙助祭的乐歌。《毛序》：'二王之后来助祭也。'《振笺》：'二王，夏、殷也。其后，杞也，宋也。'王先谦《集疏》：'《鲁说》曰：《振鹭》，二王之后来助祭之所歌也（蔡邕独断）。'姚际恒不信他们的说法，他在《通论》中有较详细的论述，可以参阅。诗中赞扬了朝周宾客美好的德行容止，疑为周王招待诸侯来朝者所奏的乐歌。"（《注析》）程先生于持折中之中，似又承袭《毛序》之解。高亨《今注》新有见解，认为"这篇是周王设宴招待来朝的诸侯时所唱的乐歌"。但对"二王之后"之说，毫无评说。

综观此诗，笔者认为，此二王之后，来助祭之诗。诗凡八句，不分章节。首两句《毛传》标为“兴”体。后之学者多承其说。《周颂》用兴，比较罕见。《振鹭》是《周颂》中仅见的兴诗。故牛运震评析说：“此兴体也，颂中特见之清新恬雅。”诗人以白鹭群飞于西雍，象征诸侯为客于周京，这可能是作者巫师之流向民间歌谣吸取营养，以比兴之法丰富自己的作品。

诗一开端，便以白鹭起兴而比：“振鸾于飞，于彼西雍”。诗中“振鹭”，是一种水鸟，羽毛洁白。按鹭有多种，有苍鹭、池鹭、牛背鹭。《毛传》《郑笺》《集传》均释为“白鸟”。罗愿解读得颇具体，他说：“鹭洁白而善为容，其集必飞舞而下，其翅背上皆有长翰毛。”点明其习性与特点。不仅如此，鹭羽可作舞具，羽舞时，振动所持鹭羽而翩翩起舞。这里是以翱翔在天空的白鹭起兴，引出下文所咏之辞。

那么，诗人为何以白鹭起兴呢？这是因为商人尚白，且是鸟腾图民族，通体羽色洁白的鹭鸟，当被商人视为高洁神圣之物，其飞翔时优美的动势，栖止时从容的神态，今人且不免赞赏备至，何况是刚从原始自然神崇拜时代发展过来不久的商周人，他岂不正是外在的美好仪表与内在的高尚精神完美统一的象征？既象征客人之形象，又比喻宾客之品德。

细研训诂，从字义训释上看，段玉裁释“雝，雍”为“皆邕字之假借。”“西雍”言其西雍之泽。朱子解释谓：“先儒……谓辟雍在西郊，故曰西雍。”《毛传》云：“雍，泽也。”《郑笺》进一步解读说：“白鹭集于西雍之泽，言所集得其所也。”《毛诗音》又解释说：“雍，即邕。”按《毛传》以“泽”训“雍”，那么，此雍字当依《毛诗音》作“邕”(yōng)字。《说文》解释说：“邕，四方有水自邕成池也。”邕，或作雍。《水经注》释渔阳郡“雍奴”，曰：“四方有水为雍，不流为奴。”故“西雍”为西泽之畔，可能是举行祭祀典礼、包括举行舞会的地方。周礼制王宫左祖右社，社稷坛筑于王宫之西。

此两句言：那振然群飞之鹭鸟，其往飞飞也集落那西郊辟雍之泽(西面水泽)，飞集得其所(是它们安居之所)。其翅背上长有长翰毛，飞则成行；鹭本洁白，又善飞舞以善为容。

诗一开端就创造了一种美好的意境，使人自然联想起来朝助祭的贵宾。殷人尚白，微子来朝时，衣冠肤色纯白，他揖让有礼，进退有节，“亦有斯容”，像白鹭一般俊美、娴雅、洁白。“西雍”是周文王在京城西郊创建的最高学府——王应麟解释“西雍”说：“即旋邱之水，其学，即所谓泽宫也。”高亨教授又解读谓：“雝(yōng

雍):即雍,周王设立的培养贵族子弟的学校,四周有河环绕,叫作辟雝,简称雍。因在京城的西郊,所以说西雝"(《今注》)。古这里是礼乐教化的中心。

因此,三、四两句说:"我客戾止,亦有斯容"。"客"字究竟如何训释关系到理解诗旨的准确性。传统解释统称为"宾客",这里指来助祭的诸侯。古代学者皆以为"客"指"二王之后",即所谓夏、商国君的后代,在周为杞和宋两家诸侯,即杞国与宋国之君。但诗中没有直呼其名,盖有"客"字推测而来。高佸鹤阐释说:"尊之曰'客',亲之曰'我客',爱敬兼至也。'斯'指鹭之洁白,言在彼在此,无恶无斁,总为先代之后申其爱敬之说。'庶几'二字有欣、勉二意,深见立言之妙。"其说甚有道理。唐孔颖达阐释说:"诸侯之于天子,虽皆有宾客之义,但先代之后时,王偏所尊敬,特谓之客"(《正义》)。认为天子待诸侯有"宾客之义",这种解读,表明是以礼待客。朱熹解读道:"客谓二王之后,夏之后杞商之后,宋于周为客,天子有事,膰焉,有丧拜焉者也"(《集传》)。此处可能指前来助祭的宋微子。明儒何楷解读说:"戾止,据西雍而言,我客与众诸侯来助祭者,偕行而止息于此,将习射以与祭也。"如是,"戾"字释为"至"。故程俊英教授阐释说:"戾(lì),至。本义为'曲',《说文》段注:'训为至,皆于曲义引申之。曲必有所至,故其引申如是。'"汉儒郑玄阐发得更具体,他说白鹭"喻杞、宋之君有洁白之德,来助祭于周之庙得礼之宜也。其至止亦有此容,言威仪之善如此然"(《郑笺》)。郑氏之说,显然以政治解诗,读后使人颇有启发。

这两句诗意谓:今我客与众诸侯助祭,偕行而止息于此地,则其威仪之善,犹如鹭鸟之容,将习射以奉与祭祀。杞、宋之君有洁白之德,祭于周庙得礼之宜,其至止亦有此德容。朱熹阐明道:"此二王之后来助祭之诗。言鹭飞于西雍之水,而我客来助祭者,其容貌修整亦如鹭之洁白也。或曰兴也"(《集传》)。从朱子之说中可以看出,此诗所采用的艺术手法是"兴而比",故加强了艺术魅力的效果。

"在彼无恶,在此无斁。庶几夙夜,以永终誉"这后四句,可谓是诗的主题。"在彼"一词,是指在其诸侯(客)们的封国。无恶者,说明无人憎恶他。"在此"一词,是指诸侯(客)们来周朝的京城。无斁(yì 亦)者,表明无人厌弃他。如是,则庶几其能夙夜以永终此美誉。实际上是隐指他们对周王朝的臣服。

"庶几"一词,表示希幸,犹希望。郝懿行《尔雅·义疏》云:"庶几皆侥幸之意。"表现了周王十分微妙的心理状态,不只是欣慰和勉励,更有冀望与重任,但不容置疑的态度已在其中，而口吻宽缓，对方容易接受，所谓“一字见精神”。“夙夜”者，言其早起晚睡，勤勉于公事，此为勉励之辞。“终”是“众”的假借字。盖本《韩》《鲁》《齐》三家“终”作“众”。终、众同音，古字通用。《后汉书·崔骃传》云：“今宠禄初隆，百僚观行，当尧舜之盛世，处光华之显时，岂可不庶几夙夜，以永众誉。”马瑞辰解读谓：“《后汉·崔骃传》云：‘岂可不庶几夙夜，以永众誉。’义本三家《诗》。‘终’乃‘众’之假借”（《通释》）。王先谦《集疏》：“上文言‘永’，下文‘终’字当读为‘众’，方不犯复。”如此训释，虽然迂曲，但训诂较准。

其辞言：盖此杞、宋之君，在彼而国人皆悦慕之，无有恶之者；在此而周人皆爱敬之，无有厌之者，无恶无斁则有誉，庶几其能夙夜敬戒。光华之显，长终此美誉乎！天命无常，惟德是与，盖其心之众服，崇德象贤，统承先王，而忠厚之至。

他（客）在彼国因施行德政，故没人怨恨；来到京城，威仪行善，故又备受敬慕。如果单是美容洁白，仪表楚楚动人，恐难使国人不怨而又拥戴。朱子阐释得甚准确，他说：“在彼不以我革其命，而有恶于我；知天命无常，惟德是与，其心服也。在我不以彼坠其命，而有厌于彼，崇德象贤，统承先王，忠厚之至也”（朱熹《集传》）。这段文字说明，天命无常，杞、宋之君惟德是与，故与上天相配。因为，凡其心服人者，以德而不以貌。宋国（微子）作为被周所灭的殷商王朝之后，对周王朝毫无怨恨；不仅没有被“革其命”，而且未被群臣所厌恶，并在胜利者周天子面前能够表现出不卑不亢的气度，确实难能可贵；杞、宋之君作为被周推翻的殷商王朝之后，不但没有被“坠其命”，而且未被周人厌弃；作为胜利者的周王朝君臣，在微子面前能够表现出不亢不骄的气度，对昔日的敌国之后，毫无嫌猜，以礼相待，善加爱慕，更体现出泱泱大国之风。

上句仍是赞美客人的话，下句则是申明周王朝对战败者的政策。亡者不惭，胜者不骄，捐弃嫌疑，和谐安宁而归于一。消释仇恨，而不是制造仇恨，这就是西周初年所推行的怀远柔近的民族政策。《礼记·中庸篇》说得好：“故君子动而世为天下道，行而世为天下法；言而世为天下则，远之则有望，近之不厌。诗曰在彼无恶，在此无斁。君子未有不如此，而早有誉于天下也。”这一著名论断，含义深刻，深化主题，说服力极强。

据《史记·殷本纪》记载，宋微子启为纣王卿士，商纣王淫乱不止，“微子数谏不听，乃与大师谋，遂去。”微子挥笔写下《父师·少师》后，弃纣而去。为此，孔子

称赞他是殷"三仁"之一(《论语》)。在被周王朝封至宋国后,对外尊周天子为天下共主,对内广施仁德,得到殷商遗民的拥戴,他的德行堪受称扬,自属当然。至于微子的风度仪容,所说史无明文怎样潇洒俊美,但肯定是十分出色的,否则"亦有斯容"之句便有落空之嫌。明何楷曾说:"微子之封宋也,统承先王,修其礼物,作宾于王家"(《世本古义》)。最后希望他们日夜勤勉,忠于朝政,善始善终,才能永保美誉。诗人爱惜贤人的深情,表现得淋漓尽致。正如姚际恒所说:"全在意象之间,绝不著迹"(《通论》)。

然而,有学者认为:"庶几夙夜,以永终誉"两句,是对双方而言,即作为失败者的后裔,要坚持这种不卑不亢的精神,使亡国之族得到新生;而作为胜利者的周室群臣,也要永远保持这种不卑不骄的气度,团结各邦各族,消释历史积怨,彼此和睦相处,共同发展,才能"以永终誉"。这样的理解或许已脱离文本的表层语义,但"作者未必然,读者何必不然"(谭献《复堂词话》)。备此一说,作为参阅。

丰　年

丰年多黍多稌,亦有高廪,
万亿及秭。
为酒为醴,烝畀祖妣,
以洽百礼,降福孔皆。

【概要】

高燥之地其谷宜黍,下湿之地其谷宜稌。
秋收盛多而供祭祀,此秋冬报祭之乐歌:

【译文】

高燥之地其谷宜黍,下湿之地其谷宜稌。

丰收之年风调雨顺，寒暑时节辛勤耕耘。
高下之地无所不宜，黍稌之食皆多成熟。
百谷无不熟而丰盈，但见收藏百谷丰盛。
甚有高大储粮仓廪；其中谷黍盛多数亿。
有万有亿以至多秭。是此黍稷酿酒为醴，
进奠祖妣用此酒醴。备举百礼用此酒醴，
随事赖丰年之利用，随处征神惠之储存。
神降之福将甚普遍，铭记恩德敢忘报恩？

【注释】

*丰年：六月之年。 黍：米子，俗称小米。一说黏的高粱。 稌(音杜)：植物名，稻谷。雍冀高燥，其穀宜黍，刑扬下湿，其穀宜稻。《集传》："稌，稻也。黍宜高燥而寒，稌宜下湿而暑。黍稌皆熟而百穀无不熟矣。"一说专指糯稻。 亦：句首语助词。 高廪：高大的粮仓。《孔疏》："藏米曰廪，藏粟曰仓。"

*万亿：数词，周代十万为亿。《毛传》："数万至万曰亿，数亿至亿曰秭。"《诗集传》沿袭《毛传》之说。范处义云："黄帝算法，十百为千，十千为万，十万为亿，十亿为京，十京为垓，十垓为秭，皆言其多也。" 及：故"厥"字。 秭：容量单位。《尔雅》："秭，数也。"《郑笺》："万亿为秭，言穀数多。"

*为：酿造。 醴：酒之浊者，《周礼注》："成而汁滓相将如今之甜酒也。"《说文》："醴，酒。宿熟也。" 烝：进献。 畀(bì)：给予。犹祭奠也。《郑笺》："烝，进；畀，予也。"《小雅·宾之初筵》："烝衎烈祖，以洽百礼。" 祖妣：指各代男女祖先。

*以：用来。 洽：备。《集传》训"洽"为"备"。《郑笺》训"洽"为"合"，即集合。一说配合。 百礼：各种礼仪。指牲、玉、币、帛等祭品。严粲云："行礼以酒为主，如燕宾养老等事皆是。"《诗义折中》："凡百礼仪，俱需酒食以和合之。" 孔：很。 皆：普遍。《集传》训"皆"为"遍"。《广雅·释言》："皆，嘉也。"皆、嘉双声。犹嘉，同加，《礼记·少仪注》："加，犹多也。"降福孔皆：言其降福甚多。一说通嘉，美好之意。此诗赋体。

【品鉴】

秋冬之际，周朝古老神圣的宗庙中，隆隆传出庄严肃穆的钟鼓之鸣，这是周朝举行的隆重报祭之典。秋收完毕，寒冬而至，稻谷丰盛，每年一度的秋冬报祭典礼隆盛开幕：但见宗庙，士卒排列，干戈林立；车马陈齐，战旗猎猎；明堂之中，香烟缭绕；猪鸡肥壮，牛羊硕大；谷黍茂盛，酿造醴酒；美味佳肴，珍馐海鲜，瓜果菜蔬，甜香润口；应有尽有，祭品齐全。倏忽之间，穿戴奇特，非神非人、似神似人，巫祝口中，念念有词，在他的引导之下，周王率领群臣百官、诸侯大夫，相继进入宗庙之内，伫立明堂之前；恭恭敬敬，揖让叩首。举行百礼之后，周王在祖宗诸神牌位之前，献上一束束刚刚收获的茂密稻谷、一捆捆茂盛黍米，奉上新鲜谷黍酿造的甜酒，祈求祷告，以报答祖宗赐予福佑之恩。然后，祭神之列队，浩浩荡荡，又来到广阔郊外，报祭天地山川之百神，报答神明繁殖百谷，兴丰年之大功。并祈求诸神再佑来年风调雨顺，五谷丰登，牛马遍山，鸡鸭满院，猪羊满川，水清鱼跃，免灾赐祥。庙堂之上，钟鼓之鸣方歇，郊外瑟琴笙簧之音又起，随着音乐节奏，一群群男女老少，手持稻黍，身着礼服，载歌载舞，挑起了祭神之舞，他们边跳边唱：

丰年多收黍与稻，廪仓储粮大又高。
装进万亿黍与稻，数万至万收亿多。
数亿至亿收秭多，计数颇长黍穀多。
酿造醴酒与香醪，先祖先妣祭祀献。
备齐百礼祭神仙，天降福佑甚普遍。

周代的典礼繁多，而祭祀天地与祖先尤为重要。在以农为主而立国的周代，先民们十分重视农业，辛勤耕耘，多方收获，不管是在丰年，还是在歉收之年，他们都不忘将收成祭告先祖。春夏祈谷，秋冬报祭，周族的农业祭典十分频繁，一年中竟有十个月要举行祭告之典。这种祭祀大致可分两类，一则从耕种到收成前的祈年，祈求神明保佑，当年得到好收成；二则丰收之后对神的报答，这些神包括天地山川、周族先宗诸神，以及人化了的植物神（后稷就被视为谷类神）等。此诗反映的祭祀活动，正是秋冬之际，农业生产特大丰收之后，周人用稻黍酿造美酒，奉献百礼，祭祀先祖，保佑丰收，免遭灾害，以祈求祖先赐予更多的福佑。祭典报答诸神，这是周人隆重的祭典活动。《丰年》就是一首秋冬报祭之乐歌。

田耕宇先生说得好：翻开我们民族古老而神圣的经典，在《周礼·月令》上有这样的记载，孟秋之月，“农乃登谷，天子尝新，先荐寝庙；仲秋之月”。“天子乃难，以达秋气，以犬尝麻，先荐寝庙”。季秋之月，“天子乃以犬尝稻，先荐寝庙”。孟冬之月，“大欣烝。天子乃祈来年子天宗，大割祠于公社及门闾，腊先祖五祀，劳农以休息之”。大抵从周代灭殷以后，农业生产逐渐成为华夏民族赖以生存的主要生产方式。这一时期，原始初民，那种对自然神的崇拜已进入人化神的崇拜，农业生产一旦成为社会经济的主体，宗教活动必然要为农业举行祭祀。这大概具有一种世界性的普遍意义。在人类发展的相同过程中，世界各地的原始宗教围绕农业生产，都是十分隆重盛大的祭典活动。古希腊的迎神引起了悲剧的出现，而戏剧在古希腊的起源，也来自于当时的社祭活动，他们都与农业生产密切相关(《诗经楚辞鉴赏辞典》)。这种说解阐述了以农立国的重要性，读后使人深受教益。

尚有学者解读说：我国古代称国家为社稷，社是土神，稷是谷神，可见当时农业的重要性。人民的生存依赖农业生产，政权的稳固也要以农业生产为保障。上古的西周，绝对是以农业为基础的社会，农业的收成在当时必然是朝野上下最关注的头等大事。由于生产力发展的限制，当时农业基本上还是靠天收，《大雅·大田》所述“雨我公田，遂及我私”的喜悦，以及《甫田》描写“琴瑟击鼓，以御田祖，以祈甘雨，以介我稷黍，以穀我士女”的迫切心情，便是最好不过的证明。并非每年都能获得丰收，因此，遇上好年成，自然要尽情庆祝歌颂。《丰年》应当是遇上好年成举行庆祝祭祀的颂歌。

《毛序》认为《丰年》是“秋冬报。”对农业生产十分重视的周王，每年初春，祭祀天地，祈祷丰年，这叫作“春祭”；秋收之后，周王又亲自率领百官祭祀祖宗和天地百神，答谢神佑，这叫作“秋报”。东汉经学家郑玄对此解释说：“报者，谓尝也，烝也”(《郑笺》)。这个“报”字，据郑玄的笺释，就是“尝“，此指秋祭；”“烝”是指冬祭，丰收在秋天，秋后至冬天即“以洽百礼”，举行一系列的庆典活动，是周人的必做之事。《遗说考》对此有更具体地阐明：“《淮南·时则训》高注云：‘烝，冬祭也。’正此所言‘烝尝’。秋冬之祭谓之‘尝’者，取物成‘尝新’之义；谓之‘烝’者，取品物备进之义。……《丰年》为秋冬报祭之乐歌，与宗庙时祀‘烝尝’名同而实异也。”虽然说“名同而实异”，但所谓“报祭”，就是指秋季丰收后报答先祖百神，

举行祭祀,请先祖“尝新”,并祈求赐福,是毋庸置疑的。新中国成立前,民间就有“七月半”敬祖之事,将收获的“新米”,作为祭祀品祭祷先祖,也称请祖宗“尝新”,当为其孑遗。

清儒方玉润颇有见解,他说:“《丰年》,秋冬大报也。”并认为“秋报”是季秋大飨于宗庙明堂:“《郑笺》以秋冬报为尝烝,王安石以丰年属天地之功,故以此诗为祭上帝。陈祥道引《丰年》以证《礼》,谓秋报者,季秋之于明堂也。吕祖谦谓以祈为郊(祭天),则季秋大飨明堂,安知不并歌《丰年》之诗以为报欤?曹粹中为秋冬大飨,及祭四方八蜡,天地百神,无所不报,同歌是诗”(《诗经原始》)。大报,即大祭天地百神。此说就内容而言,吕说较确切。明堂是宗庙的正堂,周人祭祀天、祖同祭。“周颂”的内容是“美盛德以形容,以其成功告于神明”,祈祷上天和祖先的福佑。何楷《诗经世本古义》认为《丰年》与《良耜》都成于公刘之世。

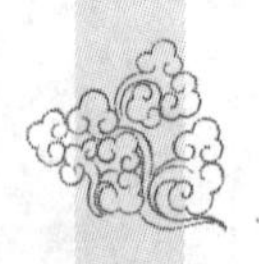

综观《丰年》,确实是在秋冬之际获得丰收后,祭祀祖先及神明而报祭之乐歌。诗凡七句,不分章节。但宗庙之诗宜庄严肃穆,比兴一多,过于流动,反非所宜,故此诗纯用赋体,不杂比兴。

前三句为第一层,描绘了黍稻兴盛的丰收景象。诗的开头很有特色,他描写丰收,纯以静态:“丰年多黍多稌,亦有高廪,万亿即秭”。

其辞曰:那高燥之地,其穀宜黍,下湿之地,其穀宜稌。丰年则风雨之节,寒暑时高下之地无所不宜。盖黍、稌皆熟而百穀之无不成熟,可望而知。但见收藏百穀,亦有高大之廪;其中穀数之多,有万有亿,以至于秭。

开首“丰年”,谓六月之年。古人认为,年若不丰,非旱即涝,旱不宜稌,涝不宜黍。“多稌”之“稌”,指稻谷。这种粮食作物,其习性是:黍宜高燥而寒,稌宜下湿而暑;故黍、稌皆熟而百谷无不成熟。因为黍稌之食甚多,所以下文写粮仓之大。

“高廪”者,言其高大的粮仓。“藏米曰廪,藏粟曰仓”(《孔疏》)。此表明黍稻丰收之多,粮仓已盈。那么,黍稻之多,到底多到什么程度呢?故有具体数字说明:

“万亿”者,数词也,周代十万为亿。古人的经典解释谓:“数万至万曰亿,数亿至亿曰秭”(《毛传》)。朱熹《集传》无歧义,沿袭《毛传》之说。而范处义却有另一解读:“黄帝算法,十百为千,十千为万,十万为亿,十亿为京,十京为垓,十垓为秭，皆言其多也。”范氏阐释得十分详细。“秭”者，为容量单位。“万亿为秭，言穀数多”(《郑笺》)。郭璞注：“今以十亿为秭。”《韩诗》云：“陈谷曰秭，亦取积义。”积久则陈。《广雅·释诂》解释说：“秭，积也。”“秭”训“积”(jī)字，秭、积皆从禾，积禾曰秭。极言之多。

故大量的粮食谷物(黍稌)，储藏粮食的高达仓廪，再加上抽象的难以计算的数字(万、亿、秭)等。这些静态描写汇成一片壮观的丰收景象。自然是显示西周王朝国势的富裕强盛；而透过静态，读者不难发现静观后面，亿万农夫长年辛劳的动态。寓动于静之中，写来笔墨十分经济，又给读者留下思想驰骋的广阔天地。不过，在周王室看来，来之不易的丰收，既是人事，更是天意，所谓“谋事在人，成事在天”，丰收归根到底是上天的恩赐，这是古人的传统意识。

如用通俗的话说，这是一个丰收的季节，农夫们收获了成万上亿的粮食，并把它贮存在高大的仓廪里，既然年成这么好，那也应该让自己的祖先一起分享吧！并祈祷来年有更多的丰收与福佑。所以，诗的后半部分，就是祭典报答天宗与先祖。

中间三句为第二层，描述用稻黍酿酒，备齐百礼，祭典先祖。全诗的“诗眼”在“为酒为醴”二句，前三句说明酿制醴酒的原因，后此三句则说明酿造醴酒的目的：“为酒为醴，烝畀祖妣，以洽百礼。”

其辞曰：由是以此丰收的黍稷之食，酿造甜酒、酿制醴酒；进奠先祖先妣，用此醴酒；备举百礼，用此酒醴。随事赖丰年之利用，则随处征神惠之储存。

因丰收而感恩，以丰收的果实祭祀最为恰当，故诗中叙述道：“为酒为醴”，即由此丰收黍稷之食，而酿造甜酒与醴酒。“烝畀祖妣”，即进奠先祖先妣，用此醴酒；备举百礼，用此酒醴。祭享“祖妣”，是通过先祖之灵实现祖神与人之沟通。也由于丰收，祭品丰盛，能够“以洽百礼”，阐明祭祖之礼之隆重和十分重视。

如再用通俗的话说，周民们忙着把稻黍之食，酿造成甜酒和醴酒，并备齐百礼，恭恭敬敬地进献给自己的先祖；心中还不忘祈求祖先普降福佑，免遭灾难，以盼来年也有好收获！

最后第七句为第三层，叙述冀望天宗先祖普降福佑：“降福孔皆”。

其辞曰：盖神之降福，亦甚普遍，敢忘报答赐福之恩吗？朱熹解读谓：“此秋冬报赛田事之乐歌。盖祀田祖先农方社之属也，言其收入之多，至于可以供祭

祀，备百礼，而神绛之福将甚遍（遍）也”（《集传》）。这句既是对神灵赐恩的颂扬，又是对祖神进一步普遍赐福的祈求与向往。

然而，丰收时节，在庆祝之际不忘祭祀神灵，大概使古代先民普遍的心态。古希腊有“羊人舞”“酒神颂”，用以祭祀神灵。周代先民也有类似的礼仪，不同之处在祭神灵之处加上祭先祖。这可算是中国特色吧。

古人把丰收归功于生灵的恩赐，这对他们来说是不容置疑的。其实，丰收是人们自己凭双手和辛劳、汗水换来的，神灵不是别人，正是辛勤劳作的人们自己。因此，祭祀丰收之神，实际上是在庆祝自己。这一点，古人们大感不明白。

祭祀祖先，也许对于先民来说，神灵作为一种引导人们向前的精神存在，确实不可缺少。同样，祖先作为赋予生命的源泉，在后人的心目中已化为一种意义，一种感念的对象，也是不可缺少的。倘若没有精神上的依托和感念，人生也就像失去了方向的航船，随意漂流；也就像失去父母的孤儿，无依无靠。从另一角度来讲，对祖先的感念和崇拜，也是中华民族生命力的源泉。他像一根强劲的纽带，把世世代代的人们牢牢连接在一起。

此诗“万亿及秭。为酒为醴，烝畀祖妣，以洽百礼”四句，在《周颂·载芟》中一字不易地出现，其诗情与颂诗中某些重复出现的套话截然不同。在《丰年》中，前两句是黍稻之多、酿造醴酒的实写：其中谷数之多，有万有亿，以至于秭。由是以此黍稷之食，酿造甜酒、酿制醴酒；后两句则是祭典祖先、祈求降福的实写：进奠先祖先妣，用此酒醴；备举百礼，用此酒醴。随事赖丰年之利用，则随处征神惠之储存，盖神之降福，亦甚普遍。《载芟》中用此四句，却是对于丰年祈求与向往。如此看来，《载芟》是把《丰年》中所写的现实移植为理想，这恰恰反映了当时丰年的难逢。

《丰年》一诗，寥寥数语，朴实无华，却将周代先民清晰、感人的祭祖画面描绘得淋漓尽致。初观似觉过短，实际上辞严义密，不可增减，是《颂》中的佳作。

闵予小子

闵予小子，遭家不造，
嬛嬛在疚。
于乎皇考，永世克孝。
念兹皇祖，陟降庭止。
维予小子，夙夜敬止。
于乎皇王，维序思不忘。

【概要】

皇考遽崩成王免丧，始朝于先王之宗庙。
盖成王亲执政之始，朝先王之庙作此诗：

【译文】

悯我小子伤悼沉痛！当日皇考遽然驾崩。
遭逢国家多故不幸，唯恐善作不能善成。
嬛嬛然而无所依怙，正在哀病痛苦之中。
嗟乎我思念之皇考！终身孺慕能尽其孝。
由我皇考心存继述，思念皇祖忧伤不置。
皇祖上以直道事天，下以直道事民无私。
我皇考以孝治天下，唯我小子早夜之间。
当仰承皇考之伟业，敬谨而行弘扬祖德。
于乎皇王缵继统绪！唯思皇王所行不忘。

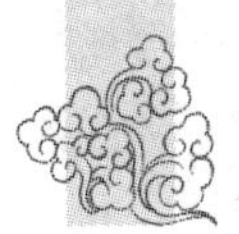

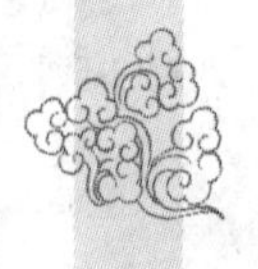

【注释】

* 闵(mǐn):通"悯",即悲悯。悼伤之言。《毛传》训"闵"为"病",故《集传》沿袭亦训"病"。一说通"末",微末,自谦之辞。 予:成王自称。 小子:周代通称年轻人为小子,成王年幼的谦称。《集传》:"予小子,成王自称。" 遭:遭遇。 造:成。《毛传》《集传》均训"成"。

* 嬛嬛(qióng):与"茕"同,孤独无依。 在疚:在忧患哀痛之中。疚(古音几),哀病,即灾难。

* 于乎:即呜呼,叹息声。 皇考:显考,称逝世的伟大父亲,《郑笺》指武王。《集传》:"皇考,武王也;叹武王终身能孝也。" 永世:终生。 克:能。 孝:终生能孝。武王之孝,即继承先王之志。非指嗣王(成王)。

* 念:思念文王。 兹:此。《齐》作我。 皇祖:显祖。指伟大的祖父(文王)。《郑笺》《集传》:"皇祖,文王也。" 陟:升,向上攀登。 降:向下降级。《郑笺》:"陟降,上下也。" 庭:通"廷",庙庭。"庭"与《有瞽》"在周之庭"的庭同,谓"皇祖神灵降临庙廷"。 止:语助词,感叹。

* 维:语助词。 夙夜:早晚之间。 敬:敬慎行事。 止:语气词。《集传》:"承上文,言武王之孝思念文王,常若见其陟降于庭,犹所谓见尧于墙,见尧于羹也。楚辞云:'三公揖让登降堂',只与此文势正相似,而匡衡引此句,颜注亦云:如神明临其朝廷是也。"

* 皇王:统指驾崩的先父先祖。兼指文王、武王《郑笺》。 序:通"绪",事业。 思:句中语助词。

【品鉴】

据史载,周武王伐纣,一举灭商,建立了周王朝,立国之后不久,武王就一命呜呼,他年幼的儿子成王继位,由周公辅政。幼小的成王不可能明白自己的处境,而为之辅政的周公,对此则有清醒的认识。朱熹认为此诗为成王所作,他在《集传》中说:"此成王除丧朝庙所作,疑后世遂以为嗣王朝庙之乐。后三篇放此"。因此,尽管《闵予小子》看似是成王以第一人称而作的自述,而真正的作者则周公大有创作之嫌。

此诗申述成王在宗庙申诉失去父皇、自己遭遇不幸的悲伤心情,并追思先祖文王、皇考武王的功德，最后以继承先王的遗志自勉。唐孔颖达解读说："此及《小毖》四篇，俱言嗣王，文势相类，则毛意俱为摄政之后，成王嗣位之初有此事，诗人歌之也"(《孔疏》)。孔氏并没有直说此诗为成王之作，只是说"诗人歌之"，那么，"诗人"究竟指的是谁呢？古今经学家皆认为这首诗与以下《访落》《敬之》《小毖》等三篇，都是成王亲政之始、朝于先王之庙而作，此是主流之说。

《毛序》认为《闵予小子》谓"嗣王(即成王)朝于庙。"嗣王朝庙，通常是向祖先神灵祈祷，表白心迹，祈求福佑，同时也有对臣民的宣导作用。郑玄又进一步解读说："'嗣王'者，谓成王也。除武王之丧，将始即政，朝于庙也"(《郑笺》)。但清儒方玉润不从除丧即政之说："以为'成王免丧，始朝于先王之庙'，而作此诗。……然'遭家不造，嬛嬛在疚'等语，岂免丧之言乎？"(《诗经原始》)。其认为"武王既葬，而(成王)祔主于庙"。

然而，今人高亨另有见解，他在《今注》中说：《闵予小子》《访落》《敬之》《小毖》四篇，似是一篇的四章，是周成王所作的悔过诗。周成王灭殷，封殷纣王的儿子武庚于殷地，命管叔、蔡叔监视他。武王死，成王立为王，年幼，由叔父周公代管国政。管叔等散布流言，说周公要篡位，成王也怀疑周公。周公为了避嫌，领兵到东方去了。不久，武庚、管叔、蔡叔和徐国、奄国背叛周王朝，成王觉悟，迎回周公。周公领兵东征，一举平乱。成王在武庚等叛变后，认识到自己怀疑周公的错误，因作这篇诗，表示悔过，以告于文王武王之庙。诗分四章，今本《周颂》误分为四篇。如此解释，颇有道理，切合诗情。

古人所谓训诂，无非就是从字义上训释，义理上解读，如用这种方法，对此诗分析研究，便可掘出其中诗旨的内涵。

此诗采用直赋其事的手法，抒情和叙事在此诗中紧紧融合在一起，真挚思念的情感贯穿全文。诗叙述的故事，简短洗练，充满悼伤之情。前三句语气沉痛，将成王的艰难困境如实叙述，和盘托出：成王自述遭丧父的不幸悼伤和茕茕然孤独无所依怙的苦衷。开端三句，明显带有悲伤情感的色彩：

"闵予小子，遭家不造，嬛嬛在疚。"

我们先从字义训诂和义理地探索上进行分析：开端一个"闵"字通"悯"，即悲悯丧父之情，《毛传》训"闵"为"病"，即哀病，谓悼伤之言；失去父亲后，成王在哀病之中表明孤独无依的困境。

至于对“造”字的训诂，颇有分歧，解释不一，归纳起来，主要有四种：

一是释“造”为“成”。《毛传》《郑笺》《集传》均训为“成”。郑玄解释得很具体，他说：“造，犹成也；可悼伤乎我小子耳！遭武文之崩，家道未成，嬛嬛然孤特，在忧病之中”（《郑笺》）。这种解读，表明了诗的背景和成王不幸的处境。细审诗意，马瑞辰《通释》释“遭家不造”为“家造不幸”（“不淑”）但从下篇《访落》《小毖》“未堪家多难”来说，应从《郑笺》“家道未成”。均言周王室与周姓诸侯间之争乱。按郝懿行《义疏》谓：“《小司徒》注：‘成，犹定也。’定与平义相成。”这是经典解读，更是古今学者的主流共识，其符合诗旨。二是《齐诗》作茕，即孤独之意。三是“造”，认为当读为谷，吉。不谷即不吉、不幸。四是“造”通“吊”。据刘运新《诗义知新》：造当读吊。上古吊读端母沃部，造读清母幽部，端清邻纽，沃幽旁队转，二字音近，相通，不吊，商周表示“不幸”之成语。

鉴于“嬛嬛”(qióng)一词，与“茕茕”同，即孤独无依。《齐》作茕，《韩》作惸，孤独无援。《释文》解释谓：“嬛嬛，其倾反，孤特也。崔本作茕。”朱熹训释得甚确切：“嬛，与茕同，无所依怙之意”（《集传》）。赵帆声又从“嬛嬛”的字形字音字义上进行了阐释：“嬛字从女睘声，读如今喧(xuān)之音。《史记·司马相如传》：‘柔桡嬛嬛。’《索隐》：‘嬛嬛，犹婉婉也。’嬛字于古音为晓母元韵；读为‘茕’为群母耕韵，声、韵皆异，盖义有转也，合音通用”（《诗经异读》）。训诂虽曲，解义透彻。第三句“在疚”一词，言其在忧患哀痛之中。朱熹强调说：“疚，哀病也；匡衡曰：‘茕茕在疚，言成王丧毕思慕，意气不能平也。盖所以就文武之业崇大化之本也。’”（《集传》）匡氏解说，内涵深刻。但有学者认为是指贫病，非忧病。《说文》训“疚”为“贫病”，但文意难通。

成王亲政之始，朝于先王之庙而作此诗。其辞曰：可悼伤乎我这三尺小子！当日皇考遽崩，遭逢国家多故，惟恐善作，不能善成，嬛嬛然无所依怙，正在哀病之中。

第二、三句，叙述身遭丧父，无限伤痛，就像身患重病一般。诗中着意描写自己的悲哀、孤独，与其说是在表明自己的处境，不如说更显示自己的一片孝心。但醉翁之意不在酒，而在于强调其“嬛嬛在疚”，即茕茕然孤独无援的困境。说得明白一点，那就是国君需要诸侯群臣，嗣王（城王）更迫切需要群臣百官的拥护和全力支持，成王这样年幼的嗣王，在这关键时期，尤其需要诸侯群臣的忠心辅佐。强调成王的“嬛嬛”无援，在示弱示困示艰之中，隐含着暄示、驱使与鞭策诸侯群臣效力嗣王的底蕴，这一内涵下文将逐渐显露而出。

接着中四句叙写对先王功德的追念和感念先祖在天之灵对王室的福荫。

“于乎皇考，永世克孝。念兹皇祖，陟降庭止”。

“于乎”即呜呼，叹息之声。“皇考”即“显考”，称逝世的伟大父亲，《郑笺》《集传》均指周武王，叹武王终身能孝。武王之孝，就是继承先王之遗志。非指嗣王(成王)。武王一生业绩辉煌卓著，诗中却一字不提，只说他“永世克孝”。为人子当尽孝，为人臣则当尽忠，其理一致，那么，为何不直陈其言呢？盖因在危难、困境之际寻求援助，命令不如感化，当时周王室群臣均为武王旧臣，点出武王克今孝道，感化之效其中即生。

“念兹皇祖”之“皇祖“，言其“显祖”，指伟大的祖父——文王。《郑笺》《集传》皆认为指周文王。这里主要指地是文王功德显赫，成王作为后王应继承先祖遗志，将其精神发扬光大。

至于“陟降”一语，内涵之深，古今训释有歧义。一般认为“陟”者，言其升，即向上攀登；“降”者，言其降，即向下降级。《郑笺》训释“陟降”为“上下”。那么。“陟降庭止”一句，其意应是：常若见我皇祖之陟降于庭。也就是说，为祭祀祈祷先祖，武王曾常常上下于宗庙之庭。因为，多数学者达成共识认为：“庭”通“廷”，此指庙庭。当然也有人认为所指“王庭”，文意难通。“庭”与《有瞽》“在周之庭”的“庭”同，谓“皇祖神灵降临庙廷”。虽是推理，但合乎情理。这是第一种解读。

按《毛传》释“庭”为“直”；《郑笺》释“陟降庭止”，为“念兹君祖文王，上以直道事天，下以直道事民，信无私枉。”按《毛传》云：“庭，直也。”此“庭”通于“廷”(tíng)。《广雅·释诂》云：“廷，平也。”平则直。清马瑞辰阐发说：“‘陟降庭止’与‘夙夜敬止’相对成文。庭，直也。盖谓文王陟降群臣皆以直道”(《通释》)。这里意谓：按直道升降群臣，这就是按法度举贤授能的意思。《后汉书·郭泰传注》引《苍颉》云：“廷，直也。”《汉书·匡衡传》引作“念我皇祖，陟降廷止”。盖《齐》“庭”作“廷”，今“庭”字作“挺”，古音皆同，均为定母耕韵。但有人认为其文意难通。这是第二种解读。

然而，学者程俊英解释说：“陟降，上下，即提升和降级的意思”(《注析》)。故有学者认为当重在“陟”，因为成王嗣位时，在朝的文王旧臣，都是文王擢拔的贤

能之士，他们在文王去世之后，辅佐武王成就了灭商的伟业，此时又该辅佐成王来继业受成了。

李祚唐评析说：周公是经历文、武、成三世的老臣，“自文王在时，旦为子孝，笃仁，异于群子”，又“佐武王，作《牧誓》，破殷”（《史记·鲁周公世家》），一些三世老臣如姜尚等，都长期与他共事，上述对文王、武王赞颂之语，出自他口中，自有非同寻常的号召与约束力，穆王时太仆正伯冏作《冏命》，所说“昔在文武，聪明齐圣，小大之臣，咸怀忠良”，正可见周公的威严。

周公在其子伯禽受封于鲁后曾训诫伯禽要尊贤，说：“我，文王之子，武王之弟，成王之叔父，我于天下亦不贱矣。然我一沐三握发，一饭三吐哺，起以待士，犹恐失天下之贤人”（《史记·鲁周公世家》）。他知道自己的身份“不贱”，当然知道成王的身份更为高贵。成王为文王之孙，武王之子，血统之尊，这也几乎就是他继位时全部的政治资本，周公对此不能不充分地加以利用，以期对文王、武王感恩戴德的群臣对成王也俯首听命，因此“继序”一语出现于《闵予小子》的末句，绝非偶然，它强调成王继承的是文王、武王开创的大业，而“思不忘”对成王固然是必须兑现的誓言，对于文王、武王的旧臣，则是理所当然应尽的天职。其阐述却有道理。这是第三种解读。但综观此诗，细研诗义，第一种解读贴近诗旨，为传统的主流解说。

故其辞曰：于乎！我念皇考，终身孺慕，能尽其孝；由我皇考心存继述，思念皇祖不置，常若见我皇祖之陟降于庙庭。

前两句是说，他的先父武王一生敬守孝道，终生尽孝，美德流芳，是为后世子孙的楷模。开端巧用表示叹息声的语气词“于乎”，即呜呼，表示悼念，又标明赞叹。后两句是衷心缅怀先祖——文王，由近及远，表明自己对先宗先父心怀感恩，仿佛见其神明陟降于宗庙之庭，至今铭记他们的丰功伟绩和福佑之恩。朱熹解读说：“承上文，言武王之孝思念文王，常若见其陟降于庭，犹所谓见尧于墙，见尧于羹也。楚辞云：‘三公揖让登降堂’，只与此文势正相似，而匡衡引此句，颜注亦云：如神明临其朝廷是也”（《集传》）。其说颇有道理。

最后四句：“维予小子，夙夜敬止。于乎皇王，维序思不忘。”

夙夜者，谓早晚之间。敬者，言敬慎行事，勤事朝政。“皇王”统指驾崩的先父先祖。《郑笺》《集传》均认为“皇王”兼指文武。“序”通“绪”，即事业。朱熹阐释说：

“承上文，言我之所以夙夜敬止者，思继此序而不忘耳”（《诗集传》）。陈奂《诗毛氏传疏》解读谓：“《尔雅》：‘序，绪也。’……继绪犹缵绪。《閟宫》：‘缵禹之绪’。《传》：‘绪，业也。’绪、业一义之引申。思为句中助词，无实义。”故“继序思不忘”，言其继承文武事业而不忘。

其辞曰：我皇考以孝治天下，惟予小子，早夜之间，当仰体皇考，敬谨行之。于乎皇王！我缵继统绪，惟思皇王所行不忘。

黄佐云：“自己有之曰业，自相传言之则曰序，继序即是就文武之业也。”解读精辟，道破诗旨，使人豁然开朗。朱熹阐释说：“孝敬一理也，自继述而言谓之孝，自存主而言谓之敬；敬其身即所以孝于亲，孝于亲未有不敬其身者也。此所以能崇大化之本也。”解读精湛，使人茅塞顿开。结尾四句是明志之辞，表明自己缵继统绪之后，必将早晚勤政，谨受祖训，做到凡事以“敬”，惟思皇王所行而不忘。方玉润解读说：“周宗圣圣相承，家学渊源不外一‘敬’字。文王之学曰：‘缉熙敬止’，武王之学曰：‘敬胜怠者吉’，今成王方嗣统，欲上继祖父之绪于不忘，亦曰‘夙夜敬止’，其心传之要不在是欤？”（《诗经原始》）。可谓结尾四句，是宣示自己继位之后，对先宗之功德不敢遗忘，继承文武伟大事业，是国家永世繁荣昌盛，代代相承不绝。

概而言之曰：以皇王总承皇祖，是《正义》《郑笺》之说；以皇王单承皇考言，范处义、严粲之说。《孔疏》云：“此言继绪思不忘，宜为继武王之绪，不忘武王耳。以为兼念文王者，此文武不可以总前祖考”。《案》云：“据此则皇考，为文武、为武王，义皆可通矣。”其说颇有道理。

朱熹解释说：“成王免丧，始朝于先王之庙而作此诗也”（《集传》）。故此诗申述成王，在宗庙申诉先王去世后的哀痛、自己遭遇不幸的悲伤心情，再缅怀先祖，追思先祖文王、皇考武王的功德，最后化悲痛为力量，继承先王的遗志而自勉，表明自己续志不忘的决心和责任。王朝庙堂之诗，庄严肃穆，符合礼仪。章法严谨，条理井然，一诗三转折，感情起伏回荡；真情实感，溢于言表，简洁动人，允称佳作。

访　落

访予落止，率时昭考。
于乎悠哉，朕未有艾。
将予就之，继犹判涣。
维予小子，未堪家多难。
绍庭上下，陟降厥家。
休矣皇考，以保明其身。

【概要】

成王既朝于宗庙，与臣谋事为此歌。

【译文】

今访问诸侯群臣，我方位莅政之始，
你群臣谓当遵循，是昭考所施而为。
呜乎思昭考之道，国业任重又道远。
如今我去之悬绝，其正道未之有尽。
你群臣扶将于我，使昭考之法而行。
特恐我继承其道，且犹判涣而不合。
何也我三尺小童？才智短浅无实践。
未堪忍受国家乱，许多危难之事变。
今绍继先王之业，所赖昭考之神灵。
在天默相上下庭，陟降在家思朝政。
美哉武王甚英明，庶几我得蒙其休。
保身无危亡之忧，明身无昏塞之患。

【注释】

＊访:《集传》释“访”为“问”,即访问。《郑笺》解释说:“谋者,谋政事也。成王始即政,自以承圣父之业,惧不能遵其道德,故于庙中与群臣谋我始即政之事。”有学者释“访”为“咨询、商议”。访问、谋略、咨询三者有相同之处。 予:成王自称。一说通“而”。据刘运兴《诗义知新》:上古而读日母之部,予读喻母鱼部,日喻旁纽,之鱼旁转,二字音近相通。 落:始。指开始执政。《毛传》《集传》均释“落”为“始。” 止:语气词。 率:遵循。《毛传》:“率,循。”《郑笺》:“群臣曰:‘当循是明德之考所施行。” 时:是。助词。《毛传》:“时,是。” 昭考:贤明的先父,指武王。有学者认为首两句诗曰:祈请昭考之灵凭依,降格之辞也。

＊于(音乌)乎:叹息之声,叹词。 悠:远。即任重道远。《郑笺》:“于乎远哉,我于是未有数。言远不可及也。” 朕:我。成王自称。程俊英《注析》:“朕,我,成王自称。到秦始皇,才定朕为帝王自我的专称。” 艾(ài):尽。《集传》:“艾,如夜未艾之艾。”《案》曰:“《毛传》云:‘艾,尽也。’”此指武王之道未之有尽也。一说相也,辅佐。指辅佐之臣。

＊将:扶,扶持、扶助。《郑笺》以“将”训为“扶将”,曰:“女扶将我就其典法而行之,继续其也。”严粲云:“无将大车。《笺》云:‘将,犹扶进也。’” 予:我(周王自称)。 就:《孔疏》谓:“就,昭考之法也。将,扶也。”一说接近、达到。一说成,成就。《尔雅·释诂》:“就,成也。”《说文》:“成,就也。”则“就”亦为成。一说趋赴。 之:指先王的典法。《郑笺》:“汝扶将我就其典法而行之。”一说指代下句“犹”。 继:继续。 犹:通“序”,绪。指继绪先王之道。一说图谋。《郑笺》:“犹,图也。”马瑞辰《通释》:“犹训为图,即谋也。”即图谋之意。故“犹”同“猷”,谋略。《尔雅·释诂》:“猷,谋也。”猷、犹古通。 判:分。 涣:散。一说判涣为徘徊。指迟疑不定。

＊维:句首语气词。 予:我,成王自称。 小子:称年轻人,成王当时尚年幼,故其自称谦词。 堪:犹胜也。 家多难:家邦多灾难。吕祖谦引朱氏旧说:“家,犹言国也。”指遭父王之丧后,又连遭管叔、蔡叔、霍叔监殷,与殷后武庚一起叛周和淮夷之乱,史称“三监之变”。王先谦《诗三家义集疏》引黄山说:“三监之变,……骨肉摧残,正成王所谓‘家难’也。”此两句言我这三尺之童不堪遭受家邦多种之灾难。《释文》:“难如字,协韵乃旦反。”

*绍:继承,指继承文武之业。或继续。唐莫尧《新注》:“按《说文》:‘绍,继也。’此‘绍’可能继前篇《闵予小子》‘陟降庭止’而言,谓神灵继续降临。《集疏》引黄山说:‘绍当属鬼神言’。周王望神降临,不止一次,故言‘绍’”。一说借为诏,告也。 庭:庙庭。钱澄之云:“庭,庙庭也。此庭本昭考精神所聚,予继处于此,而在上在下如或见焉,且不惟在庭也,即至燕居于厥家,亦望齐陟降不离以保明我也。”一说公正。 上下(古音户):犹“陟降”也,避免与下句“陟降厥家”重复。解见《闵予小子》。“绍庭上下,陟降厥家(古音姑)”两句说:上下于庭,陟降在家。自此以下,何楷云:“皆属望先王阴助默相之辞。”一说上下指升降官吏,任免臣下。一说指上下级众官吏。 厥:其。

*休:美。陈奂《传疏》:“休,美也。美能绍此道也。” 皇考:子对逝世父亲的尊称,此指武王之神灵。《郑笺》:“美矣我君考武王,能以此道尊安其身。”《孔疏》:“上言昭考,此言皇考,皆指武王也。” 以:此作副词。 保:保安。 明:显明。《集传》:“保,安;明,显也。”唐莫尧《新注》:“《大雅·烝民》:‘既明且哲,以保其身。’《大雅·思齐》:‘无射以保’。马瑞辰《通释》:‘保者,保守之义,言文王无时不警惕也。”一说明为勉励。古明、孟同音。《大戴记·诰志》:“明,孟也。”《尔雅·释诂》:“孟,勉也。”马瑞辰《通释》云:“孟为勉,明亦勉也。此诗‘保明’宜训‘保勉’,承上‘休矣皇考’,谓以皇考之休美,保勉其身也。”或释“明”为“明哲”;释“保”为“谨慎”。一说明为察。此句言武王在保佑百官。林义光《诗经通解》:“明,亦保也。”可备一说。 其:为第三人称代词,指成王自身。一说指皇考,非嗣王。末二句无韵。

【品鉴】

朱熹云:“成王既朝于庙,因作此诗,以道廷访群臣之意。言我将谋之于始,以循我昭考武王之道,然而其道远矣,予不能及也。将使子勉强以就之而所以继之者,犹恐其判涣而不合也。则亦继其上下于庭,陟降于家,庶几赖皇考之休有以保明吾身而已矣”(《集传》)。

公元前1066年,周武王出兵攻伐商纣,一举灭商。按惯例必须保存殷商祭祀。武王封纣子武庚为诸侯,分商地为三部分,命自己的兄弟管叔、蔡叔、霍叔各据一部,监视武庚,史称“三监”。武王灭商后二年病故,即大约在公元前11世纪后期，周王驾崩。其子诵即继位，是为成王。当时成王年幼，尚在襁褓中；但是这个时候周朝统一天下时间并不长，国家大事千头万绪，百业待兴；加之各国诸侯并未都臣服于周。基于这些原因，武王同母弟周公决定摄政，暂时代替年幼成王行使国政大权。故管叔、蔡叔、霍叔等人疑忌周公，在王位继承权上引起周朝内部的纷争不和。武庚乘机勾结东方旧属国及淮夷等起兵反周。三叔伙同武庚造谣周公谋害成王，于是发动了所谓“三监之变”。故周公奉成王之命东征，诛管叔、杀武庚、放蔡叔，攻灭奄等十七国。从此，列国诸侯咸服宗周。周公执政十七年，成王长大一些，周公就还政于他。《访落》诗中犹言：“未堪家多难”。所谓“家多难”，指的就是武王驾崩、“三监之变”。

宋代传统派李樗阐述道：“人君者，天下之本也；始即位者，又人君之本也。故召公告成王曰：王乃初服若生子罔不在厥初生，自始哲明，盖言始之不可不慎，此《访落》之诗所以作也。”（《毛诗解》）论断内涵深邃，对全诗主旨的理解，使人颇有启迪。

鉴于《访落》的主旨到底是什么？《毛序》解释谓：“《访落》：嗣王谋于庙也。”对此，郑玄作进一步解释说：“谋者，谋政事也。”那么，是否周成王谋政于庙呢？苏辙解释说：“《闵予小子》，成王朝庙，言将继祖考之事也；《访落》，谋其所以继之之诗也。”（《诗集传》）他认为是谋略继承先王之大业之诗。近人于省吾《新证》对“访落”也作了阐释。细审诗义，本篇为周成王即政之后，朝于祖庙，表明要遵循皇考之道，追念皇考所用之乐歌。

鉴于《访落》创作时间，应是在武王去世，成王即位之时，或此诗当作于周公东征前后。汉儒郑玄解释说：“成王始即政，自以承圣父之业，惧不能遵其道德，故于庙中，与群臣谋始即政之事”（《郑笺》）。这个朝先王之庙，访问群臣谋政事之举，郑氏以为此诗创作时间是在“始即政”之时，但“始即政”可以有两种理解：第一，是在继位之时，第二，是在周公摄政结束还政之时。如此，郑玄所谓“始即政”是一个含混的时间概念。故唐代孔颖达对这一时间做了更为明确的界定，他在《正义》中说：“此‘未堪家多难’，文与《小毖》正同，但郑以此篇在居摄之前，《小毖》在致政之后。”孔颖达的明确界定非常必要。后又出现了因含混而生的歧解。如朱熹《集传》在《闵予小子》篇末道：“此成王除丧朝庙所作，疑后世遂以为嗣王朝庙之乐。后三篇（指《访落》《敬之》《小毖》）放此。”但有人提出质疑，按周

代对亡父行“三年之孝”（期限为二十五月）之礼，然则朱熹所说已不是“始即政”之际。更有学者认为《访落》作于周公还政之后，程俊英《注析》认为“后人多认为诗作于成王初执政时，似较可信。”可想而知，审读《毛传》《郑笺》《孔疏》《集传》等经典著作，明确了解《访落》创作之时，对准确理解诗旨至关重要。

《访落》与前篇《闵予小子》，后篇《敬之》《小毖》旨意基本相同，均叙述成王继位之初，在宗庙祭祖时，访问诸侯群臣、祈求辅助、追念文武之德、遵循其道、继承遗志、谋求发展王业的政事。程俊英评析道：“这是成王朝武王庙与群臣商议国政的诗。《毛序》：‘《访落》：“嗣王谋于庙也”。’王先谦《集疏》：‘《鲁说》曰：“《访落》，一章十二句，成王谋政于庙之所歌也。”（蔡邕《独断》）《齐》《韩》当同。’《毛序》与《鲁诗》说同。诗中描写成王开始执政，希望公卿大夫帮助他继承武王的业绩，并祈祷于皇考。后人多认为诗作于成王初执政时，似较可信”（《注析》）。说解准肯，点明诗旨。

诗凡一章，仅十二句，运用赋体，直抒胸臆。细审诗义，可分三层，首两句阐明初执政召集群臣的宗旨：

“访予落止，率时昭考。”

先从字意和义理上进行分析，有助于我们理解诗旨。诗以首句“访落”二字为题，内涵深邃。细审训诂，首句“访”字，历有四种解法：一是释“访”为“方”。近人于省吾《新证》释“访”为“方”，他说：“‘访’本应作‘方’。《汉书·高五王传》‘访以吕氏’。注：‘如淳曰：访犹方也。’”二是释“访”为“放”。据刘运兴《诗义知新》释“访”为“放”。他认为是：上古放读帮母阳部，访读滂母阳部，帮滂旁纽，阳部叠韵，二字音近相通。《广雅·释诂》曰：“放，依也。”此谓神之降临为凭依也。三是解释“访”为“问”。朱熹《集传》就释“访”为“问”，即访问旨意。四是释“访”为“谋”。《毛传》释“访”为“谋”，汉郑玄进一步阐释说：“谋者，谋政事也。成王始即政，自以承圣父之业，惧不能遵其道德，故于庙中与群臣谋我始即政之事”（《郑笺》）。且有学者又释“谋”为“咨询、商议”。然而，所谓“谋政事”、访问、谋略咨询三者均是成王与群臣诸侯交谈之事，于情理之中，符合逻辑，是主流解读。

至于“落”字，《毛传》《集传》均释“落”为“始”，为主流解释，指开始执政。不过这里的始，却不是单纯的开始之始。孔广森阐发说：“考落之为始，大抵始于终始相嬗之际，如宫室考成谓之落成，言营治之终而居处之始也。成王践祚，其诗曰‘访予落止’,此先君之终,今君之始也。”那么落之为始,表达的是终始相嬗之际。顾懋樊说:“‘落’字极重,昭考艰大之遗始此,小子作求之绪亦始此”是也。“访予落止”因此而酝酿了一个气势。

但据刘运兴《诗义知新》认为“落”通“格”。上古格、落并属铎部,二字叠韵相通。此谓神之降临为降格也。于省吾主此说,他在《新证》中阐述说:“‘落’应读‘各’,即‘格’字,金文‘王格庙’之格并作各。落亦从各声。《左传·闵元年》经‘公及齐侯盟于落姑’《公》《谷》‘落’作‘洛’。《大师虘》‘用邵洛朕文祖考’,假‘落’为‘格’。”故有学者认为首两句诗曰:祈请昭考之灵凭依,谓降格之辞。这种解读诗意是否畅通,需待进一步考究。

“率时昭考”之“率”字,言其遵循。《毛传》《集传》均释“率”为“循”,汉郑玄无歧义,并沿袭此说:“群臣曰:‘当循是明德之考所施行”(《郑笺》)。

首两句涵盖全篇,点明“访落”的主题。其辞曰:今访问诸侯群臣,我方即位莅政之始,你诸侯群臣谓当遵循先王之道,是昭考所施而为之。

首先,这里塑造了一位重用贤能、锐意进取、继承先祖皇业的幼主形象。成王即位之时,尚是幼年小子,至于宗庙祈祷祭祖也仅是七岁之童。他虽然幼小,但志向不凡,继位之初,当始即政之时,就祭祀祈求宗庙,访问群臣百官,拟定方针,商议国策,图谋国事,谋略朝政,共图大计,继承先王之业,振兴周邦,这是成王继位后首要关注的重大课题。表现其主动访问、虚心求教、不耻下问的美德。他从“三监之变”、事发萧墙的“家多难”之后,总结教训,巧取良策,意识到举贤任能、夙夜勤政、弘扬文武之德的重要性,必须继承先祖之法,遵循先王之道,是昭考所施而为之,这是成王既定的施政纲领和治国方针。成王幼小年纪却有如此胸怀,之后的“成康之治”,自然在预测之中。诗中六句为祈求群臣辅助之辞:

“于乎悠哉,朕未有艾。将予就之,继犹判涣。维予小子,未堪家多难。”

开端于(音乌)乎者,作为叹词,为叹息之声。《毛传》释“悠”为“远”,《郑笺》阐释说:“于乎远哉,我于是未有数。言远不可及也。”悠者,远之意。即任重道远。但《说文》却说:“悠,忧也。”故出现矛盾,而程俊英教授一举排难,他在《注析》中阐发说:“悠,远。《郑笺》:‘言远不可及也。’《说文》:‘悠,忧也。’这是本义。段注:‘悠同脩。故多假借为脩,长也,远也。’《黍离》:‘悠悠苍天’,《毛传》:‘悠悠,远意。’即与此处悠同义。这里指武王之道高远。”解读准确,疑云释散。紧接着,

他在《注析》中又说："朕，我，成王自称。到秦始皇，才定朕为帝王自我的专称。"句意畅通，使人茅塞顿开。

艾(ài)者，尽也。朱熹解释说："艾，如夜未艾之艾"(《集传》)。《案》曰："《毛传》云：'艾，尽也。'"这是古人的经典解释，此指武王之道未之有尽，必须继承。后人沿袭之说。然马瑞辰阐述道："艾、历与数皆同义，《笺》释'未有艾'为'未有数'，犹云未有历(阅历)也。未有历则难及，故《笺》又言'远不可及'"(《通释》)。释"艾"为"数"，亦通。于省吾《新证》云："'艾'之本字应作'嶭'多系夹辅之意。《毛公鼎》'亦唯先正克嶭乐辟'，言亦唯先正克辅其君也。"其认为"艾"为辅佐之意，指辅佐之臣。程俊英解释说："艾，阅历。《尔雅·释诂》：'艾，历也。'这句是说自己没有阅历经验，难以掌握武王圣明之道"(《注析》)。此三种解读，是否通顺，如何取舍？那就要靠读者进一步研读诗意，取证判断而定论之。

《郑笺》以"将"训为"扶将"。严粲《诗缉》云："无将大车。《笺》云：'将，犹扶进也。'"说明成王请求群臣辅助其典法而行之，继承武王之道。

关于"就"字，解法不一，主要有四种说法：一是《孔疏》谓："就，昭考之法也。将，扶也。"这是主流解释。二是程俊英《注析》解释谓："就，接近，达到，这里含有因袭义。按就的本义为成就、成功，此处是引伸义。"三是《尔雅·释诂》曰："就，成也。"《说文》："成，就也。"则"就"亦为成就。三是训释为"趋赴"。

"犹"者，通"序"，绪，指继续先王之道。《郑笺》释"犹"为"图"，马瑞辰《通释》曰："犹训为图，即谋也。"即图谋国业。故"犹"同"猷"，谋略。《尔雅·释诂》："猷，谋也。"猷、犹古通。程俊英、蒋见元《注析》："犹，又作猷，图谋、计划。这里指武王之道。据刘运兴《诗义知新》：上古"序"读邪母鱼部，"犹"读喻母幽部，邪喻邻纽，鱼幽旁转，二字音近相通。"继犹"者，谓"继序"，"继序"又读为"继绪"，指继续先王之道。

关于"判涣"一词，训释不一，主要有三种说解：一是释"判"为"分"，释"涣"为"散"。《毛传》《集传》均解释谓："判，分，涣，散。"此是主流解读，也是最符合诗意的解说。二是清马瑞辰释"判涣"为"大貌"。他在《通释》中说："判涣迭韵，字当读与《卷阿》诗'伴奂尔游矣'同。伴、奂皆大也，《说文》：'伴，大貌。''奂'字注：'一曰，大也。'……继犹判涣，言当谋其大者。""《小毖》诗以'小毖'名篇，言当慎其小也，此诗'继犹判涣'，言当谋其大也。作判涣者，假借字耳。"据刘运兴《诗义知新》:判涣,形容凡物事广大之迭韵连绵字也,又作伴奂、泮汗、澜汗。三是释"判涣"为"徘徊",指迟疑不定。高亨《今注》云:"判涣,徘徊不进。此句言我要继承武王的谋略,但尚徘徊不进。"审察诗义,概而言之曰:《集传》之说为是。

诗言"维予小子,未堪家多难",此两句言:我这三尺之童不堪遭受家邦多灾多难。《释文》云:"难如字,协韵乃旦反。"与前篇《闵予小子》有言"闵予小子,遭家不造",《小毖》重言曰:"未堪家多难。"吕祖谦引朱氏旧说:"家,犹言国也。""家多难"三字却包含了丰富的历史内容。此指成王遭父王之丧后,又连遭管叔、蔡叔、霍叔监殷,与殷后武庚一起叛周和淮夷之乱,史称"三监之变"。王先谦《诗三家义集疏》引黄山阐释说:"三年之丧,二十五月而毕,成王即吉,甫逾二年也。《尚书大传》曰:'周公摄政,一年救乱,二年克殷,三年践奄,四年建侯卫,五年营成周,六年制礼作乐,七年致政成王,东征三年,践奄而后归'与《豳诗》说合。三监之变,公亲致刑焉,骨肉摧残,正成王所谓'家难'也。访落之时,公既未归,难犹未已,惟其不堪多难,故访群臣而谋之。"唐孔颖达等经学家据此认定,诗中所述实情,当在周公摄政之前后,是颇有道理的。故《集疏》言少意丰,概括无遗。若借用论画,确实给人有"尺幅千里"之感。其辞言:

呜呼思昭考之道,国业任重又道远。
如今我去之悬绝,其正道未之有尽。
你群臣扶将于我,使昭考之法而行。
特恐我继承其道,且犹判涣而不合。
何也我三尺小童?才智短浅无实践。
未堪忍受邦家乱,许多危难之事变。

如用相对汉语说:呜呼!我思昭考之道,悠然远哉,邦国任重而道远,我去之悬绝,其道未之有尽。你群臣诸侯、大夫百官扶将于我,使就昭考之法而行之;特恐我继承其道,且犹判涣而不合,何也?维我三尺小子,才智短浅,未堪忍受国家许多艰难危亡之事。

成王进一步向群臣诸侯百官讲明国家当前面临的政治形势, 国业振兴,任重而道远。在《访落》中,成王诉说自己年幼无知,才智短浅、缺乏治国的施政经验,请求群臣诸侯辅佐,既陈实情,又表诚意。并以咏叹的语调出言,表现其任重道远、乘风破浪、奋勇向前的心态。同时,成王向诸侯群臣们训示:应该像武王一

样继承文王之道,将周朝之法施行于全国之内、朝廷上下。当前,首要的大事,群臣大夫、诸侯百官以及贤能志士,务必全力扶助于我,整理朝纲,捍卫国家。这是简短明确的主张。也许某叔周公旦,便是在这样的群臣百官集会之后,成为摄政王的吧!

当然,只有这些是远远不够的,对于群臣诸侯,更需要施以震慑。诗中两提成王(昭考、皇考),两提遵循武王之道,震慑即由此施出。最有力的震慑,是诗中所表达的遵循武王之道的决心:于乎思昭考之道,国业任重又道远。如今我去之悬绝,其正道未之有尽。

末四句叙述继承先王之道、祈祷于武王神灵保安其身。

"绍庭上下,陟降厥家。休矣皇考,以保明其身"。

绍者谓继承,指继承文武之业。或释继续。赵帆声《诗经异读》阐发说:"《郑笺》:'绍,继也。厥家为群臣也。继文王陟降庭止之道……'。曾运干云:'绍当读为昭,绍庭言明直也。"绍庭上下"言明直赏罚,以陟降群臣也。'此义亦略同《闵予小子》篇之'陟降庭止'。如是,《诗》假'绍'以为'昭'(zhāo),《说文》:'昭,日月也。'昭子于古音为章母宵韵,绍系禅母宵韵,二者同部,章、禅旁纽而通。"且唐莫尧《全译》解读说:"按《说文》:'绍,继也。'此'绍'可能继前篇《闵予小子》'陟降庭止'而言,谓神灵继续降临。《集疏》引黄山说:'绍当属鬼神言'。周王望神降临,不止一次,故言'绍'"。说解均有道理,但难以取舍,尚需读者谨慎研读此诗。

诗中"庭"字,指庙庭。钱澄之云:"庭,庙庭也。此庭本昭考精神所聚,予继处于此,而在上在下如或见焉,且不惟在庭也,即至燕居于厥家,亦望齐陟降不离以保明我也。""上下"(古音户)犹"陟降",此是避免与下句"陟降厥家"的重复。解见《闵予小子》。"绍庭上下,陟降厥家(古音姑)"两句说:上下于庭,陟降在家。自此以下,何楷云:"皆属望先王阴助默相之辞。"尚有学者认为"上下",是指升降官吏,任免臣下。

"陟(zhì 至),升也。由家上朝为陟,下朝回家为降,此句告诫百官按时理政"(高亨(《今注》),这种对"陟降"一词的解读,符合句意。但唐莫尧给出另一解释,他在《新注》中说:"'陟降厥家'降临其家,按'陟降'在此偏指'降下'。其家,王先谦《诗三家义集疏》说:'《笺》指"群臣"非。'疑'家'指庙堂言,庙堂亦为神的家。"其认为是神灵之升降,诗意难通。

更有经学家认为："率时昭考"，犹为《闵予小子》中的"继序思不忘"进一解。"于乎悠哉"则仿佛"路曼曼其修远兮"，只是诗的音节远较楚骚促。"未堪家多难"，何以要反复申说呢？比如在《小毖》，又比如与"遭家不造，嬛嬛在疚"也是仿佛。这一面是"谋"，是"求助"，一面则是要用"未堪"的忧惧来运化肩负重担的力量。诗的前八句，两句一意，由是一扬一抑迭为转折，到"未堪家多难"正好成一停顿，两层意思亦得以完足。读《闵予小子之什》中的这几篇，自然会记起那一片有名的毛公鼎铭。鼎是宣王时器，而宣王时代是所谓周之"中兴"的时代。中兴，便是重新振起衰落的精神。二《雅》中许多有振兴之气的篇章，诗《序》都系于宣王，虽然不尽可靠，但也不至于与史实相去太远。只是细读毛公鼎铭，却是不大见发扬蹈厉，倒是读出一种既忧且惧、兢兢惕厉的心态，与周初的这几篇《颂》诗颇相一致。那么所谓"中兴"，好像顶要紧的是重新找回这种心态。如此又不妨说，只有治世方有敬慎的清醒，或曰有此清醒，才有可能致治。其辞曰：

今绍继先王之业，所赖昭考之神灵。
在天默相上下庭，陟降在家思朝政。
美哉武王甚英明，庶几我得蒙其休。
保身无危亡之忧，明身无昏塞之患。

许谦阐释道："'绍庭上下'，欲法武王之正朝廷也；'陟降厥家'，欲法武王之齐其家也；'保明其身'，欲赖武王助其修身也；成王之学有本末先后矣。"其说有理，使人豁然开朗。《大雅·烝民》"既明且哲，以保其身"，可以视作"保明其身"的一个解释。朱熹说："明，谓明于理；哲，谓察于事。"那么，这是一种政治智慧罢，而周人在祈祷祖先护佑的虔诚中，也还保持着内省的明智。而唯一的法宝就是要效法武王，继承其道于上下，陟降俯仰于其家。只有如此，才能像武王那样，保其身无危亡之忧，明其身无昏塞之患，庶几能涉过深渊，渡过难关，将武王之道永远推向前。

然而，经学家们精辟论述道：新王权威的树立，关键在于群臣诸侯的态度。武王在世，诸侯臣服；然武王去世，成王继位，以前臣服的群臣诸侯，未必全都视成王如武王。成王始即政，对诸侯群臣的控制，自然比不上武王时牢固，原先稳定的政治局面，变得不那么稳定而处处隐藏着随时可能爆发的危机。这也十分自然。帝王的更替，特别是年幼的帝王取代成熟强大的帝王，给诸侯提供了权力

再分配的机会，局势不稳定的根源即在于此。使诸侯回到自己的牢固控制中来，便成为周王室必须面对的课题。当时周王室的象征是成王，而实际的掌权者则是摄政的周公，从这个意义上说，《访落》所体现的正是周公的思想，不过用成王的口气表达而已。

短短的十二句颂歌，表现了幼小成王诚惶诚恐的心理状态。姚际恒评析道："多少婉转曲折"，这不仅纯指访问之事，也点出了成王心理的婉转曲折。

婉转曲折，饱含情思。这是一首即政告庙诗，也是一篇庄严肃穆的就职誓词，更是一曲剖白心迹的颂歌。首二句发端，总叙诗旨，中八句就职誓言，意为二层。曲尽有致。前四句"一往追维皇皇如有所求而弗获之心"毕现。对于兴国富民的责任成王义无反顾，但毕竟年少，成王担心恐自己年轻，缺乏才智，难以取得众人的信任。"所谓学如不及，犹恐失之"(方玉润《诗经原始》)。淋漓尽致地表现了他慕道心切之情。故姚际恒评曰："多少婉转曲折。"后四句再次强调自己年幼无知，以致力量内耗，禁受不住家国多难的打击。所谓"忽觉熏蒿凄怆，若或见之，则又孝思之感动不能自已"，内心世界之表白清晰透彻，使人有亲临其境，如见其人之感。而"于乎悠哉""休矣皇考"这些虚词的运用，更增强了感情的抒发，字里行间充满感情。

敬　之

敬之敬之，天维显思。
命不易哉！无曰高高在上，
陟降厥士，日监在兹。
维予小子，不聪敬止。
日就月将，学有缉熙于光明。
佛时仔肩，示我显德行。

【概要】

盖成王朝祀于宗庙，与群臣诸侯谋国事。
诸群臣进戒于成王，成王虚心予以解答。
所学唯有续而明之，以求合于光明之道。
敬戒之哉敬戒之哉，其群臣进戒之辞曰：

【译文】

敬戒之哉敬戒之哉！悠悠天道而甚显明。
其命无常不易保住，无谓高极其高上天，
在上天而不吾明察，更当知其聪明明畏，
常若陟降吾之所为，无日不监视而在兹。
于是王从而答之曰：诸臣告我以敬之道，
小子自恨听之不聪。庶几如今虚心愿学，
日有所成月有所进，夫计以日月者为何？
所学唯有续而明之，以求合于光明之道。
且我负荷天下使命；其任甚重而道悠远。
赖群臣辅助我此任，德政施行天下安定。
必示我以显明之德，可见德行而得民心。
使我有所效法而为，敬之道不可以不敬。

【注释】

*敬：通"警"，警戒、警惕。宋严粲《诗缉》云："敬而又敬，勉之以诚之不已也。"《释名》："敬，警也。"马瑞辰《通释》："敬之，本义即警也。……敬之，敬之，犹云'戒之，戒之。'"一说戒慎。 之：语助词。 天维显思：天道显明。天，天道。维，是，助词。显，显明。《尔雅·释诂》："显，光也，又见也。"《集传》："显，明也。"或释明察。思，语助词。《集传》："思，语辞也。"

*命：天命，指承受天命。 不易：天命不易常保。马瑞辰《通释》："《大雅·文王》篇'骏命不易'，《释文》述《毛》云：'不易，言甚难也。'" 无曰高高在上：无谓高极其高之上天，在上而不吾察。《郑笺》："无谓天高高在上，远人而不畏也。"一

说指上帝高在天上不明察人间。无曰,无谓。

* 陟:升级。 降:降级。犹上下。一说上上下下管着其事。 厥:其,指代天。 士:事。程俊英、蒋见元《注析》:"《毛传》:'士,事也。'这里指政事。这句说上帝好像常升降于人间,察看人们所做的事情。 日:天天。 监:监视。《集传》:"无日不临监于此者,不可以不敬也。"

* 维:语助词。 予小子:成王年幼,自称小子。 不聪敬止:一说耳有所闻而警戒。一说听而谨慎。不聪,达于敬之之辞。《郑笺》:"不聪,达于敬之之辞。"不,一说语助词。聪,聪明。敬,通"警",聪。止,语助词。

* 日就月将:日有所就,月有所进。就,成就。将,行进。 学有缉熙于光明:学有渐积广大以至于光明之域。光明,心胸豁达。

* 佛(bì):通"弼",辅佐,扶助。《郑笺》:"佛,弼。" 时:是。助词。 仔肩:重任。《郑笺》《集传》均曰:"仔肩,任也。" 示:指示。 显:显明。 德行:德之见于行者。光明的德行。

【品鉴】

《敬之》是《闵予小子之什》的第三篇,字面的意思不是很难理解,但它的主旨到底该怎么理解,却不是那么容易搞清楚的。古今历代经学家解释不一。归纳起来主要有四种说法:

第一,群臣进戒说。《毛序》认为此诗的主旨是"群臣进戒嗣王。"这是古人以《毛序》为代表的主流之说,后儒多因循之。如唐孔颖达认为"《访落》,与群臣共谋;《敬之》,则群臣进戒。文相应和,事在一时"(《孔疏》)。朱熹沿袭此说,并解读道:"成王受群臣之戒而述其言曰:敬之哉,敬之哉!天道甚明,其命不易保也。无谓其高而不吾察,当知其聪明明畏;常若陟降于吾之所事,而无日不临监于此者,不可以不敬也"(《集传》)。然而,林义光却一反此说,他反驳说:"按诗言'维予小子',又言'示我显德行',则是嗣王告群臣,非群臣戒嗣王也"(《诗经通解》)。他认为并非群臣警戒嗣王,而是嗣王告诫群臣。唐莫尧却又一反此说:"《诗义会通》认为'《毛序》乃臆说也。……独不思"维予小子"非群臣所得言乎?'但也不是'嗣王告群臣',此以为周王朝庙,表示尊重天命,希望上天扶助、启示。诗的末二句'佛时仔肩,示我显德行',明是周王祈天佑助的话。"(《诗经全译》)。

但综观此诗,诗意难通。故这两种解释仍不是一个相当有说服力的推论,故歧义并没有就此结束。

有学者认为:《毛诗序》说《敬之》是“群臣进戒嗣王”之作,不仅与诗中“维予小子”的成王自称不合,也与全诗文意相悖。无论从字面还是从诗意看,《敬之》的主动者都不是群臣,而是嗣王即成王。诗《序》之所以说“群臣进戒嗣王”,或许是出于成王在周公辅佐下平定叛乱、克绍基业而又有所巩固发展的考虑,其善意用心无可厚非,却并不合乎实情。这种解读虽然结论未必正确,但思路却是很有道理的。

第二,“双方问答”之辞。东汉经学大师郑玄甚有见解:“王既承其戒,答之以谦曰:‘维予小子。’”以一诗断作双方问答之词。清姚际恒也认同此说:“此群臣答《访落》之意,而成王又答之也”(《通释》)。但清方玉润不信上述之说,他剖析了《毛序》《集传》以及姚际恒各说之后,并阐述说:“盖此诗乃一呼一应,如自问自答之意,并非两人语也。一起直呼‘敬之敬之’,至‘日监在兹’,先立一案:……故‘唯予小子’以下亦即紧承上文,相应而下,机神一片,何容分作两截,并谓二人语耶?”(《诗经原始》)。方氏极力反对两人语之说,并明确肯定此诗为“自问自答”,是完整的统一体。对于《郑笺》双方问答之说,清吴闿生也批驳说:“《郑笺》乃曰群臣进戒,故王承之以谦,以一诗断作两方问答之词,全《诗》中并无此例,皆有曲徇《序》说之误也”(《诗义会通》)。但问题还有另一种解释,清《案》云:“此诗述君臣相告语之言,诗人代为之辞耳”。这里“群臣相告”仍指两人之说。

第三,调和折中说,即调和上述二说之异。唐孔颖达阐释道:“诗人述其事而为此歌是也”(《孔疏》)。朱熹进一步解释《敬之》说:“首节,成王受群臣之戒而述其言;次节,此乃自为答之之言”。朱熹是这种观点的代表,《诗集传》以为此诗的前半部分“成王受群臣之戒而述其言”;后半部分乃“此乃自为答之之言”。从诗的内容上分析,《毛序》只说得上半截文意;从作者看来,《毛序》认为是群臣所为。故吴闿生反驳说:“闵予以下四诗,皆作成王语气,此《序》以为‘群臣进戒嗣王’,乃臆说也。彼但见篇首‘敬之敬之’,遂以为群臣戒词。独不思‘维予小子’非群臣所得言乎?”(《诗义会通》)。吴氏反驳“群臣进戒嗣王”之说,论据不成立,没有说服力。

第四，成王悔过告庙说。这是高亨自成独家之见。他在解读《闵予小子》时就说：《闵予小子》《访落》《敬之》《小毖》四篇，似是一篇的四章，是周成王所作的悔过诗。周成王灭殷，封殷纣王的儿子武庚于殷地，命管叔、蔡叔监视他。武王死，成王立为王，年幼，由叔父周公代管国政。管叔等散布流言，说周公要篡位，成王也怀疑周公。周公为了避嫌，领兵到东方去了。不久，武庚、管叔、蔡叔和徐国、奄国背叛周王朝，成王觉悟，迎回周公。周公领兵东征，平了叛乱。成王在武庚等叛变以后，认识到自己怀疑周公的错误，因作这篇诗，表示悔过，以告于文王武王宗庙。诗分四章，今本《周颂》误分四篇(《今注》)。按照这个惯例，其依然将《敬之》解释谓："这也是周成王所作的悔过告庙的诗。"这种阐述思路虽有道理，但仍缺乏历史佐证和训诂上的支持，只能是推理而已。

第五，成王自己警戒说。程俊英在《注析》中评析道："这是成王警戒自己的诗。《毛序》说：'敬之群臣进戒嗣王也。'因此，有人认为前六句是群臣进戒周王之辞，后六句是周王受戒的答辞。方玉润不信此说，他说：'盖此诗乃一呼一应，如自问自答之意，并非两人语也。一起直呼"敬之敬之"，至"日监在兹"，先立一案：……故"唯予小子"以下，亦即紧承上文，相应而下，机神一片，何容分作两截，并谓二人语耶？'林义光《诗经通解》则驳之曰：'按诗言"维予小子"，又言"示我显德行"，则是嗣王告群臣，非群臣戒嗣王也。'方、林二氏的分析主题，与诗的内容合"。这个问题如果这样解决之后，前后文却出现了矛盾。因为：

一是"盖此诗乃一呼一应，如自问自答之意，并非两人语也"。方氏认为是自问自答，并非两人语；即自问自答之诗，不合情理，仅是推测而已。

二是"按诗言'维予小子'，又言'示我显德行'，则是嗣王告群臣，非群臣戒嗣王也。"林氏的解释不能自圆其说，因为，首先，诗中"维予小子"一句，意思是说：你们诸臣告我以敬止之道，予(我)小子自恨听之不聪，今愿虚心求学——无论从口头文学的一般流传过程来看，还是从先秦文献的传承规律来看，这种情况是符合逻辑的。其次，又言"示我显德行"，意思是说：必示我以显明可见之德行，使我有所效法(文武之德)。从诗意来看，显然指的是群臣"示我"，并非我示群臣，这样解释才符合诗情。

对于此诗的创作年代如何定位，《毛序》《集传》均认为《闵予小子》《访落》《敬之》《小毖》按照其排序，构成一个组合体而成为《闵予小子之什》的核心，形成历代经学家的主流共识。而且,《毛序》认为依此表达“嗣王朝于庙”“嗣王谋于庙”“群臣进戒嗣王”“嗣王求助”,似乎是按预定写作计划一气呵成。朱熹在解读《闵予小子》时说:“此成王除丧朝庙所作,疑后世遂以为嗣王朝庙之乐。后三篇放此”(《集传》)。他认为上述四篇是一时之作。但有学者一反此说,认为这四篇虽确定为内容乃至人物都相关的一组诗,并非作于一时:前两篇当作于武王去世、成王即位之初;《小毖》作于周公归政之后;《敬之》则应作于二者之间的某一个时期,此时成王已有了在周公辅佐下执政的一段经历,正处于自冲动走向成熟的过渡途中。看来对此仍有分歧,故尚需进一步考证。

综研《敬之》,细审诗义,其主旨是:成王朝庙而与群臣谋事,群臣进戒于王,成王虚己以答,诗人并述之为此歌,其群臣进戒之辞。《敬之》与《方落》作于同时。诗旨近似,但又似中有异。《访落》侧重访问群臣诸侯,敬祖皇考;《敬之》侧重自为答之之言,敬祖勉己。

诗凡一章,共十二句,采用赋体,直抒其事。前后直贯,一气呵成。前面已经说过,朱熹认为《敬之》可分两节:经考察结构,细研诗义,从开端到“日监在兹”为首节,主要是遵循天道的同时,成王受群臣之戒而述其言。

首节道:“敬之敬之,天维显思。命不易哉!无曰高高在上,陟降厥士,日监在兹。”

要彻底弄清此诗主旨,在赏析之时,我们需采用训诂之法,对诗中词语的意义作科学的解释,这是理解此诗主旨的基础。由于古今语言、词汇、音义的变化,用今言解释《诗经》中的古语;由于各地方言俗语不同,用通行语释方言。现代的古汉语词典和方言词典分别体现这两项宗旨,这也是注解、翻译、赏析《诗经》的宗旨。

然而,训释《诗经》中的词语是要用义训的方式,所谓义训,是以词语在语言中实际使用的意义直接解释词义,不从字形结构或字的音义关系上去分析推论,而以通语、常语去解释《诗经》中不易知的文言、古语和方言俗语。这是我国后来一般解释《诗经》以及古书词语的字书、辞书所通用的方式。义训解释的具体方法很多,对《诗经》的训诂主要有以下方法:

第一,直训,即直接用一个单词解释一个单词。如:《释名》云:“敬,警也。”之:语助词。天:天道。

第二，义界，即用一句话或几句话对所释词语的意义做出概括的解说。例如：严粲云："敬而又敬，勉之以诚之不已也。"马瑞辰《通释》阐释说："敬之，本义即警也。……敬之，敬之，犹云'戒之，戒之。'"但使用义界有四种情况：

一是被释古语词或方言语词找不到相当的今语或通语来对释，只能对其意义概括解释。例如：命：天命，指承受天命。不易：天命不易常保。

二是被释词为专名词或基本语词，无法用别的单词对释，只能对其含义具体说明。例如：唐莫尧《诗经异读》阐述谓："《郑笺》：'群臣见王谋即政之时，故因时戒之曰：'敬之哉，敬之哉！天乃光明，去恶与善，其命吉凶不变易。'按：'敬之哉'之前，《笺》言'戒之曰'，然则此敬字当读如'警'(jǐng)，《说文》：'警，戒也。'此诗'敬之敬之'，即戒之，戒之！警与敬古字通用。"

三是对被释的名物的形象或特性做具体的描述。例如："狒狒，如人，被发，迅走，食人。"又如："九州"，则将九州名称及位置逐一说明。

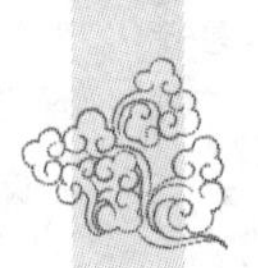

四是对某些词语的历代沿革做解释，或对成语语句做解释。例如：程俊英、蒋见元《注析》："《毛传》：'士，事也。'这里指政事。这句说上帝好像常升降于人间，察看人们所做的事情。"这样除了达到训义的目的，又便于掌握和比较同义词。

第三，递训，即为了说明词义，几个词辗转相训。例如：不易：马瑞辰《通释》："《大雅·文王》篇'骏命不易'，《释文》述《毛》云：'不易，言甚难也。'"无曰：无谓。无曰高高在上：无谓高极其高之上天，在上而不吾察。《郑笺》："无谓天高高在上，远人而不畏也。"《集传》："无谓其高而不吾察，当知其聪明明畏。"又如"芣苢，马舄；马舄，车前"。芣苢是古语词，用俗语马舄来训释，用这个俗语词怕不完全为人们所了解，所以又用药草名"车前"再作训释，芣苢的训义就完全清楚了。递训就是对训释词再作训释，以求准确地表明被训释词词义。

第四，同训，即把一组同义词汇集起来用一个常用的词语来解释，被释词是古语词，释词是当代语词。

第五，分训，即对多义字的训释，或分条分别说明它们的意义，或在同条中分别列几个义项，依次训释。

综上所述，训诂方法是多种多样的，在《诗经》中被释的语词有单词、复词，也有四字的成语和古籍中难懂的语句。成语和语句大多出自《诗经》。在得到训诂支持的基础上，然后对《敬之》首节翻译如下：

敬之哉、敬之哉！天道甚明，命不易保；无谓高极其高之上天，在上而不吾察，当知其聪明明畏，常若陟降于吾之所为，无日不监视而在兹，不可以不敬也。

朱熹解读首节说："成王受群臣之戒而述其言曰：敬之哉敬之哉！天道甚明，其命不易保也。无谓其高而不吾察，当知其聪明明畏；常若陟降于吾之所事，而无日不临监于此者，不可以不敬也"（《集传》）。朱氏之说，颇符诗旨。

此诗开门见山、单刀直入，以复沓句式、急促的节奏，给自己敲起警钟，提醒自己要以明德配天道而行。由于天道甚明，命不易保住，故不能轻视。它居高临下，时刻监视着人间，凡是国政、奖惩、赏罚、升黜，他都明察秋毫，所以不可掉以轻心，严格要求自己，检查督促自己，使自己的所作所为既不悖文武之道，又合乎天命之意。为天树立威信，为自己树立权威。诗从另一角度、另一侧面补充塑造了一位严于责己、勤奋好学、追求正道的幼主形象。

周人为了巩固政权，他们给君权统治蒙上一层神秘的宗教色彩，创造了一个在冥冥之中主宰世界的自然神——天道（或称上帝），以代替殷人对鬼神的崇拜。《尚书·周书·多士》上说："旻天天降丧于殷。"认为殷商的灭亡和周代的兴盛都是出于天道。周朝的各位君王也都自称是受命于天的"天子"。正如《昊天有成命》一诗说："昊天有成命，二后受之，成王不敢康，夙夜基命宥密。"意思是说：周家积功而累仁，苍天祚周王业盛，已有定命而不易。文王武王有功绩，乃受命而有天地。至于成王继遗志，天之眷周犹昔日。然使恃受有天命，康好逸豫天难堪，天命靡常归德显。成王不敢康宁安，早夜敬慎不懈闲。积德承借成天命，极其宏深而静密。成王继位之初，自然首当祭天。

此诗前六句叙述了顺天道而行的两层道理：首先，天命从来不变易。"天"即天道，眼下之意是周王朝受命于天，只要奉行天道，必将获得昊天的福佑；而且人对天只能被动地顺适，而不能改变天道。其次，昊天是世间万事万物的唯一主宰。清陈启源解释"陟降厥士"一句说："天之事也，二气之运行，万物之化育，皆天升降其事也"（《毛诗稽古编》）。而且天明察秋毫、洞悉幽微，世上人人的所作所为均在昊天的监视之下，正如后世俗语所谓"善有善报，恶有恶报"。鉴于上述两个原因，所以不能不奉祀昊天。"祭天"思想是西周王朝的正统思想，但以"无曰高高在上"一句，可以看出它也有其对立面。后来子产便说："天道远，人道迩，非所及也"（《左传》）。而《尔雅·十月之交》的"下民之孽，匪降自天"，《雨无正》的

"昊昊浩天,不骏其德",竟公然对至高无上的"昊天"提出了怀疑和指责。当然,"祭天"的思想由于得到孔丘和董仲舒的继承而更加发扬光大。成王的"敬天"便是孔丘要恢复的"周礼"之一。

自"维予小子"至结尾为次节,主要是自为答之之言。前后两节是一个有机的不可分割的整体,有内在的联系,各有侧重,互为补充。

次节云:"维予小子,不聪敬止。日就月将,学有缉熙于光明。佛时仔肩,示我显德行。"这里仍用训诂之法,加深理解。

直训训诂法:维:语助词。予小子:成王年幼,自称小子。不:聪:聪明。不聪:《郑笺》:"不聪,达于敬之之辞。"

递训训诂法:马瑞辰《通释》解释说:"《广雅》:'聪,听也。'不为语助。'不聪敬止',谓听而警戒也。承上'敬之敬之'而言。"程俊英、蒋见元《注析》解读说:"聪,聪明。此处是听从之意。"敬:通"警",聪。上古警、敬并读见母耕部,二字同音通用。《释名·释言语》曰:"敬,警也。"警者,敏悟也。诗曰"不聪敬(警)止"嗣王自谦之辞也。

直训训诂法:止:语助词。日就月将:日有所就,月有所进。《集传》:"将,进也。"陈奂《传疏》阐释说:"《淮南子·修务篇》引诗,高注云:'言为善者日有所成就,月有所奉行。"另有马瑞辰《通释》云:"日就月将止,谓日久月长,犹言日积月累耳。"又云:"《广雅·释诂》:'就,久也。'《楚辞》:'恐余寿之弗将。'王逸注:'将,长也。'"

义界训诂法:缉熙:续而明之以至于光明(《集传》)。犹积渐广大。马瑞辰《通释》说:"此《传》文又以光为广,广犹大也。《说文》:'缉,积也。'积之言积,……缉熙,当谓积渐广大以至于光明。""……缉熙与光明,散之则通,对文则缉熙者积渐之明,而'光明'者广大之明也。《笺》言'学于有光明之光明者。'失之。"学有缉熙于光明:学有渐积广大以至于光明之域。按"有",能够。作助动词。高亨《今注》谓:"奋发前进。此二句言:我将奋发学习,坚持不懈,以期至于心明眼亮"。

直训训诂法:佛:通"弼",辅佐,扶助。《郑笺》曰:"佛,弼。"《集传》云:"佛,弼通。"时:是。助词。《郑笺》曰:"时,是。"仔肩:重任。《郑笺》《集传》均曰:"仔肩,任也。"

递训训诂法:马瑞辰《通释》阐发说:"《说文》:'奃,大也。'……《传》以佛为奔之假借，故训为大。……至《笺》训佛为‘辅’者，盖以佛为弼之假借，……古弼字其音均与佛近，故弼可惜作佛也。……以经文求之，从《笺》读弼为长。”又如：马瑞辰《通释》阐释谓：“‘仔肩’，《传》训克，《笺》训任，其义相承。《尔雅·释诂》：‘肩，克也。’《说文》：‘仔，克也。’二字同义。克，胜也；胜，亦任也。”程俊英、蒋见元《注析》解读说：“仔肩，《毛传》：‘仔肩，克也。’《说文》：‘克，肩也。’仔肩同有克义，引申为重任。”赵帆声《诗经异读》云：“《传》：‘佛，大也；仔肩，克也。’《笺》：‘佛，辅也；时，是也；仔肩，任也。’按：《笺》以辅释佛，此佛字当读如‘弼’。《书·大禹谟》：‘以弼五教。’《传》：‘弼，辅也。’连言之亦曰弼辅。《经籍籑诂》：‘弼，《集韵》通作佛。’‘佛时仔肩’，即言辅助乃肩上之重任。仔肩，责任。”公木、赵雨《诗经全解》云：“时，黄典诚《通译新诠》谓为‘善’。佛时即以善相佐，仔，保。唐兰《殷虚文字记·释保》：‘仔即保字也。盖后人不知仔即保字，因读为子声耳。’肩，黄典诚《通译新诠》谓为‘贤’，仔肩即以贤相保。”

在得到训诂支持的基础上，将次节作确切的如下翻译：

于是成王从而答之曰：你们诸臣告我以敬止之道，我(予)这小子自恨听之不聪。今愿虚心求学，庶几日有所成，月有所进，夫计以日月者何也？盖所学唯有续而明之，以求合于光明之道而已。

且我负荷天下，任重而远，你们诸臣当辅我此任，无为面从容悦，必示我以显明可见之德行，使我有所则效(效法文武之德)。

诗中“不聪敬之”一句，既是达于敬之之辞，更是成王的自谦之词。年幼的成王，面对年龄较长的群臣，往往采取一种谦恭的姿态，表达严于律己的意愿更是如此。所以说，因我年幼无知，告我以敬止之道，自恨听之不聪，尚不完全懂得祭天、遵循天道而行的道理。

与谦虚谨慎相辅而行地是勤奋好学，这是成王内在美德的另一表现。一再表示自称“予小子”，承认自己年幼无知、缺乏执政能力、阅历浅薄、更无经验。但要担当治国重任，就必须具备踏踏实实地刻苦学习的精神和奋发有为的进取精神。“日就月将，学有缉熙于光明”两句，表明自己愿意虚心求学，庶几日有所成，月有所进，通过日积月累，盖所学唯有续而明之，以求合于光明之道，负起承继大业的重任。认识到要开启智慧的大门，就应掌握广博的知识，丰富的经验，而这些知识的获得，要靠日积月累的顽强拼搏，坚忍不拔的毅力和坚定不移的意

志，这是一种十分可贵的精神，是坚信自己力量的表现。

结尾两句："佛时仔肩，示我显德行"，是成王对大臣的冀望，所谓"德行"，是文武之王秉承于天而施于人的品行、德政。而成王的大臣中不少是武王的辅弼，受武王德行沾溉。于是成王要求他们，把文武之德讲给自己听，使我有所则效（效法文武之德），继承其遗志，辅助自己承担起昊天赋予的历史使命与国家重任。

《诗义折中》云："周公戒王曰：皇自敬德；召公戒王曰：王其疾敬德；今曰：敬之敬之，见天之不假易也；今夫天之明命，内丽于人心而外著于事物，所谓至善止而不移也。学之者必致吾心之知明于所止，而默识之所谓缉熙于光明也。必励吾身之行，得其所止而固守之所谓显德之行也。知止而后敬纯于心，得止而后敬达于事，故致如力行者主敬之实功也。大学言敬止而继以道学，自修中庸言慎独而归于明善诚身皆是道也。"这段精辟论述，道出了此诗的深刻内涵。

诗歌发端，起首突兀。不同凡响，引人注目的开头，是古代诗人们不断追求的目标之一。沈德潜说："起手贵突兀"（《说诗以晷语》）。谢榛也有类似的说法："起句当如爆竹，骤响易彻。"此诗开篇即以"敬之敬之"，大似劈空而来，突兀而起，"意甚警切"，融进诗人强烈的感情色彩，使人惊讶、警觉、醒悟，颇具吸引人的力量。

鲁颂

駉

駉駉牡马，在坰之野。
薄言駉者，有驈有皇。
有骊有黄，以车彭彭。
思无疆，思马斯臧！

駉駉牡马，在坰之野。
薄言駉者，有骓有駓。
有骍有骐，以车伾伾。
思无期，思马斯才！

駉駉牡马，在坰之野。
薄言駉者，有驒有骆。
有駵有雒，以车绎绎。
思无斁，思马斯作！

駉駉牡马，在坰之野。
薄言駉者，有骃有騢。
有驔有鱼，以车祛祛。
思无邪，思马斯徂！

【概要】

僖公能遵伯禽之法，俭以足用宽以爱民。
务农重谷牧马之盛，鲁人遵之史克作颂：

【译文】

駉駉然马腹干肥张，此牧良马骒牝之壮。
牧地则在坰远之野，固得其所不妨民田。
今牧马之盛事有成，駉马非一种类甚多。
聊言此駉者是何马？有腾跃白跨之驈马，
有疾驰黄白之皇马，有奔腾纯黑之骊马，
有驰骋黄骍之黄马，驾车则彭彭而驰盛。
此由我公经过有方，凡所思虑深广无穷，
至于国家马政攸关，皆其思之深远所及，
是以驾车彭彭之盛，如斯之善立心之远。

駉駉然马腹干肥张，此牧戎马骒牝之壮。
牧地则在坰远之野，固得其所不妨民田。
今牧马之盛事有成，駉马非一种类甚多。
聊言此駉者是何马？有苍白相杂之骓马，
有黄白相杂之駓马，有赤而微黄之骍马，
有青而微黑之骐马，驾车则伾伾而有力。
此由我公经过有方，思虑远长无有期限，
至于国家马政攸关，皆其思之长远所及，
是以驾车伾伾有力，如斯材用立心之远。

駉駉然马腹干肥张，此牧田马骒牝之壮。
牧地则在坰远之野，固得其所不妨民田。
今牧马之盛事有成，駉马非一种类甚多。
聊言此駉者是何马？有青骊白鳞之驒马，

有白马黑鬣之骆马，有赤身黑鬣之骝马，
有黑身白鬣之雒马，驾车则绎绎然相续。
此由我公经过有方，思之详审无有厌倦。
至于国家马政攸关，皆其思之远谋所及，
是以驾车络绎不绝，如斯奋起立心之远。

駉駉然马腹干肥张，此牧驽马骒牝之壮。
牧地则在坰远之野，固得其所不妨民田。
今牧马之盛事有成，駉马非一种类甚多。
聊言此駉者是何马？有阴白杂毛之骃马，
有彤白杂毛之騢马，有豪在骭而白驔马，
有二目白似鱼目马，驾车则祛祛然疾驰。
此由我公经过有方，思无邪曲性情纯正。
至于国家马政攸关，皆其思皆正道所及，
是以驾车祛祛强健，利在善行立心之远。

【注释】

*駉駉(jiōng)：良马肥壮貌。《毛传》："駉駉，腹干肥张貌。重言駉駉者，非一马也。"三家《诗》作驍。　牡马：壮大之马。陈奂《传疏》："牡马，谓壮大之马。犹驷马之称四牡，不必读为牝牡之牡也。"高亨《今注》："駉駉，马肥壮貌。牡，《释文》：'牡本或作牧。'《颜氏家训·书证》：'江南书皆为牝牡之牡，河北本悉为放牧之牧。'按当作牧马，即放牧的马。"一说雄马。一说公马。　在坰(jiōng 扃)：在遥远的郊外。《毛传》："坰，远野也。"《郑笺》："必牧于坰野者，辟(避)民居与良田也。"《孔疏》："坰者，阔远之义。"《集传》："邑外谓之郊，郊外谓之牧，牧外谓之野，野外谓之林，林外谓之坰。"程俊英、蒋见元《注析》："坰(jiǒng 炯)，三家诗作駉。遥远的野外。这里指鲁僖公的牧马之地。《说文》：'駉，牧马苑也。《诗》曰：'在同之野'。"　野(古音暑)：郊外谓之野。《毛传》："邑外曰郊，郊外曰野。"

*薄言：聊且之意。语词。一说薄为聚。高亨《今注》："《广雅·释诂》：'薄，聚也。'言，读为焉。薄焉即聚而成群。"一说薄言为赶快。(参见《周南·芣苢》。

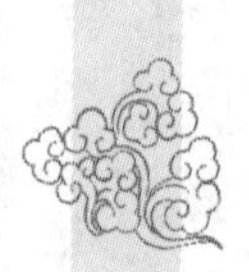

駉:同骁,良马。程俊英、蒋见元《注析》:“駉,同骁,《说文》:‘骁,良马也。’”一说疑作观。按“薄言駉者”,“薄言”在《诗经》中有多处,无一处不可以用“赶快”“快快”“马上”等解之。“駉”,《传》为“肥壮”义;《说文》释“駉”为“牧马苑”(养马场),无论哪一说,“赶快駉(肥壮)(牧场)者”均不成词句。此“駉”当如《小雅·采绿》“薄言观者”的“观”字。句式一样,其意亦一样。王先谦《诗三义集疏》谓“在駉之野”之“坰”,当为“駉”,“疑亦后人误改”。此句“薄言駉者”,《传》释为“牧之坰野则駉駉然”,其错讹当由来已久。一说駉通“诇”。侦察(黄殿诚《诗经新铨》)。者,犹哉。一说通“诸”。犹之。 有驈(yù):有白胯黑马,胯意两股之间。 有皇:有黄白色马。《鲁诗》作騜。《毛传》:“骊马白胯曰驈,黄白曰皇。”《孔疏》:“黄而杂白者,名之为皇。”但高亨另有解释,他在《今注》中说:“驈(yù 浴)、皇,《毛传》:‘骊马白跨(胯)曰驈。黄白曰皇。’亨按:此说很难理解。驈之名疑出于鹬。《尔雅·释鸟》:‘翠,鹬。’鹬即翡翠的别名。马的毛色似翡翠,所以名鹬。皇之名疑出于蝗。蝗虫灰黄色。马的毛色似蝗,所以名蝗。”

*有骊:有纯黑色的马。 有黄:有黄红色的马。《毛传》:“纯黑曰骊,黄骍曰黄。”《孔疏》:“黄骍者,谓黄而杂赤者也。”《集传》:“骊马白胯曰驈,黄白曰皇,纯黑曰骊,黄骍曰黄。”马瑞辰《通释》:“此诗假‘黄’为‘皇’。” 以:用。指用来驾车。王先谦《诗三家义集疏》:“以,用也。用车以驾。” 彭彭(古音旁):马壮强盛貌。《毛传》:“彭彭,有力有容也。”《集传》:“彭彭,盛貌。”袁梅《译注》:“与‘骈骈’通用。音 pang(旁)。”彭,通“骈”。

*思无疆:言其思之深广无穷。王先谦《诗三家义集疏》:“思无疆者,言僖公思虑深微,无有疆畔。即牧马之法亦皆尽善,致斯蕃庶,与《定之方中》诗美卫文公‘匪直也人,秉心塞渊,騋牝三千’同意。”思:思虑、谋虑。无疆,无限。据杨合鸣《疑难词语辨析》:思虑深微,无有止境。于省吾《新证》:“本诗之无疆和无期,是指牧马繁多,不可胜数为言。”王先谦《诗三家义集疏》:“案上‘思’,思虑。下‘思’,语词。” 斯:其。犹之也。 藏:善,好。《郑笺》:“藏,善也。”高亨《今注》:“斯,犹之也。下三章同。藏,善也。此句指牧马者一心想把马养好。”

*有骓(音隹 zhuī):有苍白杂毛的马。 有駓(音丕 pī):有黄白杂毛的马。《毛传》:“苍白杂毛曰骓,黄白杂毛曰駓。”《集传》:“仓白杂毛曰骓,黄白杂毛曰駓。”高亨《今注》:“骓(zhuī 追)、駓,《毛传》:‘苍白杂毛曰骓,黄白杂毛曰駓。’亨

按:骓之名疑出于雏,雏即鸽子,色苍白。马的毛色似雏,所以名骓。駓之名疑出于罴,駓罴一声之转。《尔雅·释兽》:'罴如熊,黄白文。'马的毛色似熊,所以名駓。"亦有道理。

* 有骍(xīn):有赤黄色的马。 有骐(qí):青黑相间有棋子纹马。《毛传》:"赤黄曰骍。"《孔疏》:"谓赤而微黄。"《毛传》:"苍骐曰骐。"《孔疏》:"骐者黑色之名,苍骐曰骐,谓青而微黑,今之骢马也。"《集传》:"赤黄曰骍,青黑曰骐。" 伾伾(pī丕):马壮有力。《毛传》:"駓駓,有力也。"《孔疏》:"此章言戎马,戎马贵多力,故云伾伾有力。"一说驾车快捷的样子。

* 无期:思虑远长,无有期限。《集传》:"无期,犹无疆也。"据杨合鸣《疑难词语辨析》:思虑远长,无有期限。唐莫尧《新注》:"无期:无已。指牧马繁多数不完。《小雅·南山有台》:'万寿无期。'于省吾《新证》:"《虢季盘》称'万年无疆',《王孙寿甗》称'万年无諆'。'无疆'于'无期'语例相仿,即无止已和无算之义。" 才:读如"材"(cái);多材,即谓多用。因马壮肥健有多材力诸用途,而非言其智力。《毛传》训"多材"。《集传》释"材力"。《案》:"才通作材,言其有用也。"《经籍籑诂》:"才,通作材。"是才、材古字通用。才,即谓多材力之用途。一说成材。《庄子·徐无鬼》:"天下马有成材。"程俊英、蒋见元《注析》:"才,通材。《释文》:'材,本作才。'这里用作动词,指成材。这句意为:他牧的马是那样的成材。王先谦《集疏》:'思无期者,思虑远长,无有期限,即马亦多成材也。'"一说才能。

* 有驒(tuó):有青黑色而带鱼鳞状花纹马。《毛传》:"青骊驎曰驒。"《尔雅·释畜》:"青骊驎驒。"孙炎注:"色有浅深,似鱼鳞。"郭璞云:"今之连钱也。"《集传》:"青骊驎曰驒;色有深浅,斑驳如鱼鳞,今之连钱也。" 有骆:有白色而黑鬣的马。《毛传》:"白马黑鬣曰骆。"《集传》:"白马黑鬣曰骆。"高亨认为:"驒(tuó驼)、骆,《毛传》:'青骊驎(鳞)曰驒。白马黑鬣曰骆。'亨按:驒之名出于鼍。《说文》:'驒,青骊白鳞,文如鼍鱼。'骆之名出于鹭,所以名骆"(《今注》)。

* 有骝(liú):有赤身黑鬣的马。 有雒(luò):有黑身白鬣的马。《毛传》:"赤身黑鬣曰骝,黑身白鬣曰雒。"《集传》:"赤身黑鬣曰骝,黑身白鬣曰雒。"《释文》:"雒,本作骆。"高亨《今注》:"骝(liú 留),雒(luò 洛),《毛传》:'赤身黑鬣曰骝。黑身白鬣曰雒。'亨按:骝与骝同。骝之名出于榴。马身的毛色红似榴花,所以名骝。雒之名疑出于燕乌。《小尔雅·释鸟》:'纯黑而反哺者谓之乌,小而腹下白、不反

哺者谓之雅乌，白项而群飞者谓之燕乌。’燕乌合音为雒。雒马的毛色似燕乌，所以名雒。”但唐莫尧《全译》认为：“雒（luò 洛）：黑身白鬃马。按《释文》本作‘骆’。此处之‘雒’于上句‘有骍有骆’的‘骆’字复，恐有益处错讹。” 绎绎：言其步武相续。《毛传》训为“善走”。唐莫尧《全译》：“按《说文》：‘绎，搯丝也。’以蚕茧缫丝不断引出，喻马跑不停。故《毛传》：‘绎绎，善走也。’”《集传》：“绎绎，不绝貌。”这里形容马跑得快。

* 无斁：所思无有厌倦。王先谦《诗三家义集疏》：“思无斁者，思之详审无有厌倦。”据杨合鸣《疑难词语辨析》：思虑远长，无有期限。 作：奋起。《集传》：“作，奋起也。”何楷云：“即易为作足之作，谓奋迅而动作也。”一说腾跃。形容骏马腾跃神气的样子。一说作为。《说文》：“作、造，为也。”犹二章“才”。一说形容词，训为“调习”，娴熟的样子。一说生。此句言牧马者希望马大量繁殖。

* 有骃（yīn 因）：有浅色带白色相间的马。《尔雅》：“阴白杂毛骃。”郭璞云：“阴浅黑，今之骢也。”《集传》：“骃，阴浅黑色，今泥骢也。” 有騢（xiá 遐）：有赤身而杂有白毛的马。《尔雅》：“彤白杂毛騢。”郭璞云：“彤赤也，即今赭白马。”《集传》：“彤白杂毛曰騢。”高亨《今注》：“骃、騢（xiá），《毛传》：‘阴（黔）白杂毛曰骃，彤白杂毛曰騢。’亨按：骃之名出于羷。《说文》：‘羷，黑羊。’骃马黑色杂有白毛，成浅黑色，似羷羊，所以名骃。騢之出于霞，霞是赤色夹有白色。騢的毛色似霞，所以名騢。”

* 有驔（diàn）：有黑身而黄脊的马。《尔雅》：“无文。”《毛传》：“豪骭曰驔。”《孔疏》：“骭者膝下之名，豪在骭而长白也。”《集传》：“豪骭曰驔，豪在骭而白者。”高亨《今注》：“驔（diàn 店），《说文》：‘驔，骊马黄脊。’亨按：驔之名疑出于鱏（xún 旬）。《玉篇》：‘鱏，鲔也。’陆《疏》：‘鲔，似鳣而青黑。’盖鲔鱼颈上有鳍，黄色。驔的毛色似鱏，所以名驔。鱼，当是马灰白色而有鱼鳞文，所以名鱼。”唐莫尧《全译》：“《毛传》：‘驔，豪骭白曰驔。’《说文》段注疑‘驔’与‘骝’本一字。《说文》‘驔’下云：‘骊马黄脊’；‘骝’下云：‘马豪骭白也。’” 有鱼：有两眼眶有白圈的马。《尔雅》：“一目白曰瞯，二目白曰鱼。”郭璞云：“似鱼目也。”《毛传》：“豪骭曰驔，二目白曰鱼。”《集传》：“二目白曰鱼，似鱼目也。”唐莫尧《全译》：“鱼：二目有白圈马。《释文》：‘本又作䲔。《字林》作䲔。《说文》：‘䮧，一目白曰瞯。二目白曰鱼。’王先谦《集疏》：‘《传》作一目白盖误’。”赵帆声《诗经异读》：“《尔雅·释畜》：‘二目白

鱼。’《释文》：‘鱼，本作䱷。’舍人注：‘两目白曰鱼。’二目白曰鱼，字作‘䱷’，非全指马；二目白曰鱼，字作‘驗’，当指马而言。《诗》假‘鱼’以为‘驗’。古书尚简，常略其偏旁，以‘鱼’作‘驗’。”按“以车”，以，用也。犹言驾。　祛祛（音区）：马强壮矫健。《毛传》：“强祛祛，健也。”《韩诗》：“祛，去也。”王先谦《诗三家义集疏》引胡承珙说：“凡字之从‘去’者，多有‘开’义。《众经音义》四引《埤苍》云：‘呿，张口频伸也。’……《庄子》‘将为胠箧’，《释文》因司马注曰：‘从旁开为胠’。……马之善驰者必骨干开张。”陈乔枞云：“祛祛，薛君训去，当为疾驱之貌。”《广雅·释诂》：“祛，开也。”公木、赵雨《诗经全解》：“祛（qū），通‘驱’，奔驰貌。据刘运新《诗义知新》：祛当读驱。上古驱读溪母侯部，祛读溪母鱼部，溪纽双声，侯鱼旁转，二字音近相通。《说文·马部》：‘驰，大驱也。’诗言骍骍、駓駓、驿驿、驱驱，皆谓良马驾车其行迅疾也。”

*思无邪：所思皆正道而无回邪。据杨合鸣《疑难词语辨析》：思虑纯正，无有邪曲。王先谦《诗三家义集疏》：“思无邪者，思之真正无有邪曲。”一说不坏，不错。《小雅·鼓钟》：“其德不回。”《传》：“回，邪也。”回、邪，均指“不正”。　徂：往，言其利在也。犹行也。《郑笺》：“徂，犹行也；牧马使可走行。”《集传》：“徂，行也。”一说通“駔”，肥壮。《说文》：“駔，壮马也。”一说骏马。马瑞辰《通释》以“徂”为“駔”的通假。

【品鉴】

《駉》诗的歧说虽然不多，但主要有三种说解，那么，诗的主旨到底是什么？既要找到佐证，又要得到古训的支持。

但在分析鉴赏之前，我们先看看南宋朱熹对《鲁颂》是如何评说的，他在《集传》中论述道：“鲁，少皞之墟，在禹贡徐州蒙羽之野，成王以封周公长子伯禽，今袭庆、东平府，沂、密、海等州即其地也。成王以周公大勋劳于天下，故锡伯禽以天子之礼乐，鲁于是乎有颂，以为庙乐，其后又自作诗以美其君，亦谓之颂。旧说皆以为伯禽十九世孙僖公申之诗，今无所考；独《閟宫》一篇为僖公之诗无疑耳。夫以其诗之僭如此，然夫子犹录之者，盖其体古列国之风，而所歌者乃当时之事。则犹未纯于天子之颂，若其所歌之事，又皆有先王礼乐教化之遗意焉，则其文宜若犹可予也。况夫子鲁人，亦安得而削之哉。然因其实而著之，而其是非得

失，自有不可揜者亦春秋之法也。或曰：鲁之无风何也？先儒以为时王褒周公之后，比于先代，故巡守不陈其诗，而其篇序不列于大师之职是以宋鲁无风，其或然欤或谓夫子有所讳而削之。则左氏所记当时列国大夫赋诗，及吴季子观周乐，皆无曰鲁风者，其说不得通矣”（《集传》）。审读朱子之说，有助于理解《駉》诗。

《鲁颂》是鲁国最高统治者祭祀或举行其他重大典礼时演奏的乐歌。《鲁颂》乐歌分布的疆域在今山东省曲阜，因此《鲁颂》中的作品基本上产生于鲁国都城曲阜。《诗经》中共存《鲁颂》作品 4 篇，都产生于春秋中叶。关于鲁诗称“颂”而不称“风”的原因，《孔疏》的解释是“《王制》说巡守之礼云：‘命太师陈诗，以观民之风俗。’然则天子巡守采诸国之诗，观其善恶，以为黜陟。今周尊鲁君若王者，巡守述职不陈其诗。虽鲁人有作，周室不采。”至于《駉》诗既非祭祀一类的诗，怎么能列入《颂》中呢？唐莫尧以为不论“采风”“陈诗”有无这样的事，《诗经》在汇集成书中，总有一个收集整理的过程。《鲁颂》在收集中既有这一部分诗篇，便附于《周颂》之后，未另列《风》，这不过是当时的“大意”，便流传至今。这种说辞仅仅是推理而已，既没有文献佐证的支持，又没有足够的说服力。因为，《诗经》之编排整理，有其深刻的内涵，并非普通人之为，虽然不完全肯定是孔子，但也是孔子一类的圣人所为。

然而，读诗者各有领会，更是此诗的本质特征所在。有人认为《駉》诗的主旨是“大阅而祭马祖之诗，非专颂牧马之盛。”（《诗学女为》）（见《直解》引）但诗中无论如何也看不出有关祭祀马祖的痕迹。更有学者从《駉》诗中牧马而联想到对人才的养育和重视，清方玉润就认为此诗虽言马，实为借马喻贤人之诗。他说：“喻育贤也。……喻鲁育贤之众，盖借马以比贤人君子耳。……”（《诗经原始》）。此语是否正以极其精炼中肯之语道出主旨内涵？此文下语又作具体评析说：“其为颂鲁何公不可知？但观每章‘思无疆’‘思无期’‘思无斁’‘思无邪’句，必非呆詠咏马者。上四‘思’字当属马言，下四‘思’字乃属牧人言。意谓德之良者，其知虑必深广而无穷也；才之长者，其干济必因应而无方也；神之王者，其举动必振兴而无厌也；心之正者，其品行必端向而无曲也。此虽駉马歌，实一篇贤才颂耳。不然，牧马纵盛，何关大政而为之颂，且居一国颂声之首耶！窃意伯禽初封，人材必众，故诗人假牧马以颂育贤，为一国开基盛世。”经过如此分析后，又举实例：“其后东山，泗水间果多英贤，甲于列邦。……”。这种论述，似有道理，就使前边的主旨早已证实,如是,此诗赋含一定比兴意。故孙月峰评论说:“姿态乃全,在历数诸马上。”所言绝妙。张以诚引而申之,亦认为是一篇贤才颂。他说:“‘彭彭’言盛,总见马皆调良;‘伾伾’言多力,见其才非驽下;‘绎绎’者,长驱不息,乃其气壮盛奋起处;‘祛祛’者,强行善走,便见行地无疆处。都要与末句相关”(《毛诗微言》)。其引申发明——这个解释确实可以贯通全诗,但主旨到底能不能像方玉润、张以诚阐释的那样,却没有足够的证据。

然而,《毛序》《郑笺》是古人的主流解释,认为诗的主旨谓:“《駉》:颂僖公也。僖公能遵伯禽之法,俭以足用,宽以爱民,务农重穀,牧于坰野,鲁人遵之,于是季孙行父请命于周,而史克作是颂。”东汉经学大师郑玄解释说:“季孙行父,季文子也。史克,鲁史也”(《郑笺》)。唐代经学大师孔颖达阐发说:“文公六年(前621),行父始见于经《春秋》,十八年,史克名始见于《传》(《左传》)。此诗之作,当在文公之世。天子巡守,采诸侯之诗,观其善恶,以为黜陟。今周尊鲁君若王者,巡守述职,不陈其诗。虽鲁人有作,周室不采。故王道既衰,变《风》皆作,鲁独无之。至臣颂君功,亦乐使周室闻之,是以行父请焉”(《正义》)。鉴于《序》说之事实,南宋经学大师朱熹对此有不同意见,他在《诗序辨说》中所称“皆无可考”,但谓之“《序》说凿矣!”清儒姚际恒《通论》一反朱说:“更无稽”。

至于诗作者古文经学家认为是史克,今文经学家则说是奚斯。清王先谦认为:“史克作颂,惟见《毛序》,他无可证。三家诗说皆以《鲁颂》为奚斯作……汉人承用皆属奚斯……史克见《左传》,在文公十八年至宣公世尚存,见《国语》,奚斯见闵(湣)公二年(前660),故文公二年《传》已引《閟宫》之诗。不应季孙行父请命于周之前,已有史克先奚斯作颂”(《诗三家义集疏》)。其说指出的历史事实固然不错,但从年代上只可断定史克不能作《閟宫》,而朱熹却认为“独《閟宫》一篇为僖公之诗无疑耳。”《集疏》列举扬雄、班固、曹植文,认为三家《诗》皆是奚斯作《颂》,不及史克。但唐莫尧《新注》窃认为奚斯作《颂》,只能作《鲁颂·閟宫》,还不能说《駉》即奚斯所作。《閟宫》明言:“奚斯所作。”但作诗作庙仍有争论。程俊英分析说:“这是歌颂鲁公养马众多,注意国家长远利益的诗。《毛序》:‘《駉》:颂僖公也。僖公能遵伯禽之法,俭以足用,宽以爱民,务农重穀,牧于坰野,鲁人遵之。于是季孙行父请命于周而史克作是颂。’王先谦:‘史克作《颂》,惟见《毛序》,他无可证。三家《诗》说皆以《鲁颂》为奚斯作,扬雄文云:‘昔正考父尝睎尹吉甫矣,

公子奚斯尝睎正考父矣。'说《鲁颂》者首雄，但云奚斯，不云史克睎考父，此《鲁》说。班固《两都赋序》'昔皋陶歌虞，奚斯颂鲁，皆见于孔氏，列于《诗书》，其义一也。'此《齐》说。曹植《承露盘铭序》：'奚斯颂鲁。'此《韩》说。而皆不及史克。史克见《左传》在文公十八年，至宣公世尚存，见《国语》。奚斯见闵公二年，《传》已引《閟宫》之诗，不应季孙行父请命于周之前，已有史克先奚斯作《颂》，知《毛序》不足据矣。王氏引三家《诗》说，证明《毛序》之谬，是可信的"(《注析》)。认为《駉》诗亦非史克所作，则仍缺乏说服力。关于诗的作者，古今争论不止，笔者认为是稍后于鲁僖公的史克所作，《毛序》之见甚有道理，在现有文献不足为证之时，不妨暂从《毛序》之说。

综观此诗，细审诗义，《駉》显然是一首鲁人歌颂鲁君重视牧业之成，富强治国之作。苏辙就说得好："颂之为诗本于其德而已，天子有德于天下，则天下颂之，诸侯有德于其国，则国人颂之。商周之颂天下之颂也；鲁人之颂其国之颂也。"苏氏精辟论述，表明了诗人赋诗之旨，使人读后颇有启迪。朱谋玮解释说："鲁政多矣，独举考牧一事，军国之所重也"(《传说汇纂》引)。其说亦得诗旨。

然而，《駉》诗既是最早的专咏马的咏物诗，也是美颂鲁公牧马之业繁衍甚盛之诗。后世咏马之诗，大致是从马的形体、毛色、动态、驾驱、马与人的关系等方面落笔。此诗称颂鲁公牧马之深谋远虑、重视马政、富国强兵。同时，言其为如霞如云，牧马品种繁多；论其色彩，可谓是赤橙黄绿青蓝紫，多色杂陈，应有尽有；综观马象惟妙惟肖、栩栩如生；道其马质，昂首啸天、四蹄扬尘，可谓良马。那么，这样一首具有《国风》风格的诗，为何不编排在《国风》中？有经学家提出质疑，《鲁诗》不称《风》而称《颂》，前引孔颖达《正义》已作阐明，原因是鲁为周公长子伯禽的封国，周朝重视周公的功绩，尊鲁若王，天子巡守采诸国之诗以观风，遂不及鲁诗。

《駉》诗的重点是写马。但从诗的历史文化意义上说，通过描述牧业之盛，作为治国有道的一大功绩，表示对马政的十分重视，马群的繁衍兴盛皆归功于僖公的放牧有功、英明正直、强兵富国、深谋远虑的结果。据文献记载，在周代的"六艺"中，就专门有"御"(驾马车)这一艺，周穆王就有驾驭八骏遨游天下四方的传说。春秋中期，车马之战仍是战争的主要手段，四牡驾车仍是战争的主要兵器，车马之隆盛仍是冲锋陷阵而取胜的重要措施。因此，国家军事力量的强弱，必然与马匹数量的多少密切相关。大国号称“千乘之国”良有以也。“国之大事，在祀与戎”(《左传·成功十三年》)，马政于是成为军国要务，各国诸侯均十分重视牧马之业，这在《诗经》中反映甚多。如《鄘风·定之方中》就颂美卫文公“秉心塞川，騋牝三千”，而《鲁颂》更是篇篇写到马，《駉》诗自不待言。《有駜》的诗题就是駜马肥强之貌。首句言“有駜有駜，駜彼乘黄”，意思是说：今有駜然肥强之马，此駜马肥强者，乃彼卿大夫所乘之黄马也。《泮水》有“鲁侯戾止，其马蹻蹻”二句，其词言：今日鲁侯至此，其所乘之马，蹻蹻而强盛。《閟宫》有“公车千乘”句。在《駉》诗中，写到色彩斑斓的品种各异之马，多达十六种，可见重视马政，牧马之发达。中国上古时期，牲畜命名的多样化，正反映了畜牧业的兴旺发达，这是中华民族为之骄傲之事。

有学者说：“《礼》：诸侯六闲，马四种，有良马，有戎马，有田马，有驽马”。“作者因马有四种，故每章各言其一”(孔颖达《正义》)。更有经学家分析说，每章各写马的一种品性。首章言“马之德”，次章言“马之力”，三章言“马精神”，四章言“马志向”(方玉润《诗经原始》)。这样使马拟人化，其主旨是借马喻贤才。

从诗的艺术表现手法上看，诗篇纯用赋体，写来跌宕有致，马的形象既生动传神，又对鲁公的歌颂点到即止，昂而不扬，温而不火，流畅自然，笔力实属罕见。

此诗美僖公之牧事而有成。首章先言良马，朝祀所乘，故云彭彭，见其有力有容。

全诗先将直接歌咏的对象——色彩斑斓的群马，置于广阔无边的原野这一环境背景之下，且冠以“駉駉”这一表形态的叠字形容词，既表明駉駉然良马腹干肥张，又说明駉駉然而并非一马，此牧马之多，可谓騋牝三千。诗先写牧马的健壮之多，后写牧场的遥远，牧地则在坰远之野，固得其所不妨民田。既点明地点，又表明不妨碍民田，从而更加衬托出马多而又矫健活力。如此，首章就鼓荡着一种矫健强悍的气势。接着“薄言駉者”一句设问，往下介绍牧马的品种繁多：今牧马之盛而事有成，駉马非一，种类甚多。这里便如数家珍似地点出各种良马的名称。每章两句，一句点出两种，诗凡四章，竟点出十六种之马，使人目不暇接，赞叹不已。

读者试平心静气，涵咏其诗，仰视远方，使人仿佛看到在茫茫的原野上，放

牧着一群群良马——聊言此駉者是何马也?有腾跃白跨之驈马,有疾驰黄白之皇马,有奔腾纯黑之骊马,有驰骋黄骍之黄马,以驾车则彭彭然壮盛而驰。

使人仿佛看到马儿嬉戏于草木山坡,听到马儿吃草时不时发出的喷鼻声,以及昂首面对蓝天白云发出的嘶鸣。然后笔墨落到驾车壮盛而疾驰上,点明了牧马的功用和马政的目的。以此为注脚,为下文的赞颂作了绝妙的铺垫。故接着赞叹鲁君道:此由我公经过有方,凡所思虑,深广无穷,至于国家马政攸关,皆其思之深远所及,是以驾车彭彭然壮盛而疾驰,如斯之善,立心之远。

次章言戎马,有力尚强,故云伾伾,见其有力。

遥望远方,使人仿佛看到放牧着一匹匹戎马——聊言此駉者是何马?有苍白相杂之骓马,有黄白相杂之駓马,有赤而微黄之骍马,有青而微黑之骐马,驾车则伾伾然有力。

由此,接着赞颂鲁君:此由我公经过有方,思虑远长,无有期限,至于国家马政攸关,皆以其思之长远所及,是以驾车伾伾然有力,如斯材用,立心之远。

三章言田马,田猎齐足尚疾,故云绎绎,见其善走。

仰视远方,使人仿佛又看到放牧着一群群田马——聊言此駉者是何马?有青骊白鳞之驒马,有白马黑鬣之骆马,有赤身黑鬣之骝马,有黑身白鬣之雒马,驾车则绎绎然相续不绝。

然后歌颂鲁君牧马有道,强军有方,立心之远:此由我公经过有方,思之详审,无有厌倦。至于国家马政攸关,皆其思之远谋所及,是以驾车绎绎然不绝,如斯奋起,立心之远。

四章言驽马,主给杂使,贵其肥壮,故云祛祛,见其强健。

仰视远方,使人仿佛又看到放牧着一群群驽马——聊言此駉者是何马?有阴白杂毛之骃马,有彤白杂毛之騢马,有豪在骭而白驔马,有二目白似鱼目马,驾车则祛祛然疾驰。至此,所有牧马的形象具体生动地、有血有肉地展现在读者面前。

然后赞美鲁君:此由我公经过有方,思无邪曲,性情纯正。至于国家马政攸关,皆其思之正道所及,是以驾车祛祛然强健,利在善行,立心之远。

诗人笔力如此琢磨,既阐明诗旨,又描绘出十六种色彩斑斓或形态各异的骏马,放眼望去,令人眼花缭乱,使人如临其境,目不暇接,一派万马奔腾的繁荣景象。

但这里需要阐明地是:西周春秋时期,战争的主要武器是战车,骏马的功用主要用于战争,而不是运输工具。一辆军车要驾驭四匹良马,尚有三甲士和七十二步卒。衡量一个国家的强弱大小,主要是用车马来衡量。当时的大国称万乘之国,即有万两兵车武装力量的国家,中等国家称千乘之国,小国称百乘之国。

全诗表面上是着力描写车马之盛,而实际上是在炫耀综合国力之盛和鲁君的治国之道。诗人铺叙马匹毛色齐全、强壮有力,同时,称颂鲁公具有远见卓识。由于古代国防力量的强弱,很大程度上体现在兵车的多少和战马的众寡上。经学家陈子展解读说:“诗之称马皆以其毛色形状之不同而各有专名,可见其时牧养从事车战之军马久已为一种专业, 亦或以其社会生产虽然已以农耕为主,而去渔猎畜牧为主之时代尚犹不甚古远也”(《直解》)。因此,养马众多实际上就是考虑到了国家的长远利益,即所谓的“立心之远”。

全诗各章,分别缀以“彭彭”“伾伾”“绎绎”“祛祛”之句,以带叠字形容词的句子,咏马驾车之驰的雄姿。这不是普通之马,而是驰骋疆场的战马。且均与上文的“駉駉壮马”之句遥相呼应,而句中“马”字略而未现,叠字词前后位置不同,又见出章法上的变化。然后,由赞马转为歌颂鲁君。每章仅用画龙点睛之地——鲁国,点明鲁国国君鲁僖公的深谋远虑和治国之道。通过对骏马的赞美,然后以“思无疆”“思无期”“思无斁”“思无邪”四句的深刻内涵作交代,一个兵强马壮的鲁国,一位深谋远虑的鲁君,不就惟妙惟肖地展现在读者面前吗? 所以,鲁君才是诗人颂美的主要对象。许谦就对每章的第七句解读得颇有见解,他说:“每章之意唯在第七句,无疆者,广大也;无期者,不苟于近利也;无斁者,持之能久也。唯所思者如此,故久而有富盛之效,其富盛非特马也。因马可以见其他尔,然思之无疆、无期、无斁,犹未知其所思者当耶否耶至,其卒章辞曰:思无邪则见其心之正,取于民者有制其富盛,皆所当得非掊克苛敛以致之者也。”“卫文公秉心塞渊,而致騋牝之多,鲁僖公以思无邪而致牝马之盛,国家马政端赖此心以之孳息也。”由此可知,歌咏鲁君仍紧扣咏马,结尾一丝不苟。

有学者解读认为:《鲁颂》与《周颂》《商颂》在内容和形式方面都有所不同。周、商二《颂》不是告成功于神明,就是祭祀祖先的在天之灵,而《鲁颂》却都是歌颂活着的国君僖公的, 可称后世文人献颂之祖。从风格上看,“其体同列国之

风”，无论从章句的复叠上来看如此，从遣词造句上来看也是如此。这首诗四章复叠，共举出十六种马名，使人产生目不暇接、指不胜屈之感，后来汉赋多所袭用，而变得更加铺张扬厉了。诗人又用“彭彭”“伾伾”“绎绎”“袪袪”来形容骏马矫健有力、驾车飞驰的雄姿。晋代僧人只爱马，说“贫道重其甚骏”。读诗至此，我们不禁也有“爱其神骏”之感了。紧接着“思无疆”“思无期”“思无斁”“思无邪”的三字句，是全诗关键之所在。无此三字，诗不过是写马而已，不能成为“美盛德之形容”的颂；有此三字，马群的存在就都归功于僖公的英明正直、深谋远虑了。最后妙用“臧”“才”“作”“徂”四字，给骏马下了概括性的定论。

《诗》之解读：“思无邪”与“诗可以兴”。

鉴于“思无邪”这一名句，这是孔子对《诗》内容的总评价，也是他所提出的诗歌批评的标准。语出《鲁颂·駉》篇第四章结尾：“思无邪，思马斯徂！”孔子移用来批评诗歌，说：“《诗三百》一言以蔽之，曰：‘思无邪’”（《论语·为政》）。《诗经》学史上历来对孔子“思无邪”一语有众多不同的解释。至于对“思”字的解释，历有歧义，解说不一。比较有代表性的说法是：

第一，将“思”理解为思想内容，认为“思无邪”一语是孔子对《诗三百》的思想内容完全纯正的理解。东汉著名经学大师郑玄、唐代著名经学大师孔颖达、南宋著名经学大师朱熹均释“思”为思想。宋人蔡节在《论语集说》中说：“三百篇之诗虽有美刺之不同，然皆出乎情性之正也。夫子以‘思无邪’一言而尽盖三百篇之旨，可谓深探诗人之心矣。”可谓说《诗》甚有见解。但尚有学者认为“思”为语助词。清陈奂就一反此说：“思，词也。……解者俱以‘思’为‘思虑’之‘思’。失之”（《传疏》）。今人于省吾《新证》认同此说：“陈奂以‘思’为语词是对的。思为发语词，详《经传释词》。”陈、于之说不妥。前一“思”字，为思虑、谋虑；后一“思”字，为句首语助词。王先谦《诗三家义集疏》就解释谓：“案上‘思’，思虑。下‘思’，语词。”这样解释符合诗情。“思无邪”（古音徐）：言其所思皆以正道而无回邪。《小雅·鼓钟》曰：“其德不回。”《毛传》注云：“回，邪也。”回、邪，均指“不正”。朱熹解读“思无邪”说：“孔子曰：‘《诗三百》，一言以蔽之曰：‘思无邪，盖诗之言，美恶不同，或劝或惩，皆有以使人得其情性之正。’然其明白简洁通于上下，未有若此言者，故特称之以为可当三百篇之义，以其要为不过乎此也。学者诚能深味其言，而审于念虑之间，必使无所思而不出于正，则日用云为莫非天理之流行矣。苏氏曰：‘昔之为诗者未必知此理也。孔子读诗至此,而有合于其心焉,是以取之。盖断章云尔'"(《集传》)。朱子的精辟论述,见解之深,符合诗义。在此基础上,王先谦又解释说:"思无邪者,思之真正无有邪曲"(《诗三家义集疏》)。杨合鸣归纳得更准确:"思虑纯正,无有邪曲"(据《疑难词语辨析》)。笔者认为,上述之说更接近孔子本义。但高亨教授对"思无邪"给出另一种解释,他说:"邪,指养马者盗卖马草马料的行为。《南君书·楚使》:'今夫驺虞以相监,不可,事合而利异也。若使马焉能言,则驺虞无所逃其恶矣,利异也。'驺虞即养马的官,其恶就是驺虞盗卖马草马料的行为。思无邪,言养马者,不做这种邪事"(《今注》)。略备一说。

第二,何晏《论语集解》引包咸曰:"归于正。"皇侃《疏》引卫瓘云:"明正无所思邪,邪去则合于正也。"朱熹认为该语就是《诗》的功能而非本身内容而言:"凡《诗》之言善者,可以感发人之善;恶者,可以惩创人之逸志。其用归于使人得情性之正而已。故夫子言《诗》三百篇而惟此一言足以尽其义(《论语集注》)。

郭店楚简《语丛三》第48、49简说:"思无疆、思无期、思无怠,思无不由义者。"思无疆、思无期、思无怠(《毛诗》为"斁"),分别是《鲁颂·駉》第一、二、三章之句,"思无不由义者"即第四章之"思无邪"。"思无邪"与"思无不由义者"是从正反两个角度来说的。"无不由义者"即"无邪"。楚简"思无不由义者",就是说"思无疆""思无期""思无怠(满足)"都得"由义",不能越出"义"的界限。因此,我们以楚简说与《论语》对勘可知,"思无邪"即"归于正"亦即"无不由义"。

孔子论《诗》是以用为意。"思无邪"是他解释的原则。这个原则是他在前代用《诗》文化基础上得出的结论。首先,《诗》三百本身就是以礼乐精神的体现,在孔子看来自是"出于情性之正"。《诗》三百的创作者绝大多数于今难考,他们创作之意间或可以从《诗》中探得一二,但是编《诗》者之意却是十分明确的,那就是所以劝善惩恶。三百篇之思皆归于无邪,又能使天下后世之凡有思者同归无邪。这一点我们在上述之文已详细讨论。其次,《诗》从编辑之日起就作为礼的应用。"思无邪"是春秋以来用《诗》原则的高度概括。孔子认为,"无邪"的标准只能是作为普遍道德的"礼"。合于礼的就是"无邪"。一切都合于"礼",才能无"过犹不及"的错误。《诗》本身的情志是出于无邪的,读诗之人应以合于礼的"无邪"之心"得其情性之正"。

《诗论》第21、22简,孔子以自己的善、喜、信、美、敬、悦等纯正之心,解读

《诗》中的纯正之情性，这是最好的例证："孔子曰：《宛丘》吾善之，《猗嗟》吾喜之，《鸤鸠》吾信之，《文王》吾善之，《清{庙}》吾敬之，《烈文》吾悦之，《昊天有成明》吾□之……"在"思无邪"的大原则下，解诗的方法是"诗可以兴"。"诗可以兴"与"诗可以观""诗可以群""诗可以怨"结合在一起时，它指的是《诗》的人生与社会功能。但是，"诗可以兴"还是孔子对解《诗》方法的经验总结。春秋时代赋《诗》的方法，正是"比""兴"的方法为主，但是赋《诗》时代还只是在实践阶段，并没有在理论上加以总结。孔子提出"诗可以兴"，正是春秋赋《诗》实践方法的理论总结。

然而"思无邪"，后来成为儒家文学批评的重要标准，即要求诗歌的内容纯正，不允许表现不合礼义的思想感情。以"思无邪"作为诗歌批评的标准，一方面体现了儒家对文艺作品思想内容和社会作用的重视，对于防止文艺走向形式主义的歧途和遏制色情文学的泛滥，起过一定的积极作用；另一方面，由于严格以封建礼教来规范作家的思想，不允许在文艺作品中表现人民群众的真实思想感情(特别是对封建统治阶级的强烈反抗精神)大大削弱了文艺作品的社会意义。

诗共四章，先写牧马的健壮，牧场的遥远，立心之远；后写牡马种类繁多，思之深远；最后称颂鲁公对国家马政的深谋远虑和功绩。

从内容上看，此诗主要是为了表现鲁国群臣对僖公力行牧业、富国强兵政策的赞颂。从表现手法上看，本事运用了赋体，使全诗跌宕有致，而各种骏马的色彩形象错落有致、生动传神。对鲁公的美颂表达得淋漓尽致。从诗的历史文化意义上看，此诗把鲁国牧业强国富民作为治国的主要策略，反映出那个时代对马政的十分重视。在此诗中，写到不同毛色、不同品种就有十六种之多，可见驯马、养马这一行业在当时是多么发达。

今有学者说：至于对鲁僖公的评价，前人则多有争议。清代学者黄中松在其所著《诗疑辨证》中评说鲁僖公"既有文德，亦有武功"，不过是个中材人，没有什么好歌颂的。有人则认为鲁国自"庆父之难"后，经鲁僖公的努力才恢复了国力，可以算得上是个"中兴之主"。

诗篇采用重章迭唱的艺术手法，在章法上属于完全叠韵体，全篇各章的结构和语言几乎完全相同，而尤其是前三句反复，形成咏唱；全篇每章前三句采用同语重复，其他五句只是变换几个词语，甚至只换一两个字，意义上各章递进互补。唯文字略有不同，形成迭唱，深化主旨，这种方式又称复沓结构，是《駉》诗的又一艺术特色。

有　駜

有駜有駜，駜彼乘黄。
夙夜在公，在公明明。
振振鹭，鹭于下。
鼓咽咽，醉言舞，
于胥乐兮。

有駜有駜，駜彼乘牡。
夙夜在公，在公饮酒。
振振鹭，鹭于下。
鼓咽咽，醉言归，
于胥乐兮。

有駜有駜，駜彼乘駽。
夙夜在公，在公载燕。
自今以始，岁其有。
君子有榖，诒孙子，
于胥乐兮。

【概要】

僖公君臣之有道义，见于宴会饮酒之时。
早夜在公勤奋政事，此为宴饮颂祷之辞：

【译文】

今有駜然肥强之马，此駜然肥壮力强马，
乃大夫所乘驷黄马。马肥强则升高进远，
臣强力则安定邦国。人臣驾车而来公所，
早夜在公臣职之常。今在公而君赐之宴，
群臣益励精白之衷，明义明德而又勤勉。
洁白之朝宴礼隆盛，士来纷纷群集于此。
何异洁白之鹭鸟飞？振振然飞下集于此。
鹭鸟下而集止所巢，众士来而集止君朝。
此时在宴而有盛乐，以鼓节之其声咽咽，
至行无算爵而醉舞，爵而醉则踉跄舞蹈，
为君起舞以尽其欢，于是君臣皆相喜乐。

有此駜然肥强之马，此駜然肥壮力强马，
乃大夫所乘驷牡马。马肥强则升高进远，
臣强力则安定邦国。人臣驾车而来公所，
平日早夜在公事奉。今在公而君赐宴饮，
群臣益励精白之衷，在公而飨宴饮醴酒。
何异洁白之鹭鸟飞？振振然飞下集于此。
鹭鸟下而集止所巢，众士来而集止君朝。
此时将归而复奏鼓，以鼓节之其声咽咽。
何异鹭鸟下而飞去？群臣既醉而欲归去。
酒以行礼醉而即归，节之以礼和谐相退。
于是君臣宴待成礼，退皆相乐有道国治。

今有駜然肥强之马，此駜然肥壮力强马，
乃大夫所乘驷骃马。马肥强则升高进远，
臣强力则安定邦国。人臣驾车而来公所，
平日早夜在公勤政。今在公而君赐宴饮，
群臣益励精白之衷，在公宴饮相乐融融。
群臣承受君之恩惠，敬慎而称愿其君曰：
从今为始以德感神，多有丰年稼穑满仓。
岁占大有以德裕后，君子有道福禄之善。
善诒子孙世代之福，受禄为乐更无穷尽。
获丰年不止于一时，以此之故群臣皆乐。

【注释】

*駜(bì)：犹駜駜，指马肥壮力强。重言“有駜”非一马。《毛传》：“駜，马肥强貌。马肥强则能升高进远，臣强力则能安国。”一说马疾速奔驰的样子。 乘：四马为乘。《释文》：“绳证反读平声。”《孔疏》：“读平声。”《诗义折中》：“乘，又来燕者所乘也。” 黄：黄马。《孔疏》：“駜然者彼之所乘黄马。”程俊英、蒋见元《注析》：“乘黄，古代一车驾四马，这里指四匹黄马。陈奂《传疏》：‘乘黄，四黄马。駜者，群臣所乘四黄马之貌。”

*夙夜：早起夜寐。 在公：指大夫在公所。《郑笺》：“言时臣忧念君事，早起夜寐，在于公之所，但明义明德也。” 明明(古音芒)：明义明德。《郑笺》：“明义明德，明而又明，赞美之辞。”《集传》训“明明”为“辨治。”一说明察。高亨《今注》：“又王念孙说：‘明明，勉也。’(王引之《经义述闻》引)也通。”一说勤勉貌。勉勉的假借。形容勤快尽力的样子。马瑞辰《通释》：“明，勉一声之转，明明即勉勉之假借，谓其在公尽力也。《笺》训为‘明明德’，失之。”

*振振鹭：形容舞者手持鹭羽作群飞之状。振振，群飞貌。《孔疏》：“鹭鸟下而集止于其所，以喻众士来而集止于君朝。”《集传》：“振振，群飞貌。”《诗义折中》：“因所见以起兴也。”一说舞动羽毛的样子。一说形容鸟飞抖动翅膀的样子。鹭，鸟名，又名鹭鸶。此指舞者所持的鹭羽。《集传》：“鹭，鹭羽，舞者所持，或坐或伏，

如鹭之下也。”程俊英、蒋见元《注析》:“鹭,鸟名,亦名鹭鸶。古人用它的羽毛作舞衣,亦名翿或鹭羽。未舞时持在手中,舞时戴在头上。” 于:助词。 下:蹲下。指舞者扮鹭伏下。

* 咽咽(音渊):咽通作鼝(yuān),有节奏的鼓声。《说文》作“鼝”,曰:“鼝,鼝鼝,鼓声也。”《毛传》:“咽咽,鼓节也。”《集传》:“咽与渊同,鼓声之深长也。或曰鹭亦兴也。”公木、赵雨《诗经全解》:“据王宗石《分类诠释》:‘咽’‘渊’古读侈音开合乎,舌上归舌头,故应读如‘填’,《孟子·梁惠王》‘填然鼓之’是也。” 醉言舞:爵而醉则为君起舞。《郑笺》:“至于无算爵则又舞,燕乐以尽其欢,末句合三章自为韵。”言,助词或犹“而”。一说犹焉。醉焉舞,犹醉而舞。

* 于:发语词。《郑笺》:“于,於也。”公木《全译》:“于,语词。吴昌莹《经词衍释》:“于通吁,叹词也。此义《释词》不载,今补。” 胥:相与,皆。《郑笺》:“胥,皆也。”《集传》:“胥,相也。醉而起舞以相乐也。”胥、相以双声为义。《尔雅·释诂》:“胥,相也。”《大雅·行苇传》:“相者,两相之辞。”相,相与,皆。程俊英、蒋见元《注析》:“皆、都。胥的本义是一种珍馐美味。《说文》:‘胥,蟹醢也。’段注:‘蟹者,多足之物,引伸假借为相与之义。’《释诂》曰:胥,皆也。又曰:胥,相也。今音‘相’分平去二音为二义,古不分。《小雅·桑扈》:‘君子乐胥’,《毛传》:‘胥,皆也。’与此胥同义。”于胥乐兮言其相与为乐。《集传》:“此燕饮而颂祷之辞也。”

* 在公饮酒:在公所饮酒。按一章“在公明明”,此句为鲁僖公因臣下辛劳而慰藉之辞;三章“在公载燕”同。

* 鹭于下:犹云载飞载下也。《集传》:“鹭于飞,舞者振作鹭羽如飞也。” 鼓咽咽:何楷云:“燕礼无算爵,无算乐之后奏陔遂出卿大夫皆出故将归,又闻奏鼓也。” 醉言归:酒醉而归。《郑笺》:“飞喻群臣饮酒醉欲退也。”唐莫尧《新注》:“(醉言归)酒醉归去。按此为周代统治者提倡的‘威仪’(道德规范),即《小雅·宾之初筵》‘既醉而出,并受其福;醉而不出,是谓伐德。’言饮酒有节制。”

* 乘駽(xuān):四匹铁青色骊马。《尔雅·释畜》:“青骊駽。”《毛传》:“青骊曰駽。”《集传》:“青骊曰駽。今铁骢也。”孙炎云:“色青黑之间。”郭璞云:“今之铁骢也。”

* 载:则,而。《郑笺》:“载之言则也。”《集传》:“载,则也。” 燕:通“宴”,指宴饮。

* 自今以始：从今为始，以德感神。 岁：年年。王先谦《诗三家义集疏》："岁，谓每岁。" 其：将。 有（古音以）：有丰年。《毛传》："岁其有，丰年也。"《孔疏》："言君德可以感之也。"

* 君子：指僖公。《孔疏》："言其德泽，堪及于后。" 穀：善；指福禄之善。《郑笺》："穀，善也。"《尔雅·释言》："穀，禄也。"《尔雅·释诂》："禄，福也。" 诒：遗留。《郑笺》："诒，遗也。"《集传》："穀，善也；或曰禄也。诒，遗也。" 孙子：子孙。《集传》："颂祷之辞也。"

【品鉴】

《有駜》是《鲁颂》四篇的第二篇。周成王因周公有大功于周室，就以天子的礼乐赐予周公长子——伯禽所封的鲁国，可用天子所用的礼乐，而有鼓声蓬蓬，载歌载舞，有声有色的《鲁颂》制作出来。鲁就有了颂诗，作为宗庙祭祀的乐歌。鲁国自作以赞美鲁君的诗，也就叫颂了。所以，鲁颂是颂诗的变体，虽然同样是歌、舞、音乐三者的综合艺术，但他的内容已不是宗庙祭祀，颂扬先祖功德的诗了。诗的形式，也不再是只由几句组成的独章无韵诗。而采取了雅诗整齐的多章句式，像这篇《有駜》，不但是像《小雅》，简直就有"国风"之格调。至于创作年代，相传是史克所作。

古今经学家均认为颂诗的主题很明确，表现手法也较直露；相对来说，《有駜》篇采用的是赋而兴的艺术手法，其主旨和手法则含蓄委婉。《有駜》的主题到底是什么？历来也有歧义。《毛序》的经典解释认为"颂僖公君臣之有道。"如此解读，汉郑玄进一步阐释说："有道者，以礼义相与之谓也"（《郑笺》）。郑玄对"有道"二字概括性的说明，应该说是正确的。但南宋经学大师朱熹认为这种解说是强言附会，他在《诗序辨说》中却一反此说："此但燕（宴）饮之诗，未见君臣有道之意。"又肯定地说："此燕（宴）饮而颂祷之辞也"（《集传》）。朱子认为是宴饮而颂祷之辞。今学者程俊英教授认同此说，认为"这是颂祷鲁公和群臣宴会饮酒的乐歌。《毛序》：'有駜，颂僖公君臣之有道也。'据史书记载，鲁公多年饥荒，到僖公时采取了一些措施，克服了自然灾害，获得丰收，此或为《序》所据。朱熹《诗序辨说》：'此但燕饮之诗，未见群臣有道之意。'朱说近是。诗中表达了喜庆丰收、宴饮欢乐、群臣醉舞的情景。"《注析》这种见解值得肯定。而吴闿生却巧妙地折中

二说，认为"但言燕饮之乐，而君臣有道之义自见言外。"因为他所表现得是"慈惠之心，上下交则和而安"(《诗义会通》)。应当说，吴闿生的评说切中诗旨。此诗的主旨是美颂鲁僖公之政，但日夜颂扬不像《维天之命》《长发》等颂诗那样明确而直白，而是通过描写群臣宴饮的场景，甚至通过群臣"在公"勤政时的小酌，以此来体现为政的宽松和上下的和谐。这也就是说，表现得比较含蓄委婉。当然，作为一篇颂，诗中也有直接的赞誉，像"夙夜在公，在公明明"等，但在赞美鲁僖公群臣不分昼夜勤政之后，又有意加了个似乎有损形象的小片段："在公饮酒"与"在公载燕"，如用现代的思想观点来看，这是一种政治讽刺。但如果仔细一想，这正是一种含蓄的赞颂。"醉言舞""醉言归"则在暗示群臣宴饮的无拘无束、为政的宽松和谐，这是在表现宴饮的尽情尽兴，这个细节成功地暗示了这个群体的和谐之况。但今高亨教授以为《有驳》的主题是："这首诗描写贵族官僚办事与宴饮的生活，有颂德祝福的意味。"这种解释虽有现代色彩，但与上述之说大同小异。然而，清儒方玉润另有解读说："愚颂此诗因饮酒而称颂，又开后世柏梁燕飨、赋诗献颂之渐，与前虚颂良马喻贤才者，别为一体。故不可以不存也。唯颂何公，因何饮酒，则皆不可考。不必强为之辨，然亦何必为之深辨哉？"(《诗经原始》)。方氏认为"皆不可考"，故"何必为之深辨哉？"其说也有道理。

《有驳》诗篇，鲁僖公时庆祝丰年，为君臣举行宴饮而颂祷之诗，赞颂的对象是鲁僖公。鲁国自庆父之难以后，外有强齐睥睨其旁，大有袭取鲸吞之势。据《左传》等史籍记载，鲁国多年饥荒，国势衰退，岌岌可危。至鲁僖公继位后，采取一些措施，内修武备，抚和臣民；外结邻国，易乱为治，才使鲁国转危为安。由于克服了天灾人祸，使鲁国获得了丰收，人民的心理稍微放松，因此，鲁僖公被称为中兴之君，所以，诗人作诗赞颂他。赞颂鲁僖公与群臣宴饮，不荒朝政，并称愿其君，从今为始，以德感神；岁占大有，以德裕后；善诒子孙，其为乐更无穷，不止于一时，以此之故，群臣皆相乐。故被后人称为"音节绝佳"的颂诗，可谓具有独到的艺术魅力。

全诗采用赋而兴法，使其成为独到的艺术手法。诗的各章一开端就渲染国力强盛和群臣的奋发精神。诗人称颂僖公君臣之有道，日夜勤勉于公事，在公事之余，还共同宴饮、醉舞皆相娱乐，表达了上下之和谐。

首章见于宴饮之时如此，其辞曰：今有驳然肥强之马，此驳然肥壮力强者，那是卿大夫所乘驷黄之骏马。骏马肥强则能升高进远,忠臣强力则能安定邦国。人臣驾车而驱来公所,早夜在公,臣职之常。今在公而君锡之宴,群臣益励,精白之衷,明明不昧;明义明德而又勤勉。夫洁白之朝宴礼隆盛,士来纷纷群集于此。何异洁白之鹭鸟飞下集于此乎?此时在宴而有盛乐,以鼓节之,其声咽咽然;至行无算爵,而醉则为君翩翩起舞,踉跄舞蹈,以尽其欢,于是君臣皆相喜乐。

首先,《诗经》中有不少诗篇是借马喻人或以马衬人的。此诗对于马的赞颂是实写,即赞颂僖公的"马政"之功。因为春秋时代皆用车战,"戎之大用在马"(《诗经传说汇纂》)。君主善政的标志之一就是马繁多和肥壮,所以,"问国君之富",常"数马以对"。故每章的开头均描写马的肥壮强力,而且三章分别描述了三种不同品质和毛色的马。

分析字面之含义,"有駜有駜"者,犹駜駜,特指良马肥壮力强,且重言"有駜"者,非一马也。鉴于"有駜"之"駜"字的读音,公木教授解释说:"据刘运兴《诗义知新》:彼駜当读驞,上古驞读帮母文部,駜读并母质部,帮并旁纽,文质旁对转,二字音近相通。《白驹》曰'贲然来思',《有駜》曰'有駜有駜',字本皆作驞,其用意不异"(《诗经全解》)。诗中"乘"字,是谓四马为乘,显然暗示这是驾车之马。《诗义折中》解释谓:"乘,又来燕(宴)者所乘也。"《孔疏》解释说:"駜然者彼之所乘黄马。"所谓"乘黄",是说古代一车驾四马,这里是指驾驭四匹黄马。陈奂强调说:"乘黄,四黄马。駜者,群臣所乘四黄马之貌"(《传疏》)。

诗的开首两句反复咏马:今有駜然肥强之马,此駜然肥壮力强者,那是卿大夫所乘驷黄之骏马。点明这是卿大夫所乘之马,暗示其身份地位之高。周代的礼制十分严格,不同的身份地位,在礼器的使用方面也有差别。身份本是抽象的名称,它们由具体的物质享受来体现,在出行时,最引人瞩目的当然是驷马驾车而驰驱。首两句一开端,就描写四匹黄马肥壮强力。驷马拉车,车轮滚滚,纵横驰骋,气势轩昂,以此体现国力之盛,真可谓马强兵壮。鲁国的强大,不止体现在武功上,也体现在文治上。同时,是借马赋而起兴,以马衬人的表现手法,良马肥强则能升高进远,忠臣强力则能安定邦国。故鲁国的群臣,忠于职守:"夙夜在公,在公明明。"两句,诗人笔锋一转,指向公所。唐莫尧解释说:"'在公'在为公务。按《尔雅·释诂》:'公,事也。'《召南·采蘩》:'夙夜在公。'《笺》:'公,事也。'又《召南·小星》:'肃肃宵征,肃夜在公';《周颂·臣工》:'嗟嗟臣工,敬尔在公''在公',

亦是'在为(从事)公务'。《笺》本篇训'在于公之所'。失之"(《新注》)。其实"在公之所"与"在公办公务"两种解释大同小异。"在公"一词,可当作官府而言,并非指庙堂。不过,这里的官府不同一般的官府,而是僖公群臣办公的公府。"在公明明",说明群臣们为国事鞠躬尽瘁。此言时臣忧念君事,早起夜寐;人臣驾车而来公所,在于公之所操劳公务,此为臣职之常。乘车马的人臣,从早到晚,忙忙碌碌;明义明德,明而又明,赞美之辞。群臣奋发向上的精神,体现了鲁国的清明政治。反之,一个国家的灭亡,也直接体现在对官吏综合治理的腐败上。这是诗歌叙述的主要部分。然后揭开诗歌的宴饮部分。全诗用较大的篇幅,描绘了君臣喜获丰收而宴饮的隆盛场面。洁白之朝,宴礼隆盛,士来纷纷群集于此朝。何异洁白之鹭鸟飞下集于此乎?舞者手持鹭羽,舞动羽毛,翩翩起舞,舞姿轻捷,犹如成群的鹭鸟飞舞一般,时而群飞而起舞,时而翩翩飞而下落。制造宴会的氛围,场面热闹非凡。此时在宴会上有盛乐,以鼓击之,其声咽咽然。参宴的官吏们在饮酒观舞,在一片振振然咚咚不绝的鼓乐声中,饮酒歌舞,震撼着他们的内心,优美翻飞的舞姿调动他们的情绪,酒酣耳热,不禁手舞足蹈起来。陶醉则为君翩翩起舞,踉跄舞蹈,以尽其欢。忘记了平日的礼数、戒备、拘谨。尽情的舞蹈,抒发各自内心的快乐,相互感染,没有语言,但一举一动都在和对方进行心灵深处的交流,于是君臣皆相喜乐。

第二章的语言结构形式与首章基本一致,只是变更个别字词。首先,描写具体而细致,指出牡马强壮,在公饮酒而舞蹈;其次,写出时间变化,舞者持鹭羽而归去,宴舞结束,带醉而散去。

分析字面含义,"在公饮酒"一句,言其在公所饮酒。按首章"在公明明",此句为鲁僖公因臣下辛劳而慰藉之辞;与三章"在公载燕"(宴)之句基本相同。鹭于下、鹭于飞者,犹云载飞载下,均言舞者振振然作鹭羽如飞。醉言归者,谓酒醉而归。"飞"者,喻群臣饮酒醉而欲退。唐莫尧阐发说:"醉言归:酒醉归去。按此为周代统治者提倡的'威仪'(道德规范),即《小雅·宾之初筵》'既醉而出,并受其福;醉而不出,是谓伐德。'言饮酒有节制"(《新注全译》)。其解读颇有道理。何楷解释"鼓咽咽"一句说:"燕(宴)礼无算爵,无算乐之后奏陔遂出,卿大夫皆出,故将归又闻奏鼓也。"说诗甚有见解。

次章其辞曰:有此駜然肥强之马,此駜然肥壮力强者,那是卿大夫所乘驷牡之骏马。良马肥强则能升高进远，良臣强力则能安定邦国。人臣驾车而来公所，平日早夜在公施政，今在公而君赐之宴，群臣益励，精白之衷，在公宴饮而乐。夫洁白之朝，宴礼隆盛，士来纷纷群集于此朝。何异洁白之鹭鸟，振振然飞下群集于此？鹭鸟飞下而集止其所，众士来而集止君朝。此时将归而复奏鼓，以鼓击之，其声咽咽然。何异鹭鸟下而飞去？群臣既醉而欲归去。盖酒以行礼，醉而即归，节之以礼，和谐相处，于是君臣成礼而退皆相乐。

这里主要描写舞者陶醉，酒者狂醉，饮至酩酊大醉，醉而归去；如此盛宴，群臣相乐，上下欢娱，构成一幅太平盛世的群臣宴饮图。全诗通过对宴饮场景绘声绘色的描摹，凸显了鲁国的和谐强盛。沈守正阐释说："首二章燕饮，三章颂祷。曰'岁'，非一岁也；'有穀'，亦本礼教信义而推广之。《鲁颂》夸大，非止领其所有已也，君臣忘形以相娱，侈词以致祷，自谓千载之一时矣。"沈氏评析，确实击中了千古媚臣谀辞要害。

诗的次章与三章的前半部分，是对首章内容的重叠；只是变更个别词语。只有第三章的后一部分变化较大，在内容上是对全诗主旨的补充和深化。

分析字面含义，"乘駽"(xuān 绚)一词，言其四匹铁青色骊马。《尔雅·释畜》解读谓："青骊駽。"《毛传》亦解释说："青骊曰駽。"《集传》补充说："青骊曰駽。今铁骢也。"孙炎云："色青黑之间。"郭璞云："今之铁骢也。"駽为青骊，有学者认为与前章"乘黄"不同，疑为鲁公所乘，以乘駽推出鲁公，显示其与群臣不同。群臣之欢愉、宴饮之醉酒是君主所赐，故曰"在公载燕"。但宴饮不是一种孤立行为，既欢娱群臣，又是联系团结群臣的一种切实措施。"自今以始"一句，是说从今为始，以德感神。王先谦《诗三家义集疏》解释云："岁，谓每岁。"《毛传》解释"岁其有"为"丰年。"《孔疏》解读说："言君德可以感之也。"君子，当指僖公。《孔疏》云："言其德泽，堪及于后。""德政"是古今学者的经典解读。

三章其辞曰：今有駜然肥强之骏马，有此駜然肥壮力强者，那是卿大夫所乘驷駽之马。骊马肥强则升高进远，贤臣强力则能安定邦国。人臣驾车而来公所，平日早夜在公勤政，今在公而君赐之宴，群臣益励，精白之衷，在公宴饮，相乐融融。群臣承受君之恩惠，敬慎而称愿其君曰：从今为始，以德感神；多有丰年，稼穑满仓。岁占大有，以德裕后，君子有道而福禄之善。善诒子孙而世代之福，受禄为乐而更无穷尽。喜获丰年又不止于一时，以此之故，群臣皆相乐。

在庆丰收的宴会上，官吏们兴奋之余，必然联想到丰年有余，国业兴盛。故君臣们称愿“自今以始，岁其有。”“君子有谷，诒孙子”两句，则是全诗的主旨。结尾后四句是诗人的称愿，期盼从今为始，以德感神；多有丰年，稼穑满仓。岁占大有，以德裕后，君子有道而福禄之善。善诒子孙而世代之福，受禄为乐而更无穷尽。穀者，兼含福善之意，诗人冀望鲁君把收获的粮食赐福后代，更希望鲁国福泽绵长，享祚长久。故诗人极力祝福鲁国，每章以“于胥乐兮”为结束语。范处义解读说：“始言‘在公明明’则明足以善其职，中言饮酒，卒言载燕既善其职则朝廷无事，群臣相与饮酒而宴乐耳。始言舞不知手之舞之，足之蹈之也。终言归既醉而出，并受其福也。上二章醉而舞、醉而归一时之乐耳；未若卒章人臣称愿岁岁有年，君子之穀，诒孙子其乐，为无穷不止于一时也。”范氏评析，切中诗旨，甚有见解。

综观《有駜》，全诗是从臣子的视觉着笔。群臣因遇明君而心情舒畅地致力于国事，与君宴饮中的快乐，来自身处太平盛世而感受到的喜悦。在他们的眼里，“君子有穀”。对鲁君的歌颂，除了“君子有穀，诒孙子”两句直接用于对鲁君的歌颂外，主要是通过绘声绘色的宴饮场景，对太平盛世、对强大的鲁国的歌颂来体现的。当然，对鲁君的歌颂不乏溢美之词，但作者是站在臣子的角度，通过亲身感受来歌颂鲁君的，因而感情显得真挚、自然。在历史上，只要最高统治者做了一些好事，哪怕是一点点，人们便不会忘记他，甚至会把他理想化。

从艺术手法上看，程俊英教授归纳说：“吴闿生《诗义会通》引旧评：‘音节绝佳’，佳在那里？一、叠字叠词的运用，如摹声的咽咽和有駜有駜。二、顶真的修辞，如第一与第二句，第三与第四句，第五与第六句。三、四言、三言的交错。前四句四言，后四句三言，末句‘于胥乐兮’加上‘兮’字语气词。句法参差，变化有致。四、末章句法的变化，也增加了音节的美。五、韵律美（参阅韵语部分）。”

从回环结构上看，结构上整齐中有变化，疏密有致，其中包含《颂》诗的一些共同特征。颂诗是在祭祀时演奏的，需要将歌和舞蹈配合起来运用，因此，它必须在结构上与节奏上来一番变化，显示出不同于“风”和“雅”的特色。《有駜》在结构上回环复沓，这是反复歌颂的需要。但整齐之中又有变化，一则句中嵌入不同的字，反映事情的进程和变化，如从“醉言舞”至“醉言归”，表现了宴饮从欢聚到归去这个进程；又如“駜彼乘黄”“駜彼乘牡”“駜彼乘駽”三句，意在表现马的不同品种和毛色，反映乘马人的地位与身份。二则是整个段落不同于前面的复沓和回环。这种大的变化是为了适应歌舞的需要，并有颂这个形式所决定的。因为它需要在歌舞结束前，表达对主人的祝愿和赞美，这就不是那种“振振鹭，鹭于飞”的复沓回环所能完成得了的。

从语言节奏上看，节奏上时急时缓，《有駜》诗既不是《诗经》常用的规整四言，更不是杂言。在全诗中，它有时用四言，有时用三言，呈现出一种整齐的节奏变化规律。其规律是：表现僖公勤于政事时用四言，节奏舒缓雍容；表现歌舞宴饮场面则用三言，节奏欢乐轻快；全诗收束处则一句四言，一句三言，交叉使用，这就使得节奏上更为跌宕。故陈仅评析说：“《有駜》诗音节清峭，与《颂》体异，并与《风》《雅》体异，已开后人乐府体一派。”所谓“清峭”，是与古朴自然的温厚相对应的。虽是四言，但语言修饰的光滑，是显然的；中间又夹杂以三言，是节奏变快，固然写出群臣的心境，但也正好打破了四言的规整，又没有周颂杂言的自然浑厚，所以说“开后人乐府体一派”。

附录：

《诗经》变迁

汉唐《诗经》学 汉初《诗》定位"经",《诗经》成为"圣经"和国定教科书。自汉至唐《孔疏》以训诂为特色的"汉代《诗经》学",亦即古文《诗》学,《毛诗故训传》《毛诗郑笺》《毛诗序》广泛流传,成为古文诗学的代表性著作。《毛诗故训传》,简称《毛传》。它将《诗》和《左传》相合,以史明诗,以诗论史,通训诂,明大义,训诂考证简明扼要,对字、词、典章制度的训释多有可取。它的体例较为严谨,每篇诗前有序,以明诗旨,依《尔雅》训释字义,再据《左传》《周礼》《仪礼》说明有关史事或典章制度。清陈奂《诗毛氏传疏序》称《毛传》"文简而义赡,语正而道精,洵乎为小学之浸梁,群书之钤健也。"然《毛传》虽有穿凿附会,但完整保留古经注,在《诗经》注释和训诂学中有重要价值。

郑玄《毛诗传笺》又简称《郑笺》。他以《毛诗》为主,兼采三家可取的说解,为《毛传》作笺,完成了实现今古文合流的《毛诗传笺》。对《毛传》的传注加以疏通,对隐晦、疏略之处予以申明,在《毛传》依文立解的基础上进一步做通假考证,对大义也有所阐释和发明。

《毛诗序》,西汉初年,传授《诗经》的主要有齐、鲁、韩、毛四家。一是鲁人申培,一是齐人辕固,一是燕人韩婴。但是这三家著作除《韩诗外传》10卷外,皆不存世。《齐诗》亡于曹魏,《鲁诗》亡于西晋,《韩诗内传》亡于北宋。现今仅《毛诗》一家独传于世。即大毛公毛亨、小毛公毛苌所传。现存《毛诗》各篇之首,都有一个似解题式的简短的序文,主要用以评说诗篇的主旨、时代、背景和作者,叫作"小序"。如《柏舟》,《毛序》曰:"《柏舟》:'言仁而不遇也。卫顷公之时,仁人不遇,小人在侧。'"又如《日月》,《毛序》说:"《日月》:'卫庄姜伤已也。'"《诗序》名称,大致有《大序》《小序》《前序》《后序》《古序》《续序》《首序》《下序》等八种提法。《大序》《小序》的划分,近人胡朴安以为"以宋人之所分为是",认为"《大序》者论全诗之义也,《小序》者论一诗之义也。”

《诗序》的作者为谁?梁人沈重述郑玄《诗谱》云:“《大序》是子夏作,《小序》子夏、毛公合作,卜商意有不尽,毛更足成之。”苏辙不信子夏作《序》之说,认为如是古序,决不会如此之详。他说:“世传以为出于子夏,予窃疑之。子夏尝言《诗》于仲尼,仲尼称之,故后世之为《诗》者附之。”他认为今传之《序》,已被经师所附益,“是以其言时有反复烦重,类非一人之辞者,凡此皆毛氏之学,而卫宏之所集录也。”陆玑、范晔认为卫宏所作,韩愈《诗之序议》认为汉之学者作,程颐以为《大序》孔子作,《小序》国史作。众说纷纭,聚讼不休,成为《诗经》研究史上“第一争诟之端”。郑振铎认为《毛诗序》最大的坏处在于穿凿附会。清朝力主恢复毛、郑之学,阎若璩作《毛朱诗说》,毛奇龄作《白鹭洲主客说诗》,陈启源作《毛诗稽古编》,用意在否定朱熹之《诗集传》。孙焘写《毛诗说》,用意在否定郑玄之说。再者,皮锡瑞作《诗经通论》,王先谦作《诗三家义集疏》又进一步否定毛诗之说,要回复到齐、鲁、韩三家诗义。但是《毛诗序》对后人的影响非常大。古人作诗、写文章用典都爱用里面的解释。本书仅用《大序》《小序》这种提法,其余不复论列。

《毛诗正义》,是唐贞观十六年奉唐太宗诏所编的《五经正义》之一,为唐朝颁布的官书。由孔颖达主持其事,故后人又称此书为《孔疏》。此书以颜师古的《诗经》定本为文字定本,以陆德明的音释为读音标准,注文取《毛传》《郑笺》,疏文以刘焯的《毛诗义疏》、刘炫的《毛诗述义》为稿本,融贯群言,包罗古义,吸取六朝以来各家注疏的成果,本疏不破注的原则,为《毛诗传笺》作疏,完成了《毛诗正义》,又称《毛诗注疏》。

宋代《诗经》学　欧阳修《诗本义》中对毛、郑误分章句,分别做了比较和订正,例如《小雅·巧言》,毛、郑分为六章,每章八句。欧阳修根据诗义,分为七章,其中四章章八句,二章章六句,一章章四句。

苏辙《诗集传》释词,极为简要。例如解释《大雅·桑柔》“谁能执热,逝不以濯?其何能淑,载胥及溺”四句说:“贤者之能已乱,犹濯之能解热耳。不然,则其何能善哉?相与入于陷溺而已。”皆开其端,都自出新意,开一代新风。

王安石《诗经新义》一度成为新定的教学和考试标准本,无论是诗篇的通义,或是章句的诠释,往往都有非常精彩的说解。如释《七月》“一之日觱发,二之日栗烈”,云:“风而寒,尚非其至也;无风而寒,于是为至。”释《小雅·十月之交》

篇通义云："此诗前三章言灾异之变，四章言致灾由于小人，而皇父小人之魁也。故五、六章专言皇父之恶。七章言小人在位，天降之灾，则天变生于人妖也。八章言已之忧劳，而一篇之义终矣。"

到郑樵著《诗辨妄》，开始向汉学《诗经》义疏中心《诗序》发起猛烈攻击，掀起声势浩大的废《序》运动。苏辙《诗集传》注解诗文，颇效其体。怀疑《诗序》，仅采首句。如《旄丘》序："责卫伯也"之后，另加上"卫侯爵时为州伯，故称伯……"一段，以补首句之所未备。诠释篇名，别有见解。如《大雅·召旻》："首章称旻天，卒章称召公，故谓之《召旻》，以别《小旻》而已。"论诗释词，每多创见。如《大雅·荡》第八章："人亦有言：'颠沛之揭，枝叶未有害，本实先拨'"，苏辙《诗集传》说："商周之衰，典刑未废，诸侯为畔，四夷未起，而其先君为不义而自绝于天，莫可救之，正犹此尔。"非常确切。

汉学派的《诗经》著述代表作，有范处义《诗补传》，最攻《序》者郑樵，最尊《序》者范处义，是尊《序》派的突出代表。范在《明序篇》中说："人皆知《诗》亡然后《春秋》作，以为《诗》美刺与《春秋》相表里，而不知《诗》之美刺实系于《序》。盖《诗》有《小序》有《大序》，《小序》一言国史记作诗者之本义也。《小序》之下皆《大序》也，亦国史之所述，间有圣人之遗言可考而知。惟《关雎》为一经之首，并论《三百篇》之大旨，犹《易》干坤之《文言》，故诗详焉。"他以为《诗序》作于国史，而渊源于孔子。他在本书《自序》中指出："《补传》之作，以《诗序》为据，兼取诸家之长，揆之情性，参以物理，以平易求古诗人之意。文义有阙，补以《六经》、史传，古训有阙，补以《说文》《篇韵》，异同者一之，隐奥者明之，窒碍者通之，乖离者合之，谬误者正之，曼衍者削之，而意之所自得者亦错出其间，《补传》大略如此。"范氏评述颇有文采。

吕祖谦《吕氏家塾读诗记》每篇之后，分章叙列各家说解。陈振孙《直斋书录解题》说《吕氏家塾读诗记》："博采诸家，存其名氏，先列训诂，后陈文义，剪截贯穿，如出一手，已意有所发明，则别出之。诗学之详，正未有逾于此书者也。然自《公刘》以后，编纂已备，而条例未竟，学者惜之。"故后世论者皆以此书《公刘》以后，为其门人所续成。

而严粲《诗缉》对诗义的理解有独到之见，如《王风·黍离》一章言"彼稷之苗"，二章言"彼稷之穗"，三章言"彼稷之实"。旧说以此表示行役时间之久。严粲对此提出了不同看法，指出“果为行役之久，则不应黍惟言离离也”。他认为“苗、穗、实，取协韵耳”(《诗缉》)。关于起兴，他有精辟论述，《诗缉》云：“今考诗中凡一句各指一物者，兴也，盖兴则意在于物，故每句中专指其一以寓丁宁之意，如‘山有榛，隰有苓’之类是也。凡一句迭言二物者皆赋也，盖赋则敷陈，其物之多意在有一字，而不在于所指之物，故迭言之，如‘有熊罴’，但言兽之多，‘有鳣有鲔’，但言鱼之多，‘有骊有黄’，但言马之多，别无兴也。”这里提出“凡一句各指一物者”为“兴”，“一句迭言二物者”为“赋”，明白易晓，很好掌握。段昌武《毛诗集解》、林岜《毛诗讲义》等对《诗经》的论述，皆有选录。

宋学派《诗经》著述主要有：权威著作朱熹《诗集传》，是宋学《诗经》解释学的集大成著作，它集中宋人训诂、考证的成果，同时比较注意《诗经》的文学特点，全部注释简明易解，成为以后通行八百年的权威性著作。朱熹解《诗》，不信《诗序》，并撰《诗序辨说》系统辨斥《序》说之非。所释六义，颇有新意，他说：“风者，民俗歌谣之诗也。雅者，正也，正乐之歌也。正小雅，燕飨之乐也。正大雅，会朝之乐也；受厘陈戒之辞也。颂者，宗庙之乐也。赋者，敷陈其事而直言之者也。比者，以彼物比此物也。兴者，先言他物以引起所咏之辞也。”不但给赋、比、兴作了新的解释，而且在《诗集传》诗篇的每章之后，皆表明作法。综观朱熹《集传》，计有“赋”“比”“兴”“兴而比”“比而兴”“赋而比”“赋而兴”“赋而兴又比”八种。如《东方未明》一、二章句法基本相同，《集传》一、二两章作“赋”，三章作“比”；《葛屦》二章，《集传》首章作“兴”，次章作“赋”；《谷风》三章句法相同，《集传》一、二两章作“兴”，三章作“比”，见解精辟，对理解诗旨，颇有启迪。

元代《诗经》学 《四库全书总目》说：“有元一代之说诗者，无非朱传之笺疏，至延祐行科举法，遂定位功令，而明制因之。”可见元明两代《诗经》研究，都是以朱熹《集传》为准则。许谦撰《诗集传名物抄》，主要考证《诗经》的名物音训，书中采用陆德明《经典释文》及孔颖达《正义》，为元代重要著作。刘瑾撰《诗传通释》，瞿镛《铁琴铜剑楼藏书目》评其书云：“此书专宗《集传》，博采众说以证明之。其所辑录诸家，互相援引，习见者多，惟李宝之、刘辰翁为诸家所未及。诸序辨说……分列各章之后，其为例亦独殊。”评述客观。

明永乐间编《五经大全》，其中的《诗经大全》，是依据刘瑾《通释》编成，明代科举考试奉以准则，影响广泛。刘玉汝编《诗缵绪》，《四库全书总目》云：“其大旨

专以发明朱子《集传》，故云《缵绪》，体例与辅广《童子问》相近，凡《集传》中一、二字之斟酌，必求其命意所在。……虽未必尽合诗人之旨，而于《集传》一家之学，则可谓有所阐明矣。”马瑞临《经籍考》收三十多部诗学著作。他说：“夫本之以孔孟说《诗》之旨，参之以《诗》中诸《序》之例，而后究极夫古今诗人所以讽咏之意，则《诗序》之不可废也审矣。”论述《诗序》不可废。还有朱公迁撰《诗经疏义》、胡一桂编《诗集传附录纂疏》，而上述所举各例，所有内容，无不包含在《音释》之中，如若汇而编辑，可成一部专著。

明代《诗经》学 综观明代，宗《小序》，宗毛、郑，成为诗学著作的新倾向，诗学谓科举所用，朝廷以《诗》义取士，正如顾炎武《日知录》慨叹道：“八股行而古学弃，科举行而经术亡。”自唐修《五经正义》，至明永乐修《五经大全》，就经学而论，应推一代盛举。而明永乐年间胡广等奉敕编纂《诗经大全》，虽“则全袭元人刘瑾之《诗经通释》而稍变其例”，但颁行天下，成为钦定的教科书，科举取士，奉以准则，影响之深。

辅翼《诗集传》诗一部从伦理道德角度论《诗》的著作，《四库全书总目》赞赏说：“借诗立训”，大抵推衍朱子《集传》为说，“务在阐兴观群怨之旨，温柔敦厚之意，而于兴衰之乱，尤推求源本，剀切著明，在经解中为别体，而实较诸儒之争竟异同者为有裨于人事”。此是元代《诗》学的延伸和继续。

顾梦麟采摘诸家诗说，约取其义，汇为一编，名为《诗经说约》。每篇首列诗文，次为集解，然后附述已见，或诠释诗旨，或训诂文字，或考订名物，或订正音读，大抵皆以朱熹《集传》为宗。对毛郑以及其他诸家之说，亦折中别择，间又所采。吕柟撰《毛诗说序》，其书立论，以《小序》为主，假设门人回答以阐明《序》义。袁仁撰《毛诗或问》大旨主于伸《小序》兼贬《集传》。

郝敬撰《毛诗原解》，其断言：“《笺》不如《传》，《传》不如《序》，毛公补《序》又不如《序》首一语”，主张“读《诗》惟当以首序为宗”。他反对废《序》言《诗》，攻击朱熹不遗余力，或斥为凿空为说，或斥为高叟之固。

何楷撰《诗经世本古义》，《四库全书总目》认为何楷：“学问博通，引援赅洽，凡名物训诂，一一考证详明，典据精确，实非宋以来诸儒所可及，譬诸搜罗七宝，造一不中规矩之巨器，虽百无所用，而毁以取材，则获齐木难，片片皆为珍物。百余年来，人人嗤点其书，而究不能废其书，职是故矣。”

冯应京《刘家诗名物疏》其书系据蔡卞《诗名物疏》而广之，征引颇为赅博，每条之末，间附考证。吴雨《毛诗鸟兽草木考》，其书本吴仁杰《离骚草木疏》又以配陈第《毛诗古音考》。杨慎《升庵经说》，曾被誉为明人经说之翘楚。他发现古音不同于今音，而考古音必用古代韵语资料，故他撰《转注古音略》《古音略例》《古音余》《古音猎要》，时举《诗经》为例。例如：《柏舟》"实维我仪"叶"在彼中河"。《东山》"九十其仪"叶"其旧如之何"。是上述两句的"仪"，也都音"俄"。

陈第《毛诗古音考》为古音学奠基之作，是一部研究古音的名著。他在《毛诗古音考自序》中说："《诗》以声教也……若其意深长而于韵不谐，则文而已矣。故士人篇章，必有音节，田野俚曲，亦各谐声。岂以古人之诗而独无韵乎？"阐明古有定音。并提出："时有古今，地有南北，字有更革，音有转移，亦势所必至"的著名论点，告诉人们，用今音读古诗之所以不谐，并不是因为古无定音，而正是语音演变的结果。

钟惺撰《诗归》，所论诗旨，有破有立，实不多见。如《隰有苌楚》，诗人见物起兴，借以抒怀。钟惺评曰："此诗更不必说自家苦，只羡苌楚之乐，而意自深矣。凡苦之可言者，非其至也。"所论深中肯綮。

清代《诗经》学 清初至乾隆编《四库全书》，是"宋代《诗经》学"过渡到"清代《诗经》学"的转型期。钱澄之《田间诗学》，大旨以《小序》为主，所采历代诸家论说，自《毛诗注疏》、朱熹《集传》外，还有程颢、程颐、张载、杨时、罗愿、真德秀、邵忠允、季本、黄道周、欧阳修、苏辙、王安石、范祖禹、吕祖谦、陆佃、谢枋得、严粲、辅广、郝敬、何楷等共二十家。"持论颇为精核，而于名物训诂、山川地理言之尤详……其考证之切实，尤可见矣"(《四库全书总目》)。

姜炳璋撰《诗序补义》，而《四库全书总目》说他："其纲领有云：有诗人之意，有编诗之意。如《雄雉》为妇人思君子，《凯风》为七子自责，是诗人之意也。《雄雉》为刺宣公，《凯风》为美孝子，是编诗之意也。朱子顺文立义，大抵以诗人之意为是诗之旨，国史明乎得失之迹，则以编诗之意为一篇之要，尤可谓解结之论矣"。

朱鹤龄撰《诗经通义》，专主《小序》，力驳废《序》之非。所采诸家，于汉用毛、郑，唐用孔颖达，宋用欧阳修、苏辙、吕祖谦、严粲，清用陈启源；其释音，明用陈第，清用顾炎武，皆具有条理。

陈启源撰《毛诗稽古篇》，此书则训诂一准诸《尔雅》，篇义一准诸《小序》，而诠释诗旨则一准诸《毛传》而《郑笺》佐之，诠释名物则多以陆玑《疏》为主。戴震、段玉裁、胡承珙、马瑞辰、陈奂、程启源此书，合称六大家，为清代《诗经》学的代表性著作。

顾炎武《音学五书》，对研究古韵分部者皆以本书为始。考证名物的著作中，王夫之《诗经稗疏》、毛启龄《续诗传鸟名》《毛诗写官记》《诗札》《诗传诗说驳义》、姚炳《诗识名解》《诗传名物集览》、顾栋高《毛诗类释》、黄中松《诗疑辨证》等，《四库全书总目》均已著录，并做了较高评价。

康、雍之际王鸿续等奉敕编《钦定诗经传说汇纂》，序言曰："是书首列《集传》，而采汉唐以来诸儒讲释、训释之与传合者存之，其义异而理长者别谓'附录'"，可知以《集传》为标准。其体例是：诗篇正文之后，每章首列"集传"，次列"集说"，篇末列"总论"。如《小雅·大田》总论说："刘氏瑾曰：'一章言田事修饬，而苗生盛美也；二章言苗即秀实，而愿其无损也；三章复愿其雨泽溥及而收成有余也。卒章言其收获之后而报祀获福也。'"评论简洁中肯。

乾隆二十年，敕编《钦定诗义折中》的编辑宗旨是："分章多准康成，征事率从《小序》"，它认为这样做可以"使孔门大义，上溯源渊，卜氏旧传，远承端绪"(《四库全书总目》)，也就是说，《诗义折中》将根据《郑笺》标分章句，根据《诗序》解释诗旨，为"清代《诗经》学"迈出了第一步，是中国文化史上学术转型的重要举措。

马瑞辰《毛诗传笺通释》论诗的宗旨，遵从《诗序》，疏通《传》《笺》。辩正《郑笺》不同于《毛传》的各种解释，以申毛纠郑。①采用古音古义纠正讹误，②用双声叠韵原理指明通假，是解释词义的成功范例。③用同类义例概括全书。④举三家遗说以订《毛诗》。

姚际恒《诗经通论》，从诗篇本文去探求诗旨。他批评"汉人之失在于固，宋人之失在于妄，明人说《诗》之失在于凿。"

胡承珙《毛诗后笺》。①著书宗旨及体例："从毛者十之八九，从郑者十之一二。"以名标目，有新解方标专条，加以论证，与马瑞辰《通释》体例略同。②吸收宋元学者的正确疏解，证成己说。③诠释赐予，准确有据。如《无衣》《采葛》。

陈奂《诗毛氏传疏》，他对《毛传》推崇备至，其为《毛传》作《疏》，训诂准乎

《尔雅》,通释证之《说文》,专从文字、声韵、训诂、名物等方面阐发诗篇本义,引据赅博,疏证详明。

姚际恒《诗经通论》用文学观点解释诗义,确为一大特色。他认为"《毛传》古矣,惟是训诂,与《尔雅》略同,无关经旨;虽有得失,可备观而弗论,《郑笺》卤莽灭裂,世不多从,又无论矣,"故此书的重点,是评论《诗序》和《诗集传》。

方玉润《诗经原始》,书中论议,以《毛诗序》《诗集传》《诗经通论》三书为重点,其他诸说有可取者也择之,辨其得失。他重视阐发诗篇之文学意义,颇与历来解经之家异趣。如论《汉广》,云:"终篇或迭咏江汉,觉烟水茫茫,浩淼无际,广不可泳,长更无方,唯有徘徊瞻望,长歌浩叹而已。"用文学观点评论《诗经》,足使解经之家相形见绌。

现代《诗经》学 顾颉刚发表《论诗经在春秋战国间的地位》,论说诗人和诗本事、周人咏诗、孔子论诗、战国诗乐,孟子论诗等方面。顾颉刚另一篇《从诗经中整理出歌谣的意见》和钱玄同《答顾颉刚先生书》、魏建功《歌谣表现法之最要紧者——重奏复沓》,分析研究了《诗经》中的歌谣与起兴。郑振铎《读毛诗序》认为《诗序》是瓦砾,力斥《毛诗序》之谬妄。这些论文,打破经书观念,认定《诗经》全为乐歌,认定《诗经》是文学作品,而不是经典。胡适《谈谈诗经》阐述《诗经》研究方法,即训诂、题解。清代《诗经》研究是从经学到文学的重大转变,对学术研究产生了巨大的影响。

王力《诗经韵读》,由"《诗》韵总论""《诗经》韵例""《诗经》入韵字音表""《诗经》韵读"四部分组成。徐昂撰《诗经形释》,卷一由论篇章、论章句、论句字三部分组成。卷二有论复迭、分复字、复词、复句、复体与异体之联绵词偶对五节。卷三为论助词。

于省吾《诗经新证》上下卷,皆考证《诗经》文字之义训,下卷收论文五篇,订正前人在义训上的误释。向喜《诗经语言研究》,阐述前人的研究,论述《诗经》的文字、用韵、词汇、句法。陆文郁《诗草木今诗》,考证旧注中疑似的物品,分清同名异物不使相混,遍考草木别名详其沿革,述及草木用途帮助释诗。

高亨《诗经今注》,系统注释《诗经》全书,每篇诗题之下,皆有简要题旨。注文简明扼要,深入浅出,可谓《诗经》注释的代表作。余冠英《诗经选》,注释精辟,主题有独到见解。如《狼跋》"是一首讽刺诗。诗中把一位统治者(公孙)比作老

狼，嘲笑他步态丑笨，进退困窘”。如此解释，确有新意。程俊英、蒋见元撰《诗经注析》，依据文学观点阐述诗旨。参考古训方法解释词语，运用文艺理论分析篇章，探讨古韵规律表明韵读，是采用以史证诗、以诗证史、史论结合之法的重要代表作。

还有郭沫若《古诗今译》，陈子展《诗经直解》，程俊英《诗经译注》，金启华《诗经全译》，袁梅《诗经译注》，金启华《诗经鉴赏辞典》等，这些研究成果，基本上解决了阅读文字的障碍，积累了《诗经》基本概念的各种解释资料，探索出各种类型的研究方法，提出了从文学角度解《诗》的不同说解，保存了大量《诗》学文献。

上述作品不拘于前人章句训诂之学，而强调本人读诗后的直接感受，重视作品的艺术感悟和审美特征。并举示各家文字异同，考证文字孳生通假之故，古书传写改易之迹，以探究诗义。论证谨严，条理清晰，文字简明，使读者接受《诗经》这份宝贵文学遗产的同时，能得到含英咀华的享受。

汇集历代各派各家之说，这既是本书的特色，同时也就表明了本诗的内容。其目的是想尝试有组织地反映历代争鸣情况、研究成果和说《诗》的轨迹，为《诗经》的研究者和爱好者，为中国古代文学的研究者和教学者，提供一部较详备的参考资料，使其在使用时省却许多翻检之劳，能满足多方面的需要。所以，使读《诗》者必先尽置诸家之诗说，而探求乎古代诗人之情性，然后乃能知古人之诗，此则所谓诗心也。能知古人之诗心，斯可以知后人之诗心；知诗三百零五篇之诗心，而后可与论中国之诗心；中国之诗心，而后可与论中国之文学。

主要参考文献

[1]〔清〕阮元.十三经注疏[M].校刻本.北京:中华书局出版社,1980.

[2]尔雅注疏(《十三经注疏》)[M].王世伟,整理.上海:上海古籍出版社,2010.

[3]〔宋〕王安石.新经毛诗义 [M].二十卷,邱汉生,辑校本,北京:中华书局,1982.

[4]〔宋〕朱熹.诗集传[M].上海:上海古籍出版社,1980.

[5]〔宋〕陆玑.毛诗草木鸟兽虫鱼疏[M].北京:中华书局,1983.

[6]〔宋〕苏辙.诗集传[M]. 北京:书目文献出版社,1990.

[7]〔明〕何楷.诗经世本古义[M].清嘉庆刊本.

[8]〔清〕方玉润.诗经原始[M].北京:中华书局,1986.

[9]〔清〕马瑞辰.毛诗传笺通释[M]. 北京:中华书局,1989.

[10]〔清〕王先谦.诗三家义集疏[M].北京:中华书局,1987.

[11]〔清〕姚际恒.诗经通论[M].顾颉刚标点本,北京:中华书局,1958.

[12]〔清〕吴闿生.诗义会通[M].北京:中华书局,1959.

[13]〔清〕陈奂.诗毛氏传疏[M].北京:中国书店,1984.

[14]高亨.诗经今注[M].上海:上海古籍出版社,1980.

[15]袁梅.诗经译注[M].济南:齐鲁书社,1980.

[16]陈子展.诗经直解[M]. 上海:复旦大学出版社,1983.

[17]唐莫尧.诗经新注全译[M].成都:四川出版集团巴蜀书社,1998.

[18]余冠英.诗经选[M].北京:人民出版社,2002.

[19]洪湛侯.诗经学史[M].北京:中华书局,2002.

[20]赵帆声.诗经异读[M].郑州:河南大学出版社,2002.

[21]傅斯年.诗经讲义稿[M].北京:中国人民大学出版社,2004.

[22]公木,赵雨.诗经全解[M].长春:长春出版社,2006.
[23]程俊英,蒋见元.诗经注析[M]. 北京:中华书局,2006.
[24]夏传才.十三经讲座[M].桂林:广西师范大学出版社,2006.
[25]杨合鸣,赵爱武.四书五经详解[M].北京:金盾出版社,2008.